Braukmüller
Merkur

Beatrix Braukmüller

Merkur

Intelligenz und Kommunikation
im Horoskop

KAILASH

KAILASH
Eine Buchreihe herausgegeben von Hajo Banzhaf

Wir danken folgenden Personen, Institutionen und Verlagen, daß sie uns freundlicherweise Bild- und Textmaterial zur Verfügung gestellt haben: Alte Nationalgalerie, Berlin; Berghaus Verlag, Kirchdorf; Bibliothèque Municipal, Nantes; Bibliothèque National, Paris; Bremer Anzeigenblock, Bremen; Coron Verlag, Lachen; Deutscher Taschenbuch Verlag, München (dtv-Wörterbuch zur Psychologie, München 1975; 20. Auflage 1994); James Douglas, Bremen; DuMont Buchverlag, Köln; Karl F. Haug Verlag, Heidelberg; Königsberger Ortsgruppe der Kant-Gesellschaft, Königsberg; Radio Times Hulton Picture Library, London; Rowohlt Taschenbuch Verlag, Reinbek; Sammlung Bauhaus, Archiv, Dessau; Peter Strotmann, Köln; Thomas Ring-Stiftung, Zürich; Urania Verlag, Neuhausen; Verlag am Goetheanum, Dornach; Verlag Hermann Bauer, Freiburg

Die Deutsche Bibliothek – CIP-Einheitsaufnahme
Braukmüller, Beatrix:
Merkur: Intelligenz und Kommunikation im Horoskop /
Beatrix Braukmüller. – München: Hugendubel, 1995
   (Kailash)
   ISBN 3-88034-791-3

© Heinrich Hugendubel Verlag, München 1995
Umschlaggestaltung: Zembsch' Werkstatt, München
und Beatrix Braukmüller
Produktion: Tillmann Roeder, München
Satz: Uhl + Massopust, Aalen
Druck und Bindung: Spiegel Buch, Ulm-Jungingen
Printed in Germany
ISBN 3-88034-791-3

Inhalt

Ich danke allen, die mich bei diesem Buch unterstützt haben, insbesondere Ingrid, Walter, Christa, Heinz, Doris, Günther und Elke.

Vorwort
Merkur – gibt es ihn überhaupt?

Das französische Forscherehepaar, Michel und Françoise Gauquelin, hat den statistischen Nachweis erbracht, daß die überlieferte astrologische Planetensymbolik bei Mond, Mars, Saturn und Venus – teilweise auch bei Jupiter – mit den statistischen Untersuchungen übereinstimmt. Für Uranus, Neptun und Pluto, aber auch für Sonne und Merkur konnte kein statistischer Nachweis erbracht werden.

In bezug auf die Wirksamkeit des Planeten Merkur und die Berufsgruppe der Schriftsteller heißt es bei Michel Gauquelin (an der Sorbonne lehrender Wissenschaftler, Psychologe und Statistiker) lapidar: »Künstler kommen nicht unter dem Zeichen Venus zur Welt, und Schriftsteller werden nicht unter dem Merkur geboren.« (Sondern nach den Gauquelinschen Untersuchungen »unter dem Mond«.)

Hier, meine ich, ist Skepsis am Platze – schon deshalb, weil Michel Gauquelin von der Erwartungshaltung ausgeht, daß Merkur überdurchschnittlich häufig in einer der »sensiblen Zonen« erscheinen müßte (also vorzugsweise am »Aufgang«/Aszendent oder am Kulminationspunkt/Medium Coeli). Gauquelin beruft sich hierbei auf Morin, der die »beiden Berufe (Schriftsteller und Dichter) dem Merkur zugeordnet« habe, »was sich als völlig unzutreffend erwies«.

Ob das wirklich so völlig unzutreffend ist, wollen wir untersuchen, wobei der Hinweis gestattet sei, daß die klassische Astrologie weder bei Ptolemäus noch bei Morin stehengeblieben ist. Allein schon durch die Entdeckung der Transsaturnier wurde sie zu einer Erweiterung ihres Gesichtsfeldes gezwungen, hinzu kamen zahlreiche erfahrungswissenschaftliche Erkenntnisse, kam die Einbindung dieser astrologischen Erkenntnisse in unseren »Zeitgeist«. Neben der Statistik mit Hilfe eines beeindruckend großen Zahlenmaterials von Zehntausenden von Daten, schälten sich Möglichkeiten heraus, mit einem zahlenmäßig wesentlich kleineren Horoskopmaterial zu nachprüfbaren Ergebnissen zu kommen. Nicht die nackte Zahl, sondern anschauliche Zeichnungen von Geburtsbildern und die Vertiefung in eine »Fallsammlung« deuten den alternativen Forschungsweg an.

Ein Beispiel für eine solche vertiefende, die Ganzheit des Geburtsbildes berücksichtigende Forschung bietet Herbert von Klöckler mit seinem erfahrungswissenschaftlichen Forschungsansatz. Die Ansatzpunkte liegen hier genau entgegengesetzt:

Während Gauquelin im statistischen Befund Merkur in Schriftsteller-Horoskopen in der Nähe des Aszendenten oder des Medium Coeli erwartet, ihn dort nicht findet und damit den Beweis für erbracht hält, daß »Schriftsteller nicht unter Merkur geboren werden«, macht von Klöckler folgende Erfahrung:

»Tatsächlich finden wir meist sowohl Venus als auch Merkur starkgestellt, manchmal miteinander verbunden. Man sieht Merkur häufig im Winkel mit Aszendent, Medium Coeli oder einem im Eckfeld stehenden Planeten. Die Merkurstellung im 1. oder 10. Haus ist selten und nur in Verbindung mit ganz besonderen Konstellationen möglich, etwa im Aspekt mit Venus.«[*]

Hier wird also eindeutig die Winkelbindung des Merkur zum Aszendenten oder Medium Coeli herausgestellt, nicht die Konjunktion direkt mit dem Aszendenten oder dem Medium Coeli. Daß Venus, in Analogie zu Gefühl, Empfinden und »Kunst« stehend, bei allen künstlerischen Berufen betont in Erscheinung tritt, leuchtet ebenso ein wie die »Notwendigkeit« des »Merkurischen« für die schriftstellerische Begabung: Wachheit des Intellekts, Nachdenklichkeit, Durchgeistigung der Gefühle, Problemsichtigkeit und für »die schreibende Hand«.

Geht man mit von Klöckler davon aus, daß Merkur an der Spitze des 1. oder 10. Hauses eine »handgreiflich aktive Note« bedeutet und mehr auf das Praktische als auf Geistiges abzielt, somit »einer schriftstellerischen Tätigkeit feindlich wäre«, so sieht sich der Astrologe einer weit weniger einspurigen Forschungsaufgabe gegenüber als der Statistiker.

Abgesehen von den bereits erwähnten Aspektverbindungen zu Venus und den Aspekten (mit Ausnahme der Konjunktion) zu

---

[*] Herbert von Klöckler: Berufsbegabung und Berufsschicksal, Leipzig 1928, S. 67

Aszendent und Medium Coeli (MC), sind für die Merkurposition im Horoskop weitere Differenzierungen zu beachten. So schreibt Thomas Ring:

»Hinsichtlich der Äußerung eines gereiften Verstandes gilt im großen Zuschnitt die Teilung der Interessensphäre in eine obere und eine untere Hälfte. Es leuchtet ein, daß Merkur über dem Horizont durchweg besser für rednerische, unter dem Horizont für schriftliche Bekundung sein wird. Doch solche überschlägigen Regeln darf man nie pedantisch nehmen. Ergänzendes kommt hinzu, nicht nur aus Zeichen und Aspektierung.«Differenzieren wir das Schema im Bedeutungston, so liegt die durchführende spirituelle Ausdrucksrichtung unten im 3. Haus, mit Recht bezogen auf die schreibende Hand als Ausdruck geistig-beseelten Tuns, auf briefliche Äußerung wie auf Dichtung, Literatur. Hier finden wir Merkur bei Klages, Champollion sowie E. A. Poe, Petöfi, Mombert, Rilke, H. Chr. Andersen, Dickens, Hamsun, H. v. Kleist, Georg Kaiser.«[*]

Entsprechend findet auch von Klöckler eine stärkere Besetzung des 3. Hauses und – gemäß der Analogie zum Erkenntnisdrang – auch des 9. Hauses. Öfter als im 1. oder 10. Haus kann Merkur im 4. oder 7. Haus stehen.

Die erwähnte Verbindung als Konjunktion, Halbquadrat und Sextil zu Venus ist aus astronomischen Gründen – beide Planeten können in keiner größeren Distanz als 76 Grad stehen – nur beschränkt möglich.

Merkur-Venus-Verbindungen finden sich häufig in Schriftsteller-Horoskopen, wobei oft sogenannte »Ersatzkonstellationen« gar nicht so leicht zu erkennen sind, wie beispielsweise Venus Sextil Merkur im Quadrat zum Aszendenten (ohne daß beide Planeten im direkten Aspekt miteinander stehen) oder Merkur in einem Venuszeichen und Venus in einem Merkurzeichen (»Rezeption«).

Eher skeptisch äußert sich von Klöckler über die Möglichkeit, besondere Tierkreiszeichen für die schriftstellerische Begabung anzugeben, weist aber doch darauf hin, daß die dem Merkur verwandten Zeichen Zwillinge und Jungfrau am Aszendenten oder mehrfach besetzt durch dominante Planeten die schriftstellerische Begabung begünstigen.

---

[*] Thomas Ring: Astrologische Menschenkunde, Freiburg 1981, Bd. 2, S. 280f.

Nun könnten die Statistiker etwa sagen: »Alles leere Behauptungen, statistisch nicht erwiesen, folglich nicht vorhanden.« Dagegen kann der Astrologe setzen, daß diese Behauptungen beweis- und belegbar sind. Anhand der folgenden Horoskope gilt es, an jedem einzelnen Schriftsteller-Horoskop nachzuweisen, ob die dargelegten Befunde von Klöcklers stimmen:

Hans Christian Andersen: Venus, Merkur (und Sonne) im 3. Haus; Merkur Trigon Aszendent.

Agatha Christie: Merkur als Herrscher vom Aszendenten Jungfrau im Venuszeichen Waage, Venus Sextil Aszendent.

Günter Grass: Merkur im 1. Haus Sextil Venus als Herrscherin vom Aszendenten.

Franz Kafka: Merkur Konjunktion Venus und Mond im Zwillinge-Zeichen im Sextil zum Aszendenten.

Thomas Mann: Merkur (Herr von Aszendent und Medium Coeli) Sextil Venus im Stier, Venus Trigon Aszendent Jungfrau.

Eduard Mörike: Venus im 9. Haus Sextil Merkur im Venuszeichen Waage, Medium Coeli auf der Halbsumme von Venus und Merkur (was als Ersatzkonstellation für eine Aspektierung des Medium Coeli angesehen werden kann).

Edgar Allan Poe: Merkur (und Sonne) im 3. Haus, Venus im 4. Haus Trigon Aszendent.

Luise Rinser: Merkur im Venuszeichen Stier im 3. Haus, Halbsextil Venus.

George Sand: Merkur im 4. Haus Opposition Medium Coeli, Venus Trigon Medium Coeli, Venus Sextil Merkur – beide Planeten also indirekt und direkt verbunden.

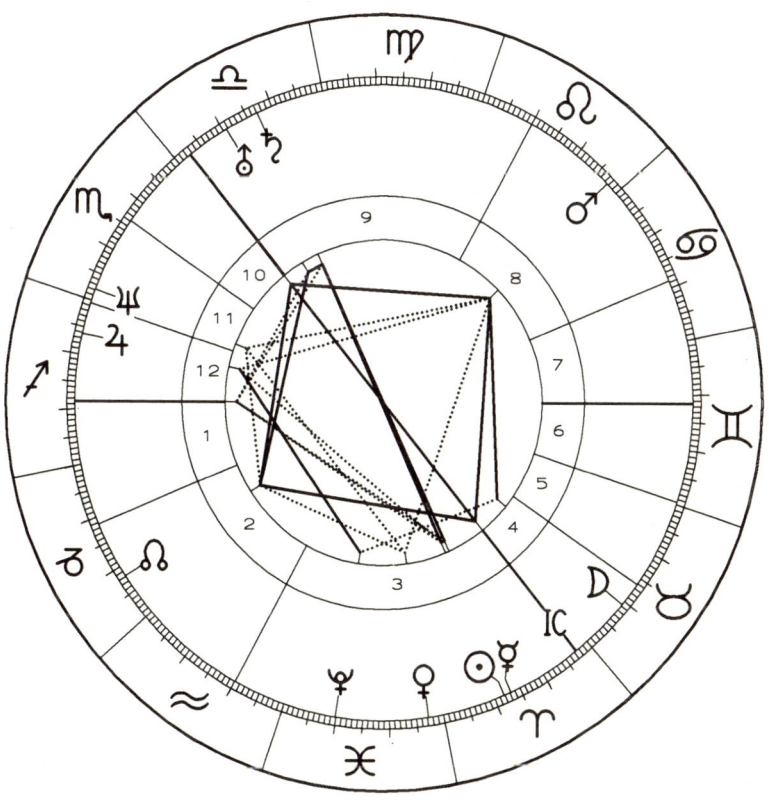

Hans Chr. Andersen	
Odense	2. 4.1805
11° 2'50"O 55°24' 0"N	0:18: 0 GMT

GOH			♄R : 12°54' ♎
AC : 18°32' ♐	☉ : 11°50' ♈		♁R : 19°14' ♎
2 : 11°17' ♉	☽ : 9°18' ♉		♅R : 27°51' ♏
3 : 20° 1' ≈	☿ : 13°12' ♈		♆R : 9°52' ♓
MC : 27°25' ♎	♀ : 27°14' ♓		☊ : 21°53' ♉
11 : 13°48' ♏	♂ : 2°26' ♌		IC : 27°25' ♈
12 : 0°28' ♐	♃R : 6°10' ♐		

13

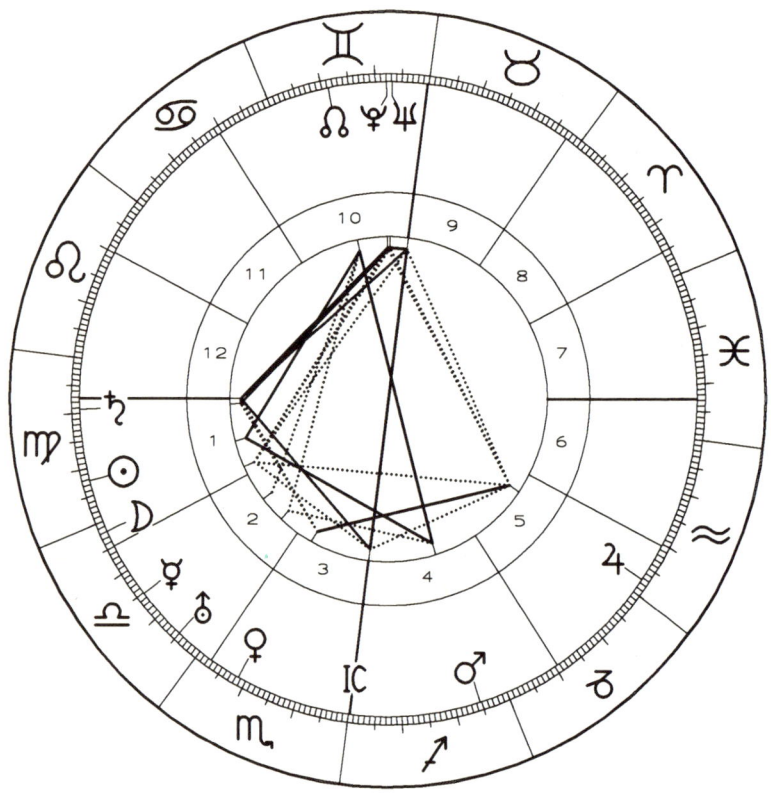

GOH		♄ : 9°14′ ♍
AC : 7°15′ ♍	☉ :22°16′ ♍	♇ :24°56′ ♎
2 : 4°56′ ♎	☽ : 1°56′ ♎	♅ R: 6°49′ ♓
3 : 2°32′ ♏	☿ :15°13′ ♎	♆ R: 7°53′ ♓
MC : 0°15′ ♊	♀ : 8°29′ ♏	☊ R:18°50′ ♓
11 :10°30′ ♋	♂ :24°42′ ♐	IC : 0°15′ ♐
12 : 9°43′ ♌	♃ R: 2°37′ ♒	

14

Günter Grass	
Danzig 18°39'52"O 54°21'18"N	16.10.1927 7: 0: 0 MEZ

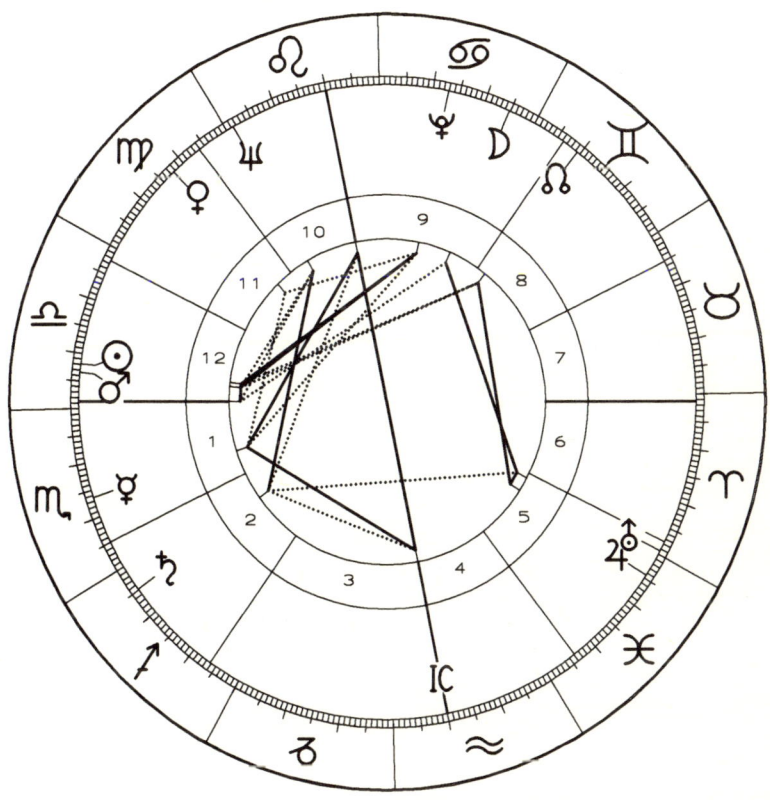

GOH		♄ : 4°49' ♐
AC : 28°42' ♎	☉ : 21°52' ♎	⚷R : 0°37' ♈
2 : 24°55' ♏	☽ : 5°13' ♋	♅R : 28°35' ♌
3 : 23°45' ♐	☿ : 16°17' ♏	♆ : 17°10' ♋
MC : 9°59' ♌	♀ : 12°26' ♍	☊ : 20°33' ♊
11 : 6° 8' ♍	♂ : 23°26' ♎	IC : 9°59' ♒
12 : 2°26' ♎	♃R : 25°34' ♓	

15

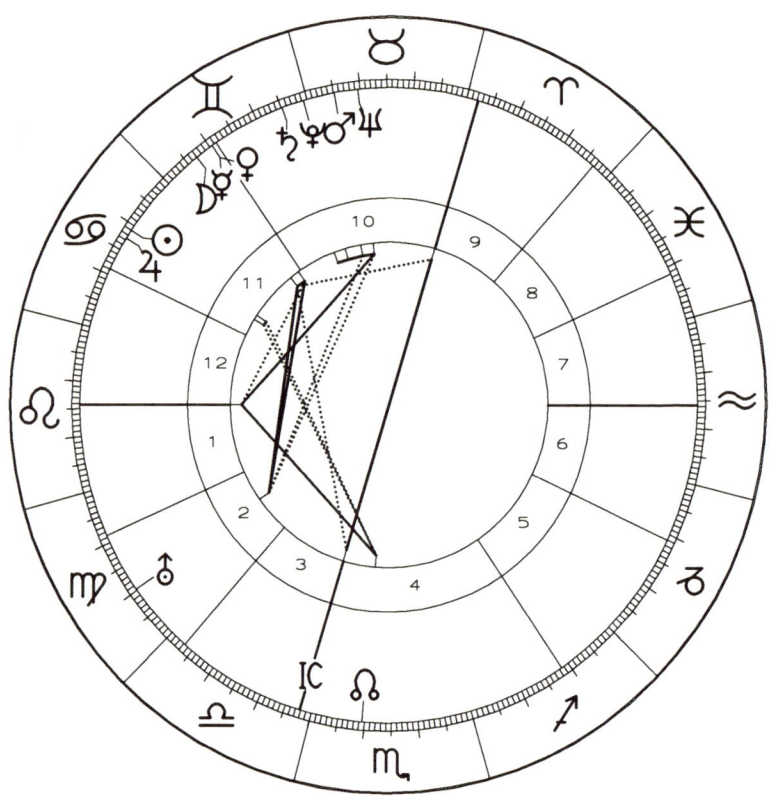

Franz Kafka	
Prag 14°25' 4"O 50° 5'16"N	3. 7.1883 6: 2: 0 GMT

GOH						
					♄ : 4°54' ♓	
AC :14°13' ♌	☉ :10°55' ♋			⚷ :19°48' ♍	
2: 8°39' ♍	☽ :23° 1' ♊			♅ :20°22' ♉	
3: 3°16' ♎	☿ :19°31' ♊			♆ : 0°42' ♊	
MC :27°50' ♈	♀ :19°30' ♊			☊ : 9°34' ♏	
11:18°33' ♊	♂ :24°51' ♉			IC :27°50' ♎	
12:18°58' ♋	♃ :12°39' ♋				

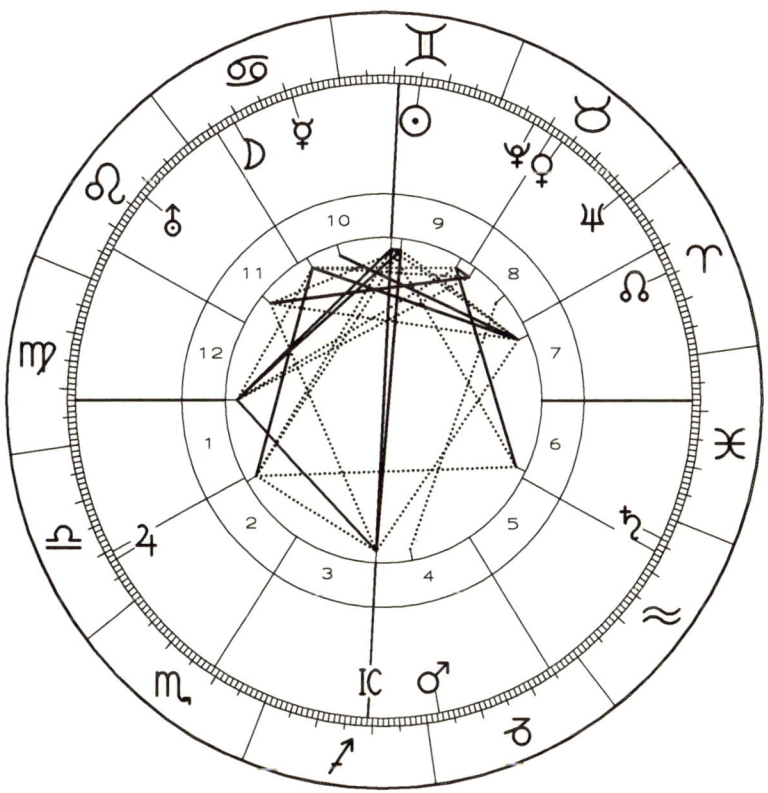

Thomas Mann	
Lübeck	6. 6.1875
10°41'10"0 53°52'10"N	11:32: 0 GMT

GOH		♄R:26° 5'≈
AC :21°54' ♍	☉ :15°19' ♊	♀R:12° 9' ♌
2:20°29' ♎	☽ :20°54' ♋	♃ : 2° 7' ♉
3:18°51' ♏	☿ : 9° 6' ♋	♅ :22°44' ♉
MC:19° 7' ♊	♀ :16°34' ♉	☊R:15°34' ♈
11:24°38' ♋	♂R: 2°25' ♑	IC :19° 7' ♐
12:23°29' ♌	♃R:22° 0' ♎	

17

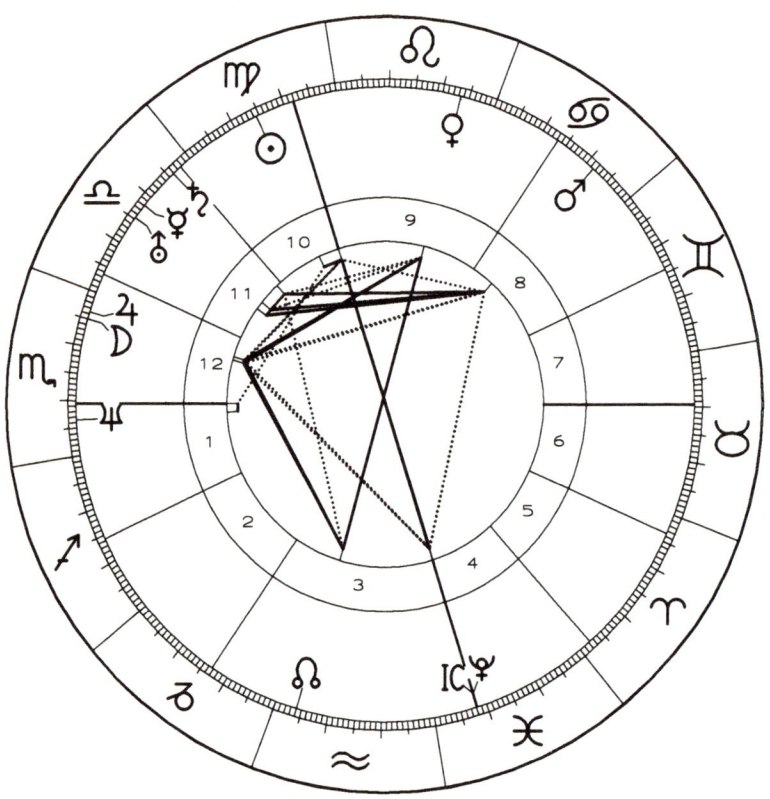

Eduard Mörike	
Ludwigsburg 9°15' 0"O 48°55' 0"N	8. 9.1804 10:53: 0 GMT

GOH		♄ : 4° 3'♎
AC :20°30'♏	☉ :15°32'♍	⚷ :14°40'♎
2:15°40'♐	☽ : 5° 0'♏	♅ :23°30'♏
3:16°45'♑	☿ :11°55'♎	♆ᴿ: 8°15'♓
MC : 8° 8'♍	♀ : 6°37'♌	☊ᴿ: 4° 1'♒
11: 2°19'♎	♂ : 8°25'♋	IC : 8° 8'♓
12:26°28'♎	♃ : 3°40'♏	

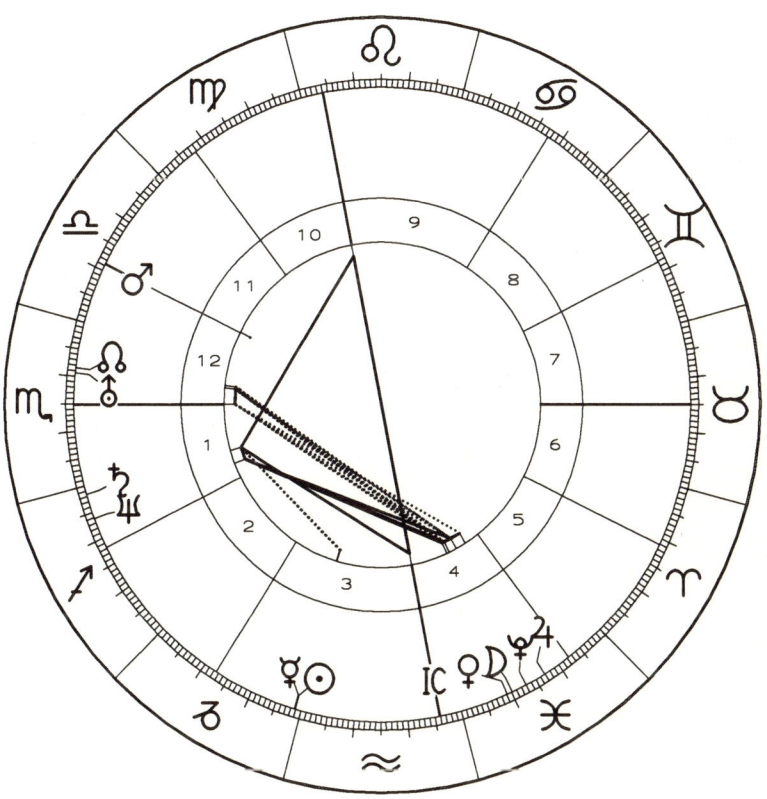

Edgar Allan Poe	
Boston	19. 1.1809
71° 4' 0"W 42°21' 0"N	6:44: 0 GMT

GOH		♄ : 1°33' ♐
AC :15° 6' ♏	☉ :28°52' ♑	☠ : 9°24' ♏
2 :11°50' ♐	☽ :10° 6' ♓	♃ : 6°12' ♐
3 :12°30' ♑	☿ :28°41' ♑	♆ :12°56' ♓
MC :25°55' ♌	♀ : 9° 9' ♓	☊ R: 8°28' ♏
11 :22°18' ♍	♂ :18°37' ♎	IC :25°55' ≈
12 :18°50' ♎	♃ :16°53' ♓	

19

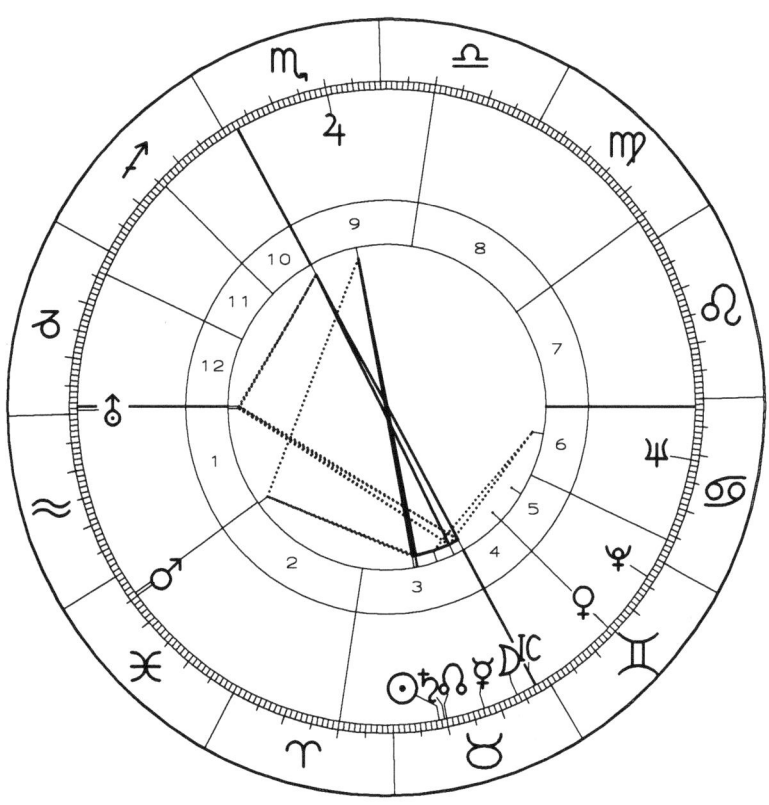

GOH				♄ : 9°35′ ♉
AC : 28°35′ ♐	☉ : 8°33′ ♉		⚷ : 29°21′ ♐	
2 : 4°21′ ♓	☽ : 23°41′ ♉		♃ : 19° 1′ ♋	
3 : 20° 0′ ♈	☿R : 17°14′ ♉		♆ : 26°20′ ♓	
MC : 27°32′ ♏	♀R : 14°32′ ♊		☊R : 10° 1′ ♉	
11 : 14°36′ ♐	♂ : 4°58′ ♓		IC R : 27°32′ ♉	
12 : 3°54′ ♐	♃R : 9°51′ ♏			

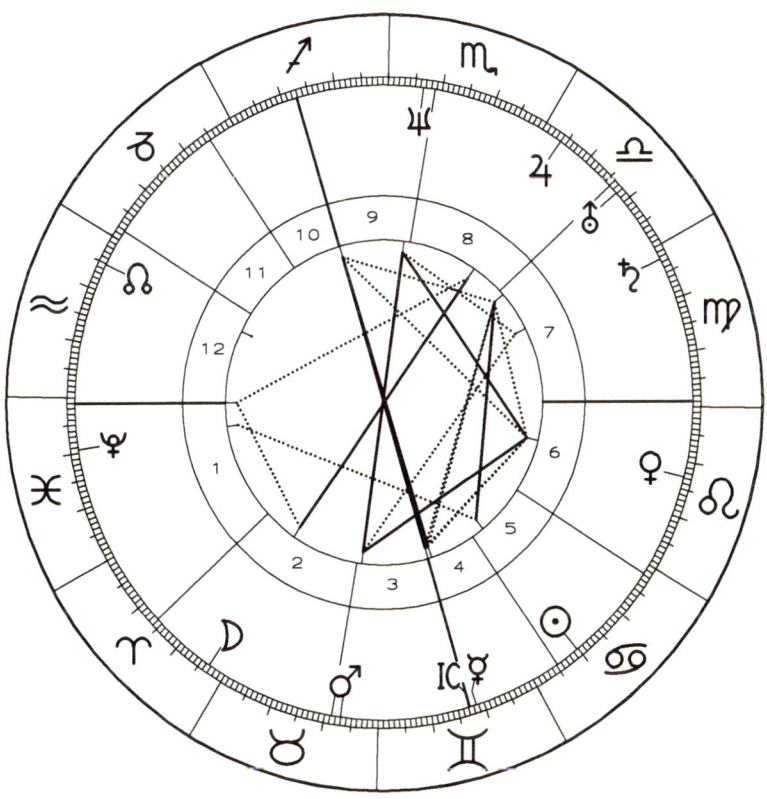

George Sand

| Paris | 1. 7.1804 |
| 2°20'15"O 48°50'49"N | 22:16: 0 GMT |

GOH		♄ : 27°42' ♏
AC : 1° 3' ✕	☉ : 9°45' ♋	⚸ : 12° 9' ♎
2 : 13°54' ♈	☽ : 26°35' ♈	♅ : 23°28' ♏
3 : 21°15' ♉	☿ : 18°31' ♊	♆R : 9°25' ✕
MC : 17°12' ♐	♀ : 17°15' ♌	☊R : 5° 6' ♒
11 : 5°13' ♑	♂ : 22°56' ♉	IC : 17°12' ♊
12 : 28°11' ♑	♃ : 26° 2' ♎	

Insgesamt kann man sagen, daß sich die erfahrungswissenschaft-lichen Befunde von Klöcklers auch am neutralen Datenmaterial bestätigen.

Hier erhebt sich die Frage, wieso sich eine solche Diskrepanz zwischen den Untersuchungen von Klöcklers und Gauquelins er-gibt. »Ein Mann des Wortes wird oft geboren, wenn der Mond eben am Aufgangs- oder Kulminationspunkt erscheint«, schreibt M. Gauquelin.* Man muß wohl zu dem Schluß kommen, daß die differenzierten und variantenreichen Verflechtungen von Venus und Merkur, ihre sich durch Aspekte auf Aszendent und MC ergebenden Dominantenbildungen, 3. Haus usw., die Möglichkeit einer eingleisigen Statistik übersteigen. Erschwerend mag hinzu-kommen, daß Gauquelin von antiquierten Häuserbedeutungen ausgeht; so ist beim 3. Haus noch von »kleinen Tieren«** die Rede.

Fassen wir zusammen:

Intensive, spürsame, vertiefende Untersuchungen relativ weni-ger »Fälle«, aber bezogen auf die Ganzheit des Geburtsbildes in seiner Anschaulichkeit erbringen differenziertere Einsichten, wie man am Beispiel der Schriftsteller-Horoskope sehen kann.

Zurück zu Merkur und zu der Frage »Merkur – gibt es ihn überhaupt?« Wenn man differenziert untersucht – wie von Klöck-ler –, so findet man ihn – insbesondere in Schriftsteller-Horosko-pen! Merkur gibt es also tatsächlich – auch wenn er in der Statistik nicht erscheint.

Und das wird in diesem Buch besonders deutlich: Denn Beatrix Braukmüller ist weit weg von den Versuchen jener Neo-Astrolo-gen, die mit den fünf statistisch relevanten Planeten der Gauquelins auszukommen hofften und Teile astrologischer Überlieferung so-wie alten astrologischen Erfahrungswissens einfach strichen. Statt dessen steht sie auf der Seite derer, die weiter auf neuen Wegen forschen und Untersuchungen ganz im Sinne von Thomas Ring anstreben: »Man darf freilich auf die Dauer nicht an dem Problem vorbeigehen, ob es sich bei dem astrologischen Weltbild lediglich um ›projizierte‹ oder um naturgegebene Beziehungen handelt.

---

* Michel Gauquelin: Kosmische Einflüsse auf menschliches Verhalten, Freiburg 1983, S. 140
** Michel Gauquelin: Kosmische Einflüsse auf menschliches Verhalten, S. 264

Diese Frage steht der experimentellen Untersuchung offen, denn es muß sich doch feststellen lassen, ob astrologisch und psychologisch Geschulte aus der Geburtskonstellation Aussagen über die Wesensstruktur eines Menschen machen können, die den Bereich zufälliger Treffer übersteigen.«[*]

So wird im 1. Kapitel die Frage untersucht: Ist die Höhe der Intelligenz (also ein charakteristisches Merkur-Thema) im Radix-Horoskop ersichtlich, oder ist das nicht der Fall (wie Thomas Ring und die meisten Astrologen annehmen)?

Neben der Herleitung des Merkur-Prinzips aus der Mythologie wird auch auf die geheime, die »okkulte«, Seite des Merkur eingegangen. Die Lehre des Hermes Trismegistos und die sieben Prinzipien der hermetischen Philosophie werden hierbei genauso ausführlich dargestellt wie der Karmagedanke.

Walter Böer,
Mitglied des DAV

---

[*] Thomas Ring: Astrologische Menschenkunde, Bd. 1, S. 8

EINLEITUNG

Dem scheinbar unbedeutenden Planeten Merkur wurde bisher wenig Beachtung geschenkt, weil er neutral ist, das heißt, er paßt seine Eigenschaften den Gestirnen an, mit denen er beispielsweise eine Konjunktion oder andere Aspekte bildet.

Der Planet Merkur mit seinen vielfältigen Eigenschaften ist in der Astrologie jedoch von wesentlich größerer Bedeutung als bisher angenommen wurde. Er gibt Aufschluß über die geistigen Anlagen eines Menschen, über die Art und Weise des Denkens, über persönliche Interessen und darüber, wie jemand Informationen aufnimmt, verarbeitet und weitergibt. Da das meistens in mündlicher oder schriftlicher Form geschieht, gibt Merkur Hinweise auf die Ausdrucksweise eines Menschen in Wort und Schrift.

Merkur symbolisiert die Sprache; er ist der Planet der Intelligenz und der Kommunikation, des Informationsaustausches. An ihm und seinen Konstellationen erkennen wir unter anderem, wie jemand Kontakt zu seinen Mitmenschen aufnimmt und über welche Themen er sich am liebsten unterhält.

Da Merkur etwas über unsere geistigen Anlagen aussagt, gibt er auch entscheidende Hinweise auf die Intelligenz eines Menschen, wobei die Differenzierung des Intelligenzbegriffes von großer Bedeutung ist. Deshalb wird gleich im ersten Kapitel die Frage geklärt, inwieweit die Höhe der Intelligenz aus dem Geburts-Horoskop ersichtlich ist.

Da in unserer heutigen Leistungsgesellschaft der Verstand und das rationale Denken immer höher bewertet werden, sollten insbesondere die Merkur-Konstellationen stärker berücksichtigt werden, um über die geistigen Fähigkeiten eines Menschen konkrete Aussagen machen zu können.

Diese spielen insbesondere bei der Berufswahl eine wichtige Rolle.

An den Konstellationen des Merkur erkennen wir, welche geistigen Entfaltungsmöglichkeiten jemand hat, unter welchen Bedingungen er am besten lernt und ob jemand im mündlichen oder schriftlichen Ausdruck begabter ist. Befindet sich Merkur über dem Horizont in den Häusern 7 bis 12, wird der sprachliche Ausdruck bevorzugt, denn man redet gern oder hält gern Vorträge. Befindet sich Merkur unter dem Horizont in den Häusern 1 bis 6, kristallisiert sich eine stärkere Begabung im schriftlichen Ausdruck heraus.

Aber auch bei der Suche nach dem richtigen Beruf sollte immer das gesamte Horoskop analysiert werden. Nie darf ein Planet allein gedeutet werden, wenn man zu einer umfassenden Aussage kommen will.

Deshalb darf auch Merkur bei der Deutung nie isoliert betrachtet werden, denn erst durch die Verbindung mit anderen Gestirnen gewinnt er an Bedeutung. Bei der Analyse dieses Planeten sind folgende Punkte zu berücksichtigen:

1. Das Zeichen, in dem sich Merkur befindet, zeigt lediglich die Färbung seiner Eigenschaften an. Diese Position sagt etwas darüber aus, wie jemand denkt und wie er seine Gedanken äußert.

2. Das Haus, in dem Merkur steht, zeigt an, in welchen (Lebens-) Bereichen die geistigen Anlagen zum Ausdruck kommen, welche Interessen man hat und mit welchen Themen man sich gedanklich auseinandersetzt.

3. Die Aspekte zu anderen Planeten geben Auskunft darüber, in welcher Form das Denken durch harmonische Aspekte aktiviert oder durch Spannungsaspekte blockiert wird.

4. Als Herrscher der verschiedenen Häuserspitzen, die in die Zeichen Zwillinge oder Jungfrau fallen, insbesondere vom Aszendenten oder MC und vom 3. oder 6. Haus, ist Merkur von maximaler Bedeutung.

Um den Planeten Merkur detailliert unter die Lupe nehmen zu können, hielt ich es für sinnvoll, das Merkur-Prinzip aus der griechischen Mythologie herzuleiten, in der Hermes, der geflügelte Götterbote, dem römischen Merkur entspricht. Er ist einer der vielfältigsten Götter, der einerseits als Gott des Handels, der Kaufleute und Diebe verehrt wurde und andererseits als Nachrichtenübermittler zwischen den Göttern des Olymp und den Menschen bekannt war. Da diese Informationen in erster Linie durch das Wort weitergegeben wurden, galt Hermes auch als Symbol der Sprache, der Kommunikation. In dem Kapitel »Merkur in der Mythologie« berichte ich ausführlich über die Funktion des Hermes, die die Grundlage der astrologischen Symbolik von Merkur bildet. Die vielfältigen Eigenschaften des Götterboten spiegeln sich auch auf der Oberfläche des Planeten Merkur wider. Darauf gehe ich konkret in dem nächsten Kapitel »Merkur in der Astronomie« ein. In dem Kapitel »Merkur in der Astrologie« erfolgt die detaillierte Beschreibung der Bedeutung von Merkur in den Zeichen Widder bis Fische, in den 12 Häusern und in den Aspekten zu anderen Gestirnen und Schnittpunkten. Dabei veranschauliche ich die Auswirkung der Merkur-Konstellationen in den Zeichen und Häusern durch insgesamt 12 Horoskop-Beispiele bekannter Persönlichkeiten, die durch jeweils 12 Geburtsdaten von Prominenten ergänzt werden. Die kompletten Daten werden der Übersicht halber im Anhang in alphabetischer Reihenfolge noch einmal aufgeführt.

Außerdem werden die Inhalte der einzelnen Häuser und die Symbolik der Gestirne genauso ausführlich behandelt wie die klassischen Aspektformen und die Wirkung der Merkur-Transite, wobei die positiven und negativen Auswirkungen der Merkur-Eigenschaften und -Aspekte im Text stichwortartig hervorgehoben werden und die spezifischen Merkur-Themen bei den Beispiel-Horoskopen fett gedruckt werden.

Neben einer leicht verständlichen Einführung in die astronomischen Grundlagen der Astrologie erfährt der Leser auch etwas über die hermetische Philosophie »Hermes Trismegistos« und über die Karmatheorie, um einen Gesamteindruck von der Vielfältigkeit des Merkur-Prinzips zu bekommen.

Das Buch soll jedem Astrologen – ob Einsteiger oder Fortgeschrittenem – eine effektive Hilfe bei der Deutung von Merkur sein und dazu beitragen, Merkur in seiner Gesamtheit zu erfassen, um zu konkreten Aussagen über die geistigen Anlagen und Fähigkeiten eines Menschen zu kommen. Wenn wir diese erkannt haben, sind wir als Astrologen in der Lage, echte Lebenshilfe, insbesondere auch in der Berufsberatung und in der Partnerschaft zu geben. Denn die Merkur-Konstellationen sind im Horoskop-Vergleich, der Synastrie, genauso wichtig wie die Beziehungen zwischen Sonne, Mond, Venus und Mars. Neben der körperlichen Anziehung und der seelischen Verbundenheit sollte auch die geistige Basis in einer Partnerschaft die Hauptrolle spielen. Denn was nützt die faszinierendste Beziehung, wenn weder eine Kommunikationsbasis noch gemeinsame Interessen vorhanden sind.

Beatrix Braukmüller

Ist die Höhe der Intelligenz aus dem Horoskop erkennbar?

Bevor ich näher darauf eingehe, inwieweit die Intelligenz aus dem Horoskop ersichtlich ist, möchte ich den Begriff Intelligenz erst einmal definieren.

Im dtv-Wörterbuch zur Psychologie* finden wir folgende Definitionen für den Begriff Intelligenz:

»1. Allgemeine Bezeichnung für die Leistungsmöglichkeiten von Lebewesen bestimmter Art in bezug auf den Umfang des *Lernens durch Erfahrung* und die dadurch möglichen Anpassungsreaktionen bzw. Verhaltensweisen in neuen Situationen. Diese Definition bezieht sich vor allem auf die Erkenntnisse der biologisch orientierten, von Darwin ausgehenden Forschung und stellt eine Beziehung zwischen der Evolution, dem Grad der Differenziertheit des Verhaltens und der Größe und Kompliziertheit der höheren Gehirnregionen her. Es wird dabei angenommen, daß die *Ontogenese* eine gewisse Entsprechung zur *Phylogenese* aufweist.

2. Allgemeine Bezeichnung für die generelle Fähigkeit des Einsichtgewinnens *(Intellekt)* und das Erfassen von komplexeren Beziehungen im Vollzug von Problemlösungen (Denken). Diese zweite Definition bezieht sich mehr auf den philosophisch-psychologischen Ansatz zur Beschreibung des intelligenten Verhaltens als eine umfassende ›Fähigkeit‹, der im offenen (Problemlöse-)Verhalten dann der Leistungsgrad der psychischen Funktionen (Wahrnehmen, Denken) bei ihrem Zusammenwirken in der Bewältigung neuer Situationen entspricht. [...] In neuen Theorien bildet die Auseinandersetzung mit der Umwelt bzw. die Wechselwirkung von Individuum und Umwelt eine entscheidende Rolle.

3. Bezeichnung für ein spezielles, auf eine Standardskala bezogenes Maß *(IQ, Intelligenzqoutient)* für *Faktoren*, die den Intelligenz-

---

* J. Drever, W.D. Fröhlich: Wörterbuch zur Psychologie, München 1975, S. 164

leistungen zugrunde liegen oder den Leistungsdaten entnommen sind. Diese dritte Definition stellt den testpsychologisch-statistischen Aspekt dar. Galton nahm als erster an, daß sich die Intelligenz wie z. B. Maße der Körpergröße im Sinne einer Gaußschen Kurve in der Gesamtbevölkerung verteilt. [...] Spätere Ansätze (Burt, Thorndike, Thurstone) bestritten die Generalität des Intelligenzfaktors und unterstrichen die Bedeutung verschieden gewichteter Komponenten wie z. B. Handlungsintelligenz, verbale Intelligenz, Gedächtnis u. a. Wechslers Definition: ›Intelligenz ist eine zusammengesetzte oder globale Fähigkeit (capacity), zielgerichtet zu handeln, rational zu denken und sich wirkungsvoll mit seiner Umwelt auseinanderzusetzen‹, stellt einen Kompromiß dar.

4. Bezeichnung für die Grundlage eines Prozesses fließender Art, in dem verschiedene einzelne ›Fähigkeiten‹ oder Komponenten sich zu neuen *'Schemata'* verknüpfen, wobei die Komplexität der neuen Verknüpfungen vom Entwicklungsstand des betrachteten Organismus abhängig ist. [...]«

In dem Lexikon »Psychologie des 20. Jahrhunderts«* heißt es:
»Aus unzähligen Versuchen zur Definition der Intelligenz sei als Beispiel der von Groffmann erwähnt: ›Intelligenz sei die Fähigkeit des Individuums, anschaulich oder abstrakt in sprachlichen, numerischen oder raum-zeitlichen Beziehungen zu denken; sie ermöglicht die erfolgreiche Bewältigung vieler komplexer und mit Hilfe jeweils besonderer Fähigkeitsgruppen auch ganz spezifischer Situationen und Aufgaben.‹ Diese Definition erlaubt die Aufnahme einer Reihe moderner Forschungsergebnisse und ist altersunabhängig anzuwenden.«
Wenn wir von Intelligenz sprechen, müssen wir also ganz deutlich zwischen verschiedenen Formen von Intelligenz unterscheiden.
In unserer Gesellschaft wird Intelligenz oftmals an den schulischen Leistungen eines Kindes, an der Art der Ausbildung (Abitur, Studium) oder am Titel, am akademischen Grad, eines Menschen gemessen. Gute Schulnoten, Titel oder Rang sind jedoch nicht immer ein Beweis für einen hohen Intelligenzgrad, zumal sich die

---

* Psychologie des 20. Jahrhunderts, Bd. 5, Zürich 1977, S. 333

Benotung lediglich an dem Leistungstand einer Schulklasse und deren Bildungsniveau orientiert. Insofern kann Beurteilung der schulischen Leistungen nur relativ sein, zumal es sich hier in erster Linie um reproduziertes Wissen handelt. In den unteren Klassen wird Wissen abgefragt; in der Oberstufe wird verlangt, daß der Schüler sein Wissen weiterentwickelt, indem er nicht nur Informationen wiedergibt, sondern diese kombiniert und logische Schlußfolgerungen daraus zieht.

Einen Titel kann heutzutage jeder käuflich erwerben, und zu Rang und Namen kommt man oftmals durch Protektion, sogenannte »gute Beziehungen«, oder im schlimmsten Fall durch Korruption.

Jeder Mensch besitzt Intelligenz, denn jeder ist mehr oder weniger lernfähig, weil er die Möglichkeit hat, sich Wissen anzueignen und dieses Wissen zu nutzen.

Schon in der Kindheit wird der Grundstein für die Entwicklung des Intelligenzgrades gelegt: Entweder wird dessen Bildung durch die Eltern schon in der Kindheit gefördert oder vernachlässigt, je nachdem, in welchem Milieu ein Kind aufwächst. Die Umgebung prägt die Art seines Denkens – nicht die Höhe des Intelligenzgrades – und beeinflußt die Beschäftigung des Kindes mit bestimmten Themen. Da die Eltern ihren Kindern die eigenen Wertmaßstäbe vermitteln und ihre Interessen gern in ihren Kindern verwirklichen möchten, müssen sich die Kinder zwangsläufig mit den Hobbies und der Meinung ihrer Eltern auseinandersetzen, die sie oftmals unbewußt verinnerlichen, weil sie keine Vergleichsmöglichkeiten haben und sich noch kein eigenes Urteil bilden können.

In der Schule wird das Kind dann zum erstenmal mit verschiedenen Fächern konfrontiert. Es lernt, Wissen aufzunehmen und wiederzugeben, sich mit dem vorgegebenen Schulstoff zu beschäftigen und Leistungen zu erbringen, die den gesellschaftlichen Normen entsprechen – egal, ob es sich für die Themen interessiert oder nicht. In der Schule werden weitere Vorbereitungen für die Entwicklung der Intelligenz getroffen.

Dabei sollte aber unbedingt berücksichtigt werden, daß jemand, der in der Jugend keine Gelegenheit hatte, seine geistigen Fähigkeiten zu fördern – sei es aufgrund schlechter finanzieller oder familiärer Verhältnisse – nicht unbedingt dumm sein muß. Jeder hat die

Möglichkeit – seinen Anlagen gemäß –, seine Intelligenz auch noch in späteren Jahren zu entwickeln, wenn er die Umgebung wechselt, in eine andere Stadt zieht oder sich einem neuen Bekanntenkreis anschließt. Dadurch kann er neue Impulse und Anregungen bekommen, die seine geistige Entwicklung durch Weiterbildung oder durch neue Erfahrungen in eine ganz andere Richtung lenken und seinen wahren geistigen Anlagen entsprechen.

Außerdem müssen wir zwischen sogenannten Früh- und Spätentwicklern differenzieren. Die einen sind schon in der Jugend geistig aufgeschlossen, interessiert und wißbegierig. Die anderen entwickeln erst in späteren Jahren Freude am Lernen und sind zu beachtlichen Leistungen fähig.

Erlerntes oder auswendig gelerntes Wissen ist jedoch kein Beweis für einen hoch entwickelten Intelligenzgrad.

Gehen wir von Groffmanns Definition für Intelligenz aus, wäre Intelligenz die Fähigkeit des Individuums, anschaulich oder abstrakt in sprachlichen, numerischen oder raum-zeitlichen Beziehungen zu denken. Diese Fähigkeit würde die erfolgreiche Bewältigung vieler komplexer Situationen und Aufgaben mit Hilfe von besonderen Fähigkeiten ermöglichen.

Intelligenz ist also eher ein ganzheitlicher Faktor und hat wenig mit Wissensanhäufung zu tun. Auswendig lernen kann jeder, vorausgesetzt, er hat ein gutes Gedächtnis, doch das erlernte Wissen sinnvoll anzuwenden und weiterzuentwickeln, setzt Intelligenz voraus.

Da es verschiedene Arten von Intelligenz gibt, zum Beispiel praktische, kreative, technische, handwerkliche, sprachliche, künstlerische Intelligenz, sollte bei dem Intelligenzbegriff immer eine Differenzierung vorgenommen werden.

Kann man Intelligenz, insbesondere die Höhe der Intelligenz, aus dem Horoskop erkennen?

Da ein Mensch – aus karmischer Sicht – nicht ohne Grund in sein soziales Umfeld hineingeboren wird, sondern sich die Umgebung »ausgesucht« hat, die zur Erfüllung seines Schicksals in dieser Inkarnation beiträgt, müßte auch die Intelligenz aus dem Geburts-Horoskop zu erkennen sein, denn das Geburts-Horoskop spiegelt unsere gegenwärtigen Anlagen und Aufgaben wider.

Um die Frage beantworten zu können, betrachten wir erst einmal den Planeten Merkur, dessen Position in Haus und Zeichen und seine Aspekte mit anderen Planeten. Die Position des Merkur in den Zeichen gibt Aufschluß über die Art des Denkens, über die Äußerung der Gedanken, die mündliche und schriftliche Artikulation. Das Haus, in dem sich Merkur befindet, macht deutlich, mit welchen Themen wir uns gedanklich auseinandersetzen, wo unsere geistigen Interessen zum Ausdruck kommen. Die Aspekte des Merkur mit anderen Planeten zeigen an, in welcher Art und Weise diese Interessen umgesetzt werden.

In bezug auf die Frage nach der Intelligenz analysieren wir also zuerst alle Merkur-Konstellationen, denn der klassische Intelligenzplanet Merkur ist neutral. Erst durch die Kräfte der Planeten, die ihn aspektieren, wird er aktiviert und nimmt deren Eigenschaften an. Merkur sammelt Informationen und hat Freude an sprachlichen Formulierungen und an der Kommunikation. Er ist der Vermittler, der Wissen ohne Wertung weitergibt.

Erst durch Aspekte zu anderen Planeten gewinnen Wissen und Informationen an Bedeutung:

Die Konjunktion von **Sonne** und Merkur zeugt von Kreativität, neuen Ideen und großer geistiger Energie. Die intellektuellen Fähigkeiten können verwirklicht werden, wobei es – bei einem Orbis von 0 bis 4 Grad – an der objektiven Selbsteinschätzung mangelt.

Der **Mond** im Aspekt mit Merkur sorgt für gesunden Menschenverstand, einfallsreiches Denken und gutes Urteilsvermögen.

Bei der Verbindung von **Venus** und Merkur ist das Denken auf ästhetische, literarische und künstlerische Interessen ausgerichtet.

Die Kombination von **Mars** und Merkur weist auf technisches Verständnis und praktische Fähigkeiten sowie auf einen aktiven Geist und spontane Handlungsbereitschaft hin.

Jupiter im Aspekt mit Merkur weist auf genaue Beobachtungsgabe und sichere Urteilskraft hin. Bei dieser Kombination dürfte sich Intelligenz in Form von »Weisheit durch Erkenntnis« herauskristallisieren. Die Fähigkeit, aus seinen Erfahrungen zu lernen, dürfte besonders ausgeprägt sein, denn Jupiter, als Herrscher des 9. Hauses der Weiterbildung – analog dem Zeichen Schütze –, fördert das »Positive Denken« und eine schnelle Auffassungsgabe.

Saturn und Merkur vermitteln Kombinationsgabe, präzises, systematisches und logisches Denken, fördern wissenschaftliches Verständnis, Konzentrationskraft und ein gutes Gedächtnis. Da Saturn Herrscher des 10. Hauses – analog dem Zeichen Steinbock – ist, ist das Denken auf praktische und realistische Ziele ausgerichtet, die immer mit der nötigen Ausdauer und Hartnäckigkeit angestrebt werden.

Uranus als »höhere Oktave« des Merkur fördert die schöpferische Intelligenz, Intuition, originelle Gedanken und plötzliche Eingebungen. Vorhandenes Wissen wird immer wieder erweitert.

Neptun ist die »höhere Oktave« der Venus. In Verbindung mit Merkur ist er auf der Suche nach dem Mystischen mit dem Ziel, das Gesetzmäßige aufzulösen. Er fördert die Inspiration, aber auch Illusion und Enttäuschung.

Pluto als »höhere Oktave« des Mars verleiht in der Verbindung mit Merkur tiefgründiges aktives Denken und Forscherdrang, verbunden mit Überzeugunskraft, Manipulation, aber auch mit Fanatismus.

Bei der Horoskopdeutung sollten wir unbedingt den Aszendenten und das Medium Coeli (MC) näher untersuchen. Fällt der Aszendent beispielsweise in das Zeichen Jungfrau und das MC in das Zeichen Zwillinge, ist Merkur Herrscher der kardinalen Punkte und dadurch sehr bedeutsam, also stark gestellt. Das gleiche gilt für die Aspekte zu Aszendent und MC.

Thomas Ring meint dazu: »Nie darf aus dem Meßbild eine Aussage über die *Intelligenzhöhe* erwartet werden. Niveau bezeichnet das aus der Anlage Entwickelte, durch den selbstbestimmenden Faktor Erworbene. Anlage ist ferner nicht nur konstellativ bedingt. Die Begünstigung durch Elternerbe, ›eingeschliffene Gehirnbahnen‹, liegt jenseits der Aussagegrenze, ebenso das Bereitstehen geistiger Anregungen in der Umwelt, die Gelegenheit zur Ausbildung. Ein gewisser Mutterwitz muß mitgegeben, eine Schulung durchgemacht worden sein, bevor vom Denkgebrauch die Rede ist. Sind auch die Regeln logischer Richtigkeit und Schlußfolgerung erlernbar, so muß doch der Einzelne über das Apparathafte im Anwendungsfalle verfügen lernen, um zu eigenen Gedanken zu kommen. *Mit diesen Vorbehalten kennzeichnet Merkur die Anlage des Men-*

schen, der sich durch seine Intelligenz selbst bestimmt. Unter mer-
kurischer Intelligenz verstehen wir die Abstraktion von Merkmalen aus dem wahrnehmungsmäßig vorgefundenen Zusammenhang
(wobei die Aufmerksamkeit entsprechend dem Zeichen gefärbt ist),
die verknüpfende Beziehung von Merkmalsbegriffen und die darauf gestützte logische Einsicht, insgesamt das bewußte Erfassen
(Apperzeption) zum Zweck einer Handlung, während wir das
begriffliche Gedächtnis unter Saturn ordnen. Die Verwandtschaft
von Saturn und Merkur geht uns darum leichter ein als die von
Saturn und Venus, die sich in diesem Zusammenhang auf das sinnli-
che Formgedächtnis erstreckt und das (auch unbegriffliche) Wie-
dererkennen in der Empirie ermöglicht. In der Apperzeption oder
dem intelligenten Begreifen der Sinneswelt, unter Zuhilfenahme
eines festen Besitzes an Gedanken, durch Lernen vermehrt, bildet
sich der Verstand aus.«*

Um herauszufinden, ob die Höhe der Intelligenz tatsächlich aus
dem Horoskop, insbesondere an der Stellung und Aspektierung des
Merkur erkennbar ist, wurden Horoskope von nachweislich intelligenten und weniger intelligenten Personen ausgewählt. Die Auf-
gabenstellung lautete:
»Unter den (anliegenden) 26 Geburtsbildern befinden sich 12
von nachweislich intelligenten und 14 von weniger intelligenten
Horoskop-Eignern. Bitte ordnen Sie diese entsprechend zu. Begründen Sie Ihre Zuordnung kurz unter Verwendung der astrologischen Symbole.«
Der Versuch wurde mit einer größeren Anzahl geprüfter Astrologen des DAV (Deutscher Astrologen Verband) bzw. mit Astrologen mit ähnlicher Ausbildung durchgeführt.
Als Gesamtergebnis des Zuordnungstests wurden 161 richtige
und 96 falsche Zuordnungen eingereicht.
Die meisten Teilnehmer haben die Zuordnung tatsächlich mit der
Position des Merkur und dessen Aspektierung begründet.
Die Trefferquote liegt bei 63 Prozent und zeigt eine leichte
Tendenz nach oben, die aber nicht als repräsentativ bezeichnet
werden kann.

---

* Thomas Ring: Astrologische Menschenkunde, Bd. 3, S. 94f.

Aus dem Gesamtergebnis wird deutlich, daß nicht allein aus den Konstellationen des Merkur auf die Höhe der Intelligenz eines Menschen geschlossen werden kann. Insofern ist die Behauptung Thomas Rings nicht zu widerlegen, wobei Ausnahmen wieder die Regel bestätigen, was ich an dem folgenden Horoskop zeigen möchte, wobei auf alle konkreten Angaben aus Gründen des Datenschutzes verzichtet wird.

Es handelt sich um ein Radix-Horoskop einer weiblichen Person.
Richten wir unser Augenmerk bei diesem Horoskop ausschließlich auf die Konstellationen von Merkur, stellen wir fest, daß Merkur im 12. Haus Widder zwar spannungsreich, doch sehr stark aspektiert ist.

Er bildet eine Konjunktion mit dem Mond, was auf einen aktiven Geist und gesunden Menschenverstand schließen läßt, der gefühlsmäßig stark ansprechbar ist.

Die Konjunktion von Merkur und Mond im 12. Haus bildet eine Opposition zu Jupiter und Neptun im 6. Haus. Hierbei steht Jupiter für genaue Beobachtungsgabe und Intelligenz in Form von »Weisheit durch Erkenntnis«. Neptun verweist auf die Suche nach dem Mystischen mit dem Ziel, das Gesetzmäßige aufzulösen und sorgt für Inspiration genauso wie für Illusion und Enttäuschung.

Die Planetenverbindung von Merkur, Mond, Saturn und Jupiter läßt trotz der Spannungsaspekte auf eine gebildete, intelligente Persönlichkeit schließen, die nicht nur in der Lage ist, konzentriert, systematisch und intuitiv zu denken, sondern ihre Erfahrungen auch schöpferisch und produktiv umsetzen kann.

Mit Merkur Konjunktion Mond in Opposition zu Jupiter und Neptun macht sich zwar die Neigung zu Zerstreutheit und schlechter Zeiteinteilung, verbunden mit einer Tendenz zu Mangel an gründlicher Planung und Zuverlässigkeit bemerkbar. Die Merkur-Mond-Konjunktion bildet aber auch ein geschlossenes Trigon zu Saturn im 8. Haus Schütze und zu Pluto im 5. Haus Löwe. Die Verbindung zu Saturn bescheinigt Kombinationsgabe, präzises, systematisches und logisches Denken, wissenschaftliches Verständnis und Konzentrationskraft, während das Trigon zu Pluto im 5. Haus der Kreativität tiefgründiges aktives Denken und Forscherdrang, verbunden mit Überzeugunskraft, Manipulation und Fana-

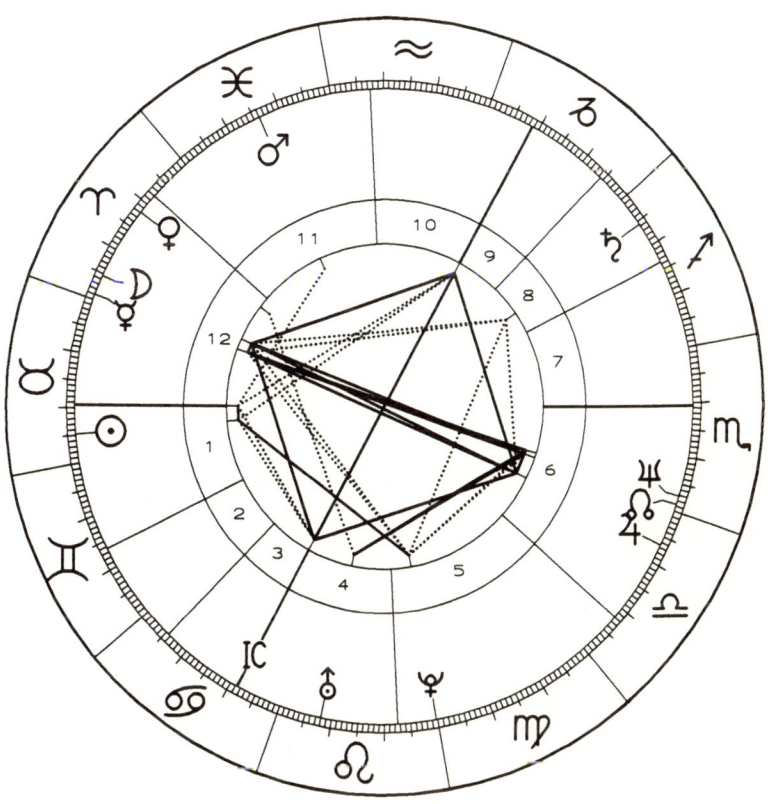

GOH		
		♄R : 24°24' ♐
AC : 19°26' ♉	⊙ : 24°46' ♉	♅ : 7°57' ♌
2 : 16°26' ♊	☽ : 25°17' ♈	♆R : 2°50' ♏
3 : 5°34' ♋	☿ : 29° 0' ♈	♇R : 29°46' ♌
MC : 21°18' ♓	♀ : 11°48' ♈	☊R : 1°14' ♏
11 : 22°33' ♒	♂ : 13°59' ♓	☍R : 21°18' ♍
12 : 8° 0' ♈	♃R : 23°26' ♎	

tismus, erwarten läßt. Durch diesen Trigonalaspekt werden die Spannungsaspekte zu Jupiter und Neptun in konstruktive Bahnen gelenkt, zumal beide Planeten stark gestellt sind: Der harmonisch aspektierte Saturn ist Herrscher des MC Steinbock und des 9. Hauses (Erwachsenen- und Weiterbildung), und Pluto ist Herrscher des Deszendenten Skorpion.

Durch die Aspektverbindung von Merkur, Mond, Jupiter und Saturn ist die Anlage für eine ausgeprägte Intelligenz gegeben. Zusammenfassend stellen wir fest, daß die Horoskop-Eignerin folgende Anlagen besitzt:

1. Intuition, gutes Urteilsvermögen und gesunden Menschenverstand (Merkur Konjunktion Mond).

2. Logisches, systematisches und kritisches Denken, verbunden mit einer ausgeprägten Kombinationsgabe und einem guten Gedächtnis (Merkur Trigon Saturn).

3. Gute Beobachtungsgabe, realistisches Wahrnehmungsvermögen, die Fähigkeit, aus Erfahrungen zu lernen (Merkur Opposition Jupiter), wobei diese Anlagen durch die Spannungsaspekte Schwankungen unterliegen.

4. Zielorientiertes Denken, Überzeugungskraft, rhetorische Fähigkeiten, scharfer Verstand (Merkur Trigon Pluto).

Die Spannungsaspekte dürfen zwar nicht außer acht gelassen werden, schränken die Intelligenz aber auf keinen Fall ein:

Die geistige Aktivität des Widder-Merkur (entschlossenes, ehrgeiziges und schnelles Denken, spontane Entscheidungen und Freude an Diskussionen) kommt im 12. Haus, entweder in der Abgeschiedenheit oder in großen Firmen zum Ausdruck. Die Konjunktion mit dem Mond weist auf Intuition und starke gefühlsmäßige Ansprechbarkeit hin. Die Entscheidungen werden oftmals aus unbewußten emotionalen Gründen getroffen.

Durch die Opposition zu Jupiter im 6. Haus der Arbeit und Gesundheit neigt die Horoskop-Eignerin zu Unsicherheit, wenn sie angegriffen wird, und es ihr in dem Fall nicht gelingt, ihre Meinung logisch zu begründen. Da sie mitunter zu wohlwollend sein dürfte, kann sie in Gefahr geraten, sich ausnutzen zu lassen.

Ihre starke gefühlsmäßige Beeindruckbarkeit und ihr Hang zur Bequemlichkeit verbinden sich mit einer lebhaften Phantasie, großer Empfindsamkeit und unrealistischen Vorstellungen (Merkur Konjunktion Mond Opposition Neptun). Intrigen und Mißtrauen machen sich im beruflichen Umfeld bemerkbar.

Betrachten wir nun die Sonne, die die Persönlichkeit repräsentiert: Sie befindet sich im 1. Haus Stier im Trigon zum MC und im Quadrat zu Pluto und läßt auf eine eigenwillige Persönlichkeit mit starkem Durchsetzungsvermögen schließen, die sich nicht so leicht von ihren Zielen abbringen läßt, Durchhaltevermögen, harten Arbeitseinsatz (Saturn) und Ehrgeiz entwickelt, um ihre Ansichten und Pläne durchzusetzen.

Venus als Regentin vom Stier-Aszendenten steht im 12. Haus Widder im Trigon zu Uranus (originelle Kreativität, Kontaktfreude). Mars, der Regent des 12. Hauses Widder, steht im 11. Haus Fische im Sextil zum Aszendenten und bildet ein Trigon zum Deszendenten. Die ganze Energie wird für Gruppenaktivitäten eingesetzt. Die Horoskop-Eignerin kann sich also Zustimmung und Respekt in der Öffentlichkeit und bei Geschäftspartnern verschaffen.

Wenn nach der Deutung der Merkur-Konstellationen noch Zweifel bestanden, so dürfte man nach der Interpretation des kompletten Geburts-Horokops zu dem Ergebnis kommen, daß es sich hier um eine sehr intelligente Horoskop-Eignerin handelt.

Die Horoskop-Eignerin studierte nach dem Abitur Pädagogik mit Schwerpunkt Kunst und Kultur und war in der Erwachsenenbildung tätig. Zusätzlich absolvierte sie eine zweite Ausbildung als Computer-Programmiererin und ist heute in der elektronischen Datenverarbeitung tätig. Das beweist zumindest, daß sie sowohl im kreativen als auch im naturwissenschaftlichen Bereich ausgeprägte Fähigkeiten entwickelte.

An einem anderen Horoskop möchte ich zeigen, daß sich auch das Gegenteil, nämlich eine wenig ausgeprägte Intelligenz durchaus aus dem Gesamt-Horoskop erkennen läßt.

Bei diesem Radix-Horoskop handelt es sich um eine männliche Person.

Der Merkur befindet sich im Zeichen Jungfrau im 8. Haus in Konjunktion mit Neptun. Da Merkur außer einem Sextil zu Mars keine weiteren Aspekte hat, werden seine analytischen Eigenschaften durch Neptun verschleiert und kommen nicht zum Ausdruck. Das Denken des Horoskop-Eigners manifestiert sich in einem Hang zu illusionären Vorstellungen und zum Verlust des Realitätsbezugs.

Die starke Besetzung des Erdelementes mit insgesamt fünf Planeten läßt auf eine schwerfällige, konservative Haltung schließen, die durch Saturn am Steinbock-Aszendenten in Form von Nüchternheit und Verschlossenheit noch verstärkt wird. Der starkgestellte Saturn steht in Opposition zu Pluto im 7. Haus Krebs. Diese Konstellation gewinnt durch ihre Position in den Eckfeldern an Bedeutung und macht einerseits karmische Schwierigkeiten deutlich, die sich schon in früher Kindheit gezeigt haben dürften. Andererseits läßt sie auf Unterdrückung, Brutalität und Grausamkeit schließen, die vom Horoskop-Eigner selbst ausgehen können oder diesem zuteil wird.

Hinzu kommt das Quadrat von Uranus im 3. Haus Widder zu Saturn und Aszendent und zu Pluto im 7. Haus Krebs: Neben Eigensinn, Egoismus und Sturheit kommen durch diese Quadrate auch die Neigung zu radikalem Verhalten, Unberechenbarkeit, Mangel an Anpassungsfähigkeit und gesundem Menschenverstand zum Ausdruck. Uranus Quadrat Pluto ist ein Generationsaspekt, der auf drastische Umwälzungen durch Revolutionen oder Kriege hinweist, genau wie Saturn Opposition Pluto, denn dieser Aspekt zeigt auch an, daß der Horoskop-Eigner in Kriege hineingezogen oder inhaftiert werden kann.

Da der Horoskop-Eigner Anfang der dreißiger Jahre geboren wurde, hat er den Zweiten Weltkrieg miterlebt, der seine Spuren hinterlassen haben dürfte. Uranus Quadrat Pluto drückt auch das Gefühl mangelnder Geborgenheit aus.

Außerdem ist die Sonne-Venus-Konjunktion im 8. Haus Jungfrau ebenfalls durch das Quadrat zum Mond im 11. Haus Schütze »verletzt«. Gefühl und Persönlichkeit stehen nicht im Einklang miteinander, mangelnde gefühlsmäßige Ausgeglichenheit sind die Folge davon und führen zu Unsicherheit oder Minderwertigkeits-

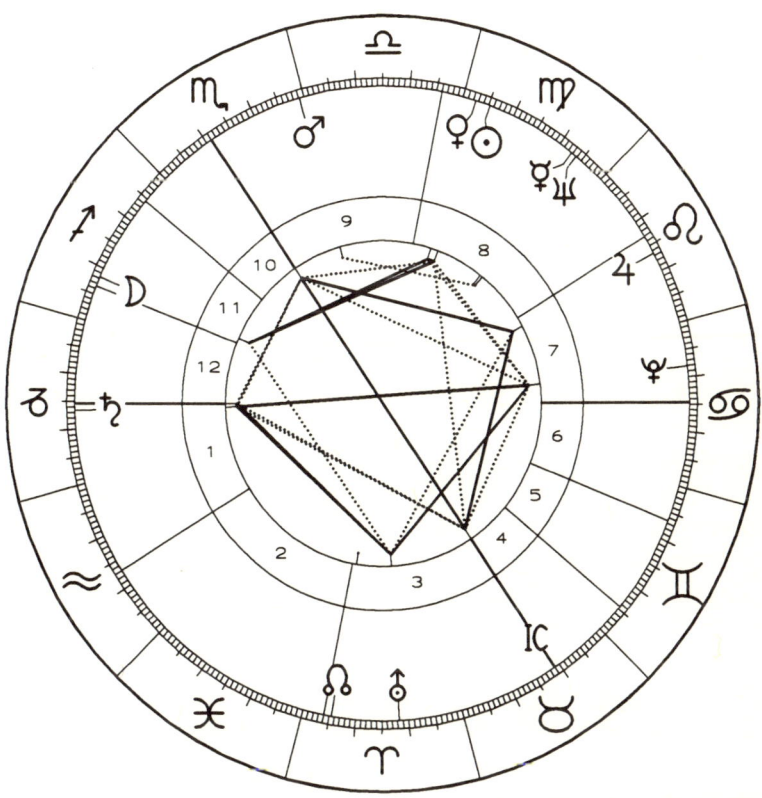

Männliche Person	
8°40'55"O 50° 6'44"N	

GOH		♄R : 16°39' ♐
AC : 15°22' ♐	☉ : 24°43' ♍	♿R : 18°17' ♈
2 : 16°55' ≈	☽ : 21°42' ♐	♅R : 6°15' ♍
3 : 3°58' ♈	☿ : 7°16' ♎	♆ : 21°54' ♋
MC : 18°57' ♏	♀ : 27°32' ♍	☊ : 5°27' ♈
11 : 5°28' ♐	♂ : 0°50' ♏	IC : 18°57' ♉
12 : 23°27' ♐	♃ : 13°30' ♌	

gefühlen. Mond im Quadrat zu Venus weist auf finanzielle Schwierigkeiten hin, führt zu Sentimentalität und emotionalen Spannungen, die in der häuslichen Situation während der Kindheit begründet sind.

Obwohl Sonne und Saturn ein Sextil und Pluto ein Trigon zum MC bilden, waren die Auslösungen der Spannungsaspekte stärker, weil die daran beteiligten Planeten eine maximal bedeutsame Position im Horoskop einnehmen.

Der Horoskop-Eigner ist Analphabet und entwickelte sich zu einem Mörder.

Bei der Frage nach der Qualität und der Quantität der Intelligenz eines Menschen sollte das Geburts-Horoskop immer komplett analysiert werden. Mitunter geben die Merkur-Konstellationen tatsächlich einen Hinweis darauf, ob jemand mehr oder weniger intelligent ist. Die Höhe der Intelligenz – im Sinne des sogenannten Intelligenzquotienten – ist aus dem Horoskop jedoch nicht zu ermitteln.

Bei der Analyse sollte man sich nicht durch Spannungsaspekte irritieren lassen, wenn die daran beteiligten Planeten keine maximal bedeutsame Position einnehmen. Spannungen sorgen für Bewegung und lösen Aktivität aus, während Trigone zwar gute Anlagen bescheinigen, die aber nur dann zum Ausdruck kommen, wenn sie durch Sextile, Quadrate oder Oppositionen aktiviert werden, so daß der Horoskop-Eigner genügend Energie und Eigeninititative entwickeln und somit seine Fähigkeiten entfalten und fördern kann. Bei einem vorwiegend durch Trigone harmonisch aspektierten Horoskop besteht die Gefahr, sich auf seinen »Lorbeeren auszuruhen«.

Bevor wir jedoch intensiv in die astrologische Deutung von Merkur einsteigen, möchte ich im folgenden Kapitel das Merkur-Prinzip, dessen Ursprung in der Funktion des Götterboten Hermes (= Merkur) zu finden ist, aus der griechischen Mythologie herleiten.

Ich denke, also bin ich (Cogito ergo sum).
Descartes

Der Mensch ist, was er denkt.
Buddha

Unser Geist ist nur dann in Ordnung,
wenn er mit sich selbst in Frieden ist.
Seneca

Zwar weiß ich viel, doch möcht ich alles wissen.
Famulus Wagner in »Faust«

DIE BEDEUTUNG DES MERKUR IN DER MYTHOLOGIE

Der römische Merkur entspricht in der griechischen Mythologie dem Götterboten Hermes, einem der vielfältigsten griechischen Götter. Er wurde als Gott des Handels, der Kaufleute und der Diebe verehrt, was schon aus seinem Namen Merkur (lat.: mercator = Kaufmann, merx = Ware) abzuleiten ist.

Ursprünglich ist sein römischer Name jedoch auf »medius-currens« (Zwischenträger, Vermittler, Überbringer) zurückzuführen. Denn Hermes ist als Götterbote und Nachrichtenübermittler zwischen den Menschen und den Göttern des Olymp bekannt.

Da die Nachrichtenübermittlung in erster Linie durch das Wort, die Sprache, geschah, wurde Hermes auch als Gott des Wortes verehrt und symbolisiert die Sprache an sich.

Hermes – Sohn des Zeus und der Nymphe Maja

Hermes wurde als Sohn des Zeus und der Nymphe Maja in einer Höhle des Berges Kyllene in Arkadien geboren. Schon als Kleinkind galt er als sehr pfiffig. Die Geschichte erzählt, daß sich Hermes schon in der ersten Nacht nach seiner Geburt die Windeln ab-

43

streifte, aus seiner Wiege krabbelte und die Höhle in der Größe eines Unsterblichen verließ, während seine Mutter, Maja, schlief.

Er lief bis nach Thessalien, wo Apollon, sein Halbbruder, die Herden des Königs Admetos hütete. Hermes schlich auf die Wiese und stahl auf raffinierte Weise zwölf Rinder, hundert Kälber und einen Stier. Die Hufe der Tiere umwickelte er mit Gras, und an ihren Schwänzen befestigte er Zweige, um die Spuren zu verwischen. In der Nacht trieb er die Herde davon und versteckte die Tiere noch vor Tagesanbruch in der Höhle von Pylos. Dann opferte er zwei Kälber und teilte deren Fleisch in zwölf gleich große Teile.

Dabei sah er, wie aus dem Meer eine Schildkröte angeschwemmt wurde. Hermes, der das als ein Zeichen der Götter deutete, nahm die Schildkröte, entfernte ihren Panzer, säuberte ihn und suchte aus den Eingeweiden der geopferten Kälber die besten Därme heraus. Den leeren Schildkrötenpanzer überzog er mit Rindshaut und spannte sieben Saiten aus getrockneten Kälberdärmen darüber. So schuf Hermes ganz spontan einen Klangkörper, der später als Leier oder Lyra bezeichnet wurde.

Die Schildkröte symbolisiert das Universum, die Rindshaut die Erde, und die sieben Saiten stehen für die sieben klassischen Planeten Sonne, Mond, Merkur, Venus, Mars, Jupiter und Saturn. (Eine andere Erzählung besagt, daß Hermes' Leier nur vier Saiten entsprechend den vier Jahreszeiten bzw. den Vierteln eines Jahres hatte. Erst Apollon soll sieben Saiten daraus gemacht haben.)

Anschließend lief Hermes mit seiner Erfindung zurück in seine Höhle und legte sich in seine Wiege zurück. Seine Mutter hatte seinen nächtlichen Ausflug nicht bemerkt.

Apollon, dem inzwischen der Diebstahl seiner Herde aufgefallen war, suchte wutentbrannt seine Tiere, entdeckte aber keine Fährte und konnte sein Vieh nicht finden. Deshalb setzte er eine Belohnung auf den Dieb aus und befragte das Orakel. Er erfuhr, daß sich der Dieb in der Höhle der Maja befände und machte sich auf den Weg dorthin, denn er wollte seine Herde von ihr zurückhaben. Doch Maja, die von allem nichts wußte, beteuerte, mit ihrem neugeborenen Kind allein zu sein.

Hermes, der alles mitanhörte, stellte sich schlafend, bis Apollon in der Wiege plötzlich den versteckten Schildkrötenpanzer entdeckte. Als er sich erkundigte, was das sei, antwortete Hermes: »Das ist mein Spielzeug. Ich habe es mir gebaut.«

Apollon glaubte seinen Ohren nicht zu trauen: »Er ist einen Tag alt und kann schon sprechen? Welch ein Wunder!« Als Apollon die Lyra näher untersuchte, fand er die Därme von jungen Rindern zu Saiten verarbeitet, und Hermes war als Dieb entlarvt.

Nun brachte Apollon seinen Halbbruder Hermes zu Zeus, ihrem gemeinsamen Vater, der Recht sprechen sollte. Als Zeus fragte, was Hermes zu seiner Verteidigung zu sagen hätte, antworte dieser: »Ich habe nur zwei Tiere geopfert und ihr Fleisch für die zwölf Götter des Olymp in gleiche Teile geteilt.«

»Wieso zwölf?« fragte Apollon erstaunt, der nur elf Götter kannte.

»Der zwölfte bin ich selbst, und ich habe meinen Anteil aufgegessen. Den Rest habe ich verbrannt, wie es die Pflicht verlangt«, antwortete Hermes schlagfertig.

Zeus mußte über die Kühnheit, Selbstsicherheit und Intelligenz seines Sohnes schmunzeln und verurteilte Hermes dazu, Apollon die Herde zurückzugeben.

Auf dem Weg zu deren Versteck auf dem Peleponnes holte Hermes seine selbstgemachte Leier hervor und begann darauf zu spielen. Apollon war so fasziniert von den betörenden Klängen und dem Lobgesang, den Hermes auf ihn anstimmte, daß er Hermes verzieh und seine Herde gegen die Leier tauschte. Nun war Hermes rechtmäßiger Besitzer der Rinderherde. Noch während er die Herde weidete, bastelte er aus Ried eine Hirtenflöte, auf der er genauso schöne Melodien spielen konnte wie auf der Leier. Auch von dieser Musik war Apollon so fasziniert, daß er wieder mit Hermes tauschen wollte.

»Wenn du mir deine Flöte gibst, gebe ich dir meinen goldenen Stab, mit dem ich meine Kühe hüte, und zukünftig sollst du der Gott der Viehzüchter und Schafhirten sein.«

Aber damit war Hermes gar nicht einverstanden. Er forderte, daß Apollon ihn die Kunst des Wahrsagens lehre, was dieser nicht konnte. Deshalb verwies er Hermes an seine Ammen, die Thrien auf dem Parnaß. Sie lehrten Hermes, aus der Lage von Kieselsteinen in einem Wasserbecken die Zukunft vorauszusagen. Hermes entwickelte die Kunst des Wahrsagens weiter, indem er sich das Deu-

ten der Zukunft aus seinem selbst erfundenen Würfelspiel bei-
brachte.

Zeus ernennt Hermes zu seinem Götterboten

Apollon führte Hermes zurück in den Olymp und erzählte Zeus
alles. Dieser ermahnte seinen Sohn, zukünftig das Recht des Besitzes zu achten und keine Lügen mehr zu erzählen. Dennoch war
Zeus stolz auf Hermes' Einfallsreichtum, seine Überzeugungskraft
und Beredsamkeit. Er hatte die Fähigkeiten seines Sohnes schnell
erkannt und ernannte ihn zu seinem Götterboten. Damit hatte er
Hermes' Wunsch erfüllt.

Als Zeichen seines Amtes übergab Zeus Hermes den Heroldstab
mit weißen Bändern – später wurden zwei Schlangen mit zueinander gewandten Köpfen daraus, die den Stab umschlingen, da auch
Hades, der Gott der Unterwelt, Hermes zu seinem Boten machte.
Zeus stattete Hermes mit einem runden Reisehut gegen den Regen
und roten bzw. goldenen Sandalen mit Flügeln aus, die ihn in
Windeseile von Ort zu Ort bringen sollten.

Die Gaben des Hermes, insbesondere der Schlangenstab (cadu-
ceus), seine geflügelten Schuhe und später die Füllhörner, wurden
zu Symbolen seines vielfältigen und polaritätsüberwindenden
Denkens.

Nun konnte Hermes als Götterbote und Vermittler zwischen den
Menschen und den Göttern des Olymp aktiv werden. Zu seinen
Pflichten gehörte der Abschluß von Verträgen, die Förderung des
Handels und die Aufrechterhaltung des Wegerechts für alle Reisen-
den auf allen Straßen der Welt.

Er wurde als Gott der Kaufleute und Diebe verehrt, da Kaufleute
damals als nicht sehr ehrlich galten und Hermes die Gabe besaß, auf
sehr geschickte und charmante Weise zu stehlen, so daß ihm keiner
der Götter lange böse sein konnte. Hermes war vielseitig begabt
und ein beliebter Gott.

Mit seinem goldenen Stab schloß und öffnete er die Augen der
Menschen. Er galt als Verleiher des Schlafes und begleitete die
Seelen der Toten in die Unterwelt, denn Hermes war nicht nur

Vermittler zwischen den Göttern und den Menschen, sondern hatte als Bote des Hades auch Zutritt zur Unterwelt.

Hermes befreit Io aus der Gewalt des Argus

Hermes wurde in allen kritischen Situationen eingesetzt und mußte unter anderem auch für Zeus persönliche Dienste leisten. So zum Beispiel, als dieser sich in Io, die schöne Tochter des Inachos, König der Pelasger, verliebte.

Zeus näherte sich ihr, als sie die Herden ihres Vaters weidete, doch sie floh vor ihm. Deshalb verdunkelte Zeus den Himmel, so daß Io in der Dunkelheit nicht mehr weiterlaufen konnte und in Zeus' Gewalt geriet.

Zeus' Gattin Hera, die sich zwar an die Untreue ihres Gatten gewöhnt hatte, sich aber nicht kränken lassen wollte, beobachtete alles und stieg ebenfalls auf die Erde herab. Da verwandelte Zeus seine geliebte Io in eine wunderschöne weiße Kuh. Hera durchschaute seine List und verlangte die schneeweiße Kuh als Geschenk von ihm. Um keinen Verdacht aufkommen zu lassen und einen Ehekrach zu vermeiden, schenkte Zeus ihr die weiße Kuh. Hera freute sich überschwenglich über ihr Geschenk und führte Io in Kuhgestalt zu dem Ungeheuer Argos, das hundert Augen hatte, von denen sich immer nur ein Paar schloß; die anderen wachten über Io.

Da Zeus das Leid der Io nicht weiter mitansehen konnte, befahl er seinem geliebten Sohn Hermes, eine List anzuwenden, um dem verhaßten Wächter Argus das Augenlicht auszulöschen. Also stieg Hermes, mit seinem Zauberstab bewaffnet, als Hirte auf die Erde nieder und weidete seine Herde auf derselben Wiese, auf der Argus Io hütete.

Hermes zog seine selbstgebaute Hirtenflöte aus der Tasche und begann darauf zu spielen. Argos war von dem Klang so angetan, daß er Hermes bat, auf seinen Felsen zu kommen, um sich etwas auszuruhen. Sie plauderten den ganzen Tag, und Argos' Augen wurden immer müder. Als er endlich alle Augen geschlossen hatte und fest eingeschlafen war, berührte Hermes alle hundert Augen mit seinem Zauberstab, um den Schlaf des Argus noch zu vertiefen.

Blitzschnell griff Hermes zu seinem Sichelschwert, das er unter seinem Hirtenrock versteckt hatte, und schlug Argus den Kopf ab. Nun war Io vorerst von ihren Qualen befreit.

Die vielseitigen Funktionen und Aufgabenbereiche des Hermes

Da Hermes ursprünglich Gott im wegweisenden Steinhaufen beziehungsweise grenzbezeichnende Herme war, wurde er zum Schutzpatron der Wege und Wanderer ernannt.

Die Herme, ein vierkantiger Pfeiler, bzw. ein Meilenstein, galt ursprünglich als Kultmal des Hermes und wurde mit dem Hermes-Kopf oder seinem Brustbild »gekrönt«. Dieser Pfeiler sollte dem Wanderer dem richtigen Weg weisen und als Grenz-, Weg-, Tür- oder Grabstein Schaden abwehren.

Der Hermaphrodit weist auf das Zwittertum des Hermes hin und stellt eine Gestalt dar, die halb Mann und halb Frau ist.

Hermes' Aufstieg erfolgte schnell, nachdem Zeus erkannt hatte, wie listig, durchtrieben und neugierig sein Sohn war. Hermes erfaßte blitzschnell jede neue Situation und machte sich diese zunutze. So gelang es ihm auch, Macht über die drei Göttinnen der Wahrsage- und Orakelkunst zu gewinnen und die Schutzherrschaft für die »hermetischen Wissenschaften« Astrologie, Alchemie, Medizin und Orakeldeutung zu übernehmen, die als »Hermes Trismegistos« noch heute von großer Bedeutung sind. Die »hermetischen (verschlossen, geheim, versiegelt) Schriften« spielten in der Mystik, Magie und Zauberei eine große Rolle.

Hermes Trismegistos – Quelle der Weisheit

Auch den Ägyptern war Hermes Trismegistos als »der dreimal Große« oder »der Meister aller Meister« bekannt. In Ägypten hieß Hermes »Theut« oder »Thot« und lebte als Weiser angeblich 3000 v. Chr.

Von Platon erfahren wir, daß Hermes Zahl und Maß, die Unterscheidung von Sprachlauten und andere kulturelle Grundlagen entwickelt haben soll. Auch die Entdeckung der Astronomie, der Astrologie, der Alchemie und der Psychologie wird auf ihn zurückgeführt (siehe oben). Schon die alten Ägypter hatten fundierte Kenntnisse über transzendentale Astronomie (Astrologie), über transzendentale Chemie (Alchemie) und transzendentale Psychologie (mystische Psychologie). Sie besaßen sowohl inneres als auch äußeres Wissen, während die modernen Wissenschaftler heute nur das äußere Wissen besitzen.

Der Karthager Tertullian bezeichnet Hermes als »magister omnium physicorum«, also als »Lehrmeister aller Naturforscher«, und nach der Überlieferung der »Eingeweihten« soll Hermes als Zeitgenosse Abrahams einen Teil seines esoterischen Wissens direkt an Abraham weitergegeben haben. Deshalb wurde Hermes als erhabener »Vater der okkulten Weisheit«, der größte Adept und Meister der frühen Menschheit betrachtet.

Personifiziert bedeutet Hermes die Quelle der hermetischen Lehren, die geheim »von Lippe zu Ohr« verbreitet wurden, und von denen angeblich alle großen Religionen und Philosophien beeinflußt wurden.

»Die Lippen der Weisheit sind verschlossen, nur nicht für die Ohren des Verständnisses«[*]

Die hermetische Philosophie und ihre sieben Prinzipien

Die esoterischen, okkulten und mystischen Lehren wurden von Ägypten aus verbreitet. Dort befand sich der Sitz der »Großen Loge der Mystiker«, deren Angehörige als Adepten (Eingeweihte) und Hierophanten in die Welt hinauszogen, um das geheime Wissen, das sie mit sich trugen, denen zu vermitteln, die bereit waren, es zu empfangen – nach dem Motto: »Wenn die Ohren des Schülers bereit sind, zu hören, dann kommen die Lippen, sie mit Weisheit zu füllen.«[**]

---

[*] Hans Edo Schwerin: KYBALION. Eine Studie über die hermetische Philosophie des alten Ägyptens und Griechenlands, Heidelberg 1981, S. 12
[**] Hans Edo Schwerin: KYBALION, S. 20

1. Das Prinzip der Geistigkeit
»Das All ist Geist – das Universum ist geistig.«*
Eine geistige Schöpfung liegt allen materiellen Erscheinungsformen des Lebens zugrunde.

Das Verständnis dieses Prinzips befähigt die Menschen dazu, die Gesetze des geistigen Universums zu begreifen und zum eigenen Wohlbefinden und Vorankommen einzusetzen. Wenn das All wirklich Geist ist, dann muß geistige Umwandlung die Kunst sein, Materie, Kraft und geistige Bedingungen zu verändern, indem der Mensch zum Beherrscher von Materie und Geist wird.

2. Das Prinzip der Entsprechung
»Wie oben, so unten – wie unten, so oben.«**
Zwischen den Gesetzen und Erscheinungsformen des Lebens besteht immer eine Entsprechung. Das Verständnis dieses universalen Gesetzes bedeutet, daß der Mensch in der Lage ist, Ebenen jenseits seines Wissens zu verstehen und vom Bekannten zum Unbekannten seine Schlüsse zu ziehen.

3. Das Prinzip der Schwingung
»Nichts ist in Ruhe, alles bewegt sich, alles ist in Schwingung.«***
Vom All, dem reinen Geist, bis zur gröbsten Form der Materie ist alles Schwingung. Die Schwingung des Geistes ist so stark und so schnell, daß sie sich praktisch in Ruhe befindet. Das Verständnis dieses Prinzips befähigte die hermetischen Schüler dazu, ihre eigenen geistigen Schwingungen und die anderer zu beherrschen. Sie wandten das Gesetz auch an, um Naturphänomene zu überwinden.

4. Das Prinzip der Polarität
»Alles ist zweifach, alles hat zwei Pole, alles hat ein Paar von Gegensätzlichkeiten; gleich und ungleich ist dasselbe; Gegensätze sind identisch in der Natur, nur verschieden im Grad; Extreme berühren sich; alle Wahrheiten sind nur halbe Wahrheiten; alle Widersprüche können miteinander in Einklang gebracht werden.«****

---

* Hans Edo Schwerin: KYBALION, S. 24
** Hans Edo Schwerin: KYBALION, S. 24
*** Hans Edo Schwerin: KYBALION, S. 25
**** Hans Edo Schwerin: KYBALION, S. 27

Alles hat zwei Pole, Gegensätze sind die Extreme ein und derselben Sache, wie beispielsweise Wärme – Kälte. Es gibt keine absolute Wärme und keine absolute Kälte, alles hängt von unseren Empfindungen ab. Genau wie der Unterschied zwischen groß und klein, alles ist relativ. Die Schwingungen können sich zum Beispiel auch auf der geistigen Ebene von Zuneigung – Abneigung bis zu Liebe – Haß verwandeln oder umgekehrt. Das Verständnis dieses Prinzips trägt dazu bei, die eigene Polarität zu ändern.

5. Das Prinzip des Rhythmus

»Alles fließt aus und ein, alles hat seine Gezeiten, alle Dinge steigen und fallen, das Schwingen des Pendels zeigt sich in allem; das Maß des Schwunges nach rechts ist das Maß des Schwunges nach links; Rhythmus kompensiert.«[*]

Zwischen den beiden Polen gibt es immer eine Aktion und eine Reaktion, ein Vor und Zurück, ein Steigen und Fallen. Dieses Gesetz offenbart sich im Werden und Vergehen von Welten, in Aufstieg und Untergang von Staaten, im Leben aller Dinge und in den geistigen Zuständen von Menschen. Die Hermetiker wandten dieses Prinzip an, indem sie bewußt Selbstbeherrschung übten und sich »neutralisierten«, wenn sie ruhen wollten.

6. Das Prinzip von Ursache und Wirkung

»Jede Ursache hat ihre Wirkung, jede Wirkung ihre Ursache; alles geschieht gesetzmäßig, Zufall ist nur der Name für ein unbekanntes Gesetz. Es gibt viele Ebenen der Ursächlichkeit, aber nichts entgeht dem Gesetz.«[**]

Alles geschieht gesetzmäßig, nichts ereignet sich zufällig, denn es gibt keinen Zufall, sondern nur verschiedene Ebenen von Ursache und Wirkung, wobei die höheren die niedrigen Ebenen beherrschen, denn dem Gesetz kann nichts entgehen. Die Hermetiker verstanden es, sich auf eine höhere geistige Ebene zu erheben und zur Ursache statt zur Wirkung zu werden. Sie beherrschten auf dieser Ebene ihre Stimmungen, ihre Kräfte, ihren Charakter und ihre Umgebung und hatten die Fäden ihres Lebens selbst in der Hand.

---

[*] Hans Edo Schwerin: KYBALION, S. 30
[**] Hans Edo Schwerin: KYBALION, S. 32

7. Das Prinzip des Geschlechts

»Geschlecht ist in allem, alles hat männliche und weibliche Prinzipien, Geschlecht offenbart sich auf allen Ebenen.«[*]

Das Prinzip ist immer dasselbe. Es bezieht sich auf alle Ebenen: auf die körperliche und auf die rein geistige, denn eine Schöpfung ohne dieses Prinzip wäre nicht möglich. In diesem Gesetz liegt die Lösung vieler Mysterien des Lebens.

Nicht nur in der Mythologie und in der hermetischen Philosophie erfahren wir etwas über die Vielseitigkeit des Merkur-Prinzips. Auch in der Astronomie, auf dem gleichnamigen Planeten Merkur zeigt sich auf dessen Oberfläche eine Parallele zu den mitunter widersprüchlichen Eigenschaften des Götterboten Hermes.

---

[*] Hans Edo Schwerin: KYBALION, S. 33

MERKUR IN DER ASTRONOMIE

Neben der Erde umkreisen acht andere große Planeten die Sonne, so auch Merkur. Er steht – vor der Venus – der Sonne am nächsten, hat einen Durchmesser von 4.878 Kilometern und eine mittlere Dichte von 5,42 Gramm pro Zentimeter (zum Vergleich: Erde = 12.756 km Durchmesser, 5,52 g/cm mittlere Dichte), eine feste Oberfläche und keine Atmosphäre.

Die Oberfläche des Merkurs gleicht in etwa der des Mondes; das belegen Fotos, die die amerikanische Raumsonde »Mariner 10« 1974 an die Erde übermittelte, als sie im Abstand von ungefähr 700 Kilometern am Merkur vorbeiflog. Obwohl nur 60 Prozent der Oberfläche aufgenommen werden konnten, dokumentieren mehr als 2800 Fotos, daß auf dem Merkur eine ähnliche Kraterlandschaft vorhanden ist wie auf dem Mond. Darüber hinaus wurde auf dem Merkur ein Gebilde von etwa 1300 Kilometern Durchmesser entdeckt, das den Namen »Caloris Basin« erhielt, da es den Maren auf dem Mond gleicht.

Der Merkur zählt zu den inneren Planeten. Er bewegt sich relativ schnell. Er dreht sich in rund 59 Tagen einmal um seine eigene Achse; das wurde 1965 mit Hilfe von Radargeräten festgestellt. Auf dem Merkur dauert ein Jahr 88 Erdentage.

Die mittlere Entfernung des Merkurs von der Sonne beträgt 57,9 Millionen Kilometer (Erde = 149,6 Millionen Kilometer); seine mittlere Bahngeschwindigkeit 47,9 Kilometer pro Sekunde (Erde = 29,8 Kilometer pro Sekunde).

Je näher ein Planet der Sonne steht, desto stärker wird er von ihr angezogen und um so größer muß seine Fliehkraft sein, die durch kurze Umlaufzeiten mit großer Bahngeschwindigkeit erzeugt wird.

Merkur ist maximal 28 Grad von der Sonne entfernt. Er steht entweder in oberer oder unterer Konjunktion mit der Sonne. Bildet also Merkur die obere Konjunktion mit der Sonne, steht er, von der Erde aus betrachtet, direkt hinter der Sonne. Befindet er sich in der unteren Konjunktion mit der Sonne, steht Merkur genau zwischen Sonne und Erde.

Nur bei seiner größten östlichen oder westlichen Elongation – 28 Grad von der Sonne entfernt – leuchtet der Merkur nach dem Untergang der Sonne als Abend- oder als Morgenstern.

Merkur kann also nie einen anderen Aspekt zur Sonne bilden als eine Konjunktion oder – astrologisch gesehen – ein schwaches Halbsextil (= 30 Grad) mit einem Orbis von 2 Grad.

Seine Neigung gegen die Ekliptik (= scheinbare Umlaufbahn der Erde um die Sonne) beträgt 7 Grad 0,3 Minuten. Seine Temperatur auf der sonnenzugewandten Seite mißt zirka 425 Grad und auf der sonnenabgewandten Seite minus 170 Grad. Merkur ist also ein Planet voller Gegensätze – in der Astronomie genauso wie in der Mythologie.

Die Rückläufigkeit des Merkur

Die Planeten bewegen sich normalerweise von der Erde aus betrachtet von Westen nach Osten. Es kann aber auch vorkommen, daß sie rückläufig werden, das heißt aber nicht, daß sie sich tatsächlich rückwärts bewegen oder zurücklaufen. Sie bleiben immer in ihrer Umlaufbahn. Diese verändert sich jedoch, da die Planeten über einen längeren Zeitraum eine Schleife bilden, denn die Umlaufbahn ist im Winkel zur Erdoberfläche variabel.

Bei dem inneren Planeten Merkur läßt sich die Rückläufigkeit relativ gut verstehen: Wenn sich Merkur, nachdem er die obere Konjunktion mit der Sonne gebildet hat, nach Osten oder Westen von ihr entfernt, dann muß er seiner sonnennahen Umlaufbahn folgen und irgendwann der Sonne wieder entgegenlaufen, d.h. Merkur muß in diesem Fall seine Bahn ändern bzw. »umkehren«.

Auf die Rückläufigkeit des Planeten Merkur wird schon in der Mythologie hingewiesen; als nämlich Hermes die Rinderherde des Apollon stiehlt und dabei rückwärts geht, um eine falsche Fährte zu legen.

In der Astronomie gibt die unterschiedliche Oberflächenstruktur des Planeten weitere Hinweise auf die symbolische Bedeutung von Merkur in der Astrologie. Seine Umlaufzeit um die Sonne und seine Entfernung von ihr spielen auch in der astrologischen Deutung der Merkur-Eigenschaften und bei der Auswirkung der Merkur-Transite eine Rolle, was in den folgenden Kapiteln detailliert erläutert wird.

MERKUR IN DER ASTROLOGIE

Wie bereits in der Mythologie erwähnt, steht Merkur für den Intellekt, den Geist und den Verstand.

Er symbolisiert den Ausdruck in Wort und Schrift, verleiht analytische Fähigkeiten (als Herrscher des Zeichens Jungfrau), ist als Vermittler wirksam und für den kommunikativen Sektor zuständig (analog der Regentschaft über das Zeichen Zwillinge).

Bei *spannungsreicher Aspektierung* kommen seine negativen Eigenschaften – List, Verschlagenheit und Berechnung – zum Ausdruck.

Seine physiologischen Entsprechungen sind die Sprechorgane (Mund, Zunge, Stimmbänder) sowie die Hände, Finger, Ohren und das Nervensystem.

Ihm werden die Farben Violett, Safrangelb, Hellblau und Weiß sowie die Edelsteine / Mineralien Topas, Bergkristall, Aquamarin und das Metall Quecksilber zugeordnet.

Sein Wochentag ist der Mittwoch.

Das Merkur-Symbol setzt sich aus einem Kreis, einem Halbkreis und einem Kreuz zusammen. Der Kreis symbolisiert das Ich, unseren Lebenskern, der Halbkreis die geistige Empfänglichkeit und das Kreuz die irdische Verwurzelung. Diese Elemente stellen die Verbindung von Seele, Geist und Körper dar. Damit vereint Merkur in sich die Elemente von Sonne (Kreis) und Mond (zwei Halbkreise), also Bewußtsein und Unterbewußtsein, in sich und stellt mit dem Kreuz die Beziehung zur Materie, zur Realität her. Er nimmt Informationen über den Halbkreis auf, verinnerlicht sie im Kreis und leitet sie über das Kreuz weiter.

Da sich alle Planeten aus diesen drei Elementen zusammensetzen, hat Merkur immer einen Bezug zu den anderen Planetenkräften und kann ihre Energien und Eigenschaften verstehen, bzw. annehmen.

Der Planet Merkur ist den Sternzeichen Zwillinge und Jungfrau zugeordnet. Im Zeichen Zwillinge befindet sich Merkur als Morgenstern und im Zeichen Jungfrau als Abendstern. Merkur kann sowohl Plus- (Zwillinge) als auch Minuspolarität (Jungfrau) annehmen. Er ist der einzige Planet, der seine Eigenschaften »aufgibt« und sich dem Planeten angleicht, mit dem er einen Aspekt bildet, das heißt, er nimmt die Eigenschaften des anderen Planeten an.

Merkur in den Zeichen

Die Bedeutung der Zeichen im Horoskop

Das Horoskop wird als Kreis von 360 Grad dargestellt. Dieser Kreis besteht aus zwölf Tierkreiszeichen zu je 30 Grad. Er beginnt am Frühlingspunkt, der das kosmische Jahr am 21. März einleitet, mit dem Zeichen Widder und endet mit dem Zeichen Fische. Der Tierkreis setzt sich also aus 12 Sternzeichen zusammen:

0 – 30 Grad Widder
30 – 60 Grad Stier
60 – 90 Grad Zwilllinge
90 – 120 Grad Krebs
120 – 150 Grad Löwe
150 – 180 Grad Jungfrau
180 – 210 Grad Waage
210 – 240 Grad Skorpion
240 – 270 Grad Schütze
270 – 300 Grad Steinbock
300 – 330 Grad Wassermann
330 – 360 Grad Fische

Der letzte Grad des vorherigen Zeichens ist jeweils der Beginn des nächsten Zeichens, das heißt 360 Grad Fische sind gleich 0 Grad Widder.

Die astrologischen Sternzeichen dürfen nicht mit den astronomischen Sternbildern verwechselt werden, was immer noch sehr häufig passiert, wenn es um die Frage geht, ob Astrologie eine Wissenschaft ist. Naturwissenschaftler argumentieren gern damit, daß sich die Sternbilder im Laufe der Jahrhunderte längst um ein Zeichen verschoben haben, was durchaus richtig ist, denn die Sternbilder stellen den siderischen Tierkreis dar, sie bewegen sich von der Erde aus gesehen langsam weiter und verschieben sich tatsächlich, während die astrologischen Sternzeichen den tropischen Tierkreis bilden und keine Bewegung zeigen, da sie konstant auf der Ekliptik liegen.

Als sich die Babylonier vor über 4000 Jahren mit der Einteilung des Tierkreises befaßten, waren die Sternbilder mit dem Stand der Sternzeichen indentisch. Die Sonne trat am Tag der Tag- und Nachtgleiche (21. März) in das Sternbild und das Sternzeichen Widder ein. Da der Frühlingspunkt infolge der Präzession der Erdachse (langsame Kreiselbewegung der Erdachse, die sich in ungefähr 25800 Jahren einmal um sich selbst dreht; sie wird durch die Anziehung von Sonne, Mond und Planeten auf den Äquator der Erde bewirkt) in ca. 2100 Jahren um ein Sternbild zurückwandert, befindet er sich im Jahr 2000 schon im Sternbild Wassermann – also längst nicht mehr im Widder. Diese Verschiebung findet nur im siderischen Tierkreis statt, nicht aber im tropischen. In der Astrologie liegt der Frühlingspunkt unverändert bei 0 Grad im Sternzeichen Widder. Das heißt: Sternbilder und Sternzeichen haben sich gegeneinander verschoben. Wir müssen also zwischen Sternkunde (Astronomie) und Sterndeutung (Astrologie) unterscheiden.

Da die Astrologen bei der Interpretation des Horoskops von den Sternzeichen ausgehen, ist die Verschiebung des siderischen Tierkreises nicht relevant, denn der Tierkreis liegt mit seinen zwölf Zeichen, deren Bedeutung auf empirischem – nicht aber auf naturwissenschaftlichem – Wissen basiert, auf der Ekliptik.

Da sich die Erde ungefähr auf derselben Ebene um die Sonne bewegt wie die Planeten, laufen die Planeten von der Erde aus betrachtet auf einer scheinbaren Bahn – der Ekliptik – um die Sonne. Die Achse, um die sich die Erde innerhalb von 24 Stunden dreht, ist gegenüber der Ebene der Erdumlaufbahn um die Sonne um 23,5 Grad geneigt; sie steht also nicht senkrecht, sondern schräg, so daß auch der Erdäquator zur Umlaufbahn der Erde einen Winkel von 23,5 Grad bildet. Wird der Erdäquator auf das Himmelsgewölbe projiziert, entsteht ein Kreis, der die Ekliptik ebenfalls im Winkel von 23,5 Grad schneidet. Diese beiden Schnittpunkte von Himmelsäquator und Ekliptik sind der Frühlings- oder Widderpunkt (21. März) und der Herbst- oder Waagepunkt (23. September), also Frühlings- und Herbstanfang.

Jedem Sternzeichen werden spezifische symbolische Eigenschaften zugeordnet. Deshalb bezeichnet Thomas Ring (1892-1983) die Sternzeichen auch als *Sphäre des Ausdrucks*, denn die Zeichen sorgen für die Färbung der Planeten, die sich in ihnen befinden. Steht der Planet Merkur also im Zeichen Widder, nimmt er die symbolischen Eigenschaften dieses Zeichens an, das heißt, das Denken, der Geist ist hier widderbetont – durch das Zeichen Widder gefärbt: spontane, energische Ausdrucksweise, Freude an Diskussionen. Die Sternzeichen sind also die »Sphäre des Ausdrucks« symbolischer Eigenschaften.

Die Sternzeichen werden den 4 Elementen Feuer, Erde, Luft und Wasser sowie den 3 Qualitäten kardinal, fest und beweglich zugeordnet.

Die Elemente

Feuerzeichen: Widder – Löwe – Schütze
Persönliche Interessen: Streben nach einer Führungsposition
Befindet sich die Mehrzahl der Planeten in Feuerzeichen, werden Lebenskraft und Körperkraft aktiviert und verstärkt. Mit Begeisterungsfähigkeit, Unternehmungslust, Ehrgeiz und Energie werden alle Pläne in die Tat umgesetzt.

Widder:
Treibt seine Unternehmungen energisch und entschlossen voran, scheut dabei kein Risiko.

Löwe:
Erreicht mit Organisationstalent und Managerqualitäten sein Ziel, delegiert Aufgaben.

Schütze:
Entwickelt Ideen zum Wohl der Gesellschaft, kann durch geistige Aktivitäten in den Bereichen Kultur, Pädagogik, Theologie, Philosophie und Jura erfolgreich sein.

Erdzeichen: Stier – Jungfrau – Steinbock
Materielle Interessen: Ausrichtung auf praktische Ziele, Geschick in materiellen und finanziellen Angelegenheiten
Sind überwiegend die Erdzeichen mit Planeten besetzt, haben wir

es mit einer praktisch veranlagten, vorsichtigen und sparsamen Persönlichkeit zu tun, die methodisch, ausdauernd und systematisch ihre Ziele ansteuert.

Stier:
Will Besitz und materielle Güter anhäufen, sichern und verwalten.

Jungfrau:
Ist handwerklich geschickt, hat Interesse an Dienstleistungen und pflegerischen Tätigkeiten, sowie einen praktischen, analytischen Verstand.

Steinbock:
Möchte Firma oder Geschäft aufbauen, eine leitende Stellung in der Gesellschaft, Verwaltung (Behörde) oder Regierung übernehmen.

Luftzeichen: Zwillinge – Waage – Wassermann
Geistige Interessen: Intellektuelle Interessen, Bedürfnis nach Kommunikation und Geselligkeit
Bei starker Besetzung der Luftzeichen überwiegt der Intellekt, das Denken. Aufgeschlossenheit und Wißbegier stehen hier im Vordergrund. Eine gute Erziehung und Ausbildung sind erforderlich, um die Lebensziele zu erreichen und die geistigen Fähigkeiten optimal zu entfalten.

Zwillinge:
Ist an Kommunikation und allen Informationen, die weitergegeben oder vermittelt werden, interessiert.

Waage:
Sorgt mit Diplomatie für Ausgleich, hat Interesse an zwischenmenschlichen Beziehungen und Psychologie, will vermitteln.

Wassermann:
Ist intuitiv veranlagt, zukunftsorientiert und auf das Wohl der Menschheit bedacht.

Wasserzeichen: Krebs – Skorpion – Fische
Seelische Interessen: Seelisch-gefühlsmäßige Lebensausrichtung, intuitive Sensibilität
Stehen die meisten Planeten in Wasserzeichen, sind Gefühl und Vorstellungsvermögen stark ausgeprägt. Die Empfänglichkeit für Eindrücke ist groß, das gesellschaftliche Leben und ein Hang zum »Sich-Treiben-lassen« sind von Bedeutung. Bei der Erreichung der Lebensziele spielt das Gefühlsleben, das Unterbewußtsein eine entscheidende Rolle, da vieles intuitiv erfolgt.

Krebs:
Hat innige Gefühle für Familie, Zuhause und Heimat.

Skorpion:
Fühlt sich hingezogen zu den tieferen Schichten des Bewußtseins, beschäftigt sich mit dem Tod und den Geheimnissen des Lebens.

Fische:
Hat ein starkes Innenleben, ist beeindruckbar, mitfühlend und empfindsam, intuitiver Bezug zum Unterbewußtsein, Ahnungen.

Die Qualitäten

Kardinale Zeichen: Widder, Krebs, Waage, Steinbock
Wenn diese Zeichen stark besetzt sind, kommt eine besonders starke Aktivität zum Ausdruck: Der Wunsch nach Veränderungen setzt etwas in Bewegung. Mit Initiative werden die Lebensziele angesteuert, denn man ist in der Lage, Situationen richtig zu erkennen, realistisch einzuschätzen und seinen Nutzen daraus zu ziehen. Man kann unmittelbar auf alles einwirken und bringt seine Energie in den Bereichen zum Ausdruck, die den kardinalen Häusern entsprechen. Organisationstalent und Einsatzbereitschaft kommen bei harmonischer Aspektierung der Planeten in Form von konstruktivem Unternehmungsgeist zum Ausdruck. Bei Aspektverletzung treten innere Unruhe und übertriebene Aktivität auf.

Feste (fixe) Zeichen: Stier, Löwe, Skorpion, Wassermann
Wenn eine Betonung dieser Zeichen vorliegt, dann werden die Lebensziele mit Ausdauer angegangen. Nur wenn Durchhaltevermögen und Geduld gewahrt werden, stellt sich der Erfolg ein. Mit Beständigkeit und Zuverlässigkeit, mitunter auch mit etwas Sturheit wird an einmal gefaßten Entschlüssen festgehalten. Etwas mehr Flexibilität wäre angebracht. Die Häuser, in die die festen Zeichen fallen, geben Aufschluß über die Bereiche, in denen die Pläne und Vorhaben mit Ausdauer verwirklicht werden sollen.

Bewegliche Zeichen: Zwillinge, Jungfrau, Schütze, Fische
Bei starker Besetzung dieser Zeichen ist die Anpassungsbereitschaft sehr ausgeprägt, denn man hat keine Schwierigkeiten, Zugeständnisse zu machen. Ideenreichtum und (geistige) Flexibilität gehören zu den besonderen Stärken. Allerdings besteht bei spannungsreicher Aspektierung der Planeten die Tendenz zu Nervosität und Unausgeglichenheit. Aus Unsicherheit könnte man sich oftmals zu sehr der Umgebung anpassen.

Männliche und weibliche Zeichen

Plus- und Minuspolarität
Die Sternzeichen sind im Wechsel in **männliche (Feuer- und Luftzeichen)** und **weibliche Zeichen (Erd- und Wasserzeichen)** eingeteilt. Sie sind auch als aktive und passive Zeichen bzw. als *ansprechende und antwortende Zeichen* geläufig.
Überwiegen die **männlichen Zeichen Widder, Zwillinge, Löwe, Waage, Schütze und Wassermann,** ist eine aktive Persönlichkeit zu erwarten, die gern die Initiative ergreift und etwas in die Wege leitet.
Überwiegen die **weiblichen Zeichen Stier, Krebs, Jungfrau, Skorpion, Steinbock, Fische,** ist das Verhalten der Persönlichkeit eher abwartend. Sie läßt alles auf sich zukommen, bevor sie selbst die Initiative ergreift. Sie reagiert statt zu agieren und zieht mitunter Dinge an, denen andere hinterherlaufen. Diese Person neigt kaum zu Aggressionen, denn sie ist geduldig und kann das akzeptieren, worüber sich andere aufregen.

Merkur im Zeichen Widder

Kardinales Feuerzeichen mit Pluspolarität. Erstes Tierkreiszeichen entsprechend dem 1. Haus (Kindheit – Umwelt – Persönlichkeit – Charakter). Herrscher: Mars.

Der Widder symbolisiert als neugeborenes Wesen den Ursprung, die Geburt, aber auch den Jäger, der sich mit der Natur auseinandersetzen und sein Dasein erkämpfen muß. Dabei geht er nicht gerade vorsichtig vor – im Gegenteil: Er handelt schneller und impulsiver als andere, dabei scheut er kein Risiko und lehnt alles Feige und Komplizierte ab, wobei er keinem Streit aus dem Wege geht.

Merkur-Eigenschaften im Zeichen Widder:

+ schneller, scharfer Verstand
+ Freude an heftigen Diskussionen
+ konstruktives, auf Handeln ausgerichtetes Denken
+ flüssige, schnelle, selbstsichere Ausdrucksweise
+ Schlagfertigkeit, Einfallsreichtum, Ehrgeiz
+ technisches Interesse
- Streitsucht
- sarkastische und aggressive Wortwahl
- redet viel und laut
- Tendenz zur Selbstüberschätzung
- keine gründliche Planung seiner Vorhaben

Befindet sich Merkur in *harmonischer Aspektierung* im Widder, ist das Denken ehrgeizig und entschlossen. Die Ausdrucksweise ist einfach und direkt. Horoskop-Eigner mit Merkur im Widder nehmen »kein Blatt vor den Mund«, sondern äußern ihre Gedanken spontan und kraftvoll, denn sie haben Freude daran, andere zu schockieren, was sie natürlich nicht böse meinen, denn mit dieser Merkur-Position können sie schnell vergessen und nehmen anderen kaum etwas übel.

Sie diskutieren und argumentieren gern, sind einfallsreich und haben originelle Ideen, die sie auch in die Tat umsetzen.

Bei *spannungsreicher Aspektierung* sind sie sehr von Ihrem Intellekt überzeugt: Sie neigen dazu, alles von einem zu persönlichen Standpunkt aus zu betrachten und voreilige Entscheidungen zu treffen, um langwierige Denkprozesse zu vermeiden. Stellen sich Hindernisse in den Weg oder treten Verzögerungen auf, besteht die Tendenz zu Ungeduld und Nervosität.

Bekannte Persönlichkeiten mit Merkur in Widder

Hans Christian Andersen	Schriftsteller	2. April 1805
Jean Paul Belmondo	Schauspieler	9. April 1933
Gottfried Benn	Lyriker	2. Mai. 1886
Charlie Chaplin	Komiker	16. April 1889
Joseph von Eichendorff	Dichter	10. März 1788
Elisabeth II. von England	Königin	21. April 1926
Max Ernst	Maler	2. April 1891
Vincent van Gogh	Maler	30. März 1853
Adolf Hitler	Diktator	20. April 1889
Helmut Kohl	Politiker	3. April 1930
Alfred Kubin	Maler	10. April 1877
Emile Zola	Schriftsteller	2. April 1840

Merkur im Zeichen Stier

Festes Erdzeichen mit Minuspolarität. Zweites Tierkreiszeichen entsprechend dem 2. Haus (materielle Werte – Besitz – Geld – Selbstwertgefühl). Herrscher: Venus.

Der Stier symbolisiert eine höher entwickelte Stufe des Widders. Er braucht sich seine Umgebung nicht mehr zu erkämpfen, denn er jagt nicht mehr nach der Beute, er besitzt sie schon. So schätzt der Stier die materielle Sicherheit in Form von (Grund-)Besitz und Finanzen und ist stets auf sein leibliches Wohl bedacht. Der Stier-Typ ist behäbig und läßt sich nicht so leicht aus der Ruhe bringen. Geduld ist seine Stärke.

Merkur-Eigenschaften im Zeichen Stier:

+ **praktische Veranlagung**
+ **Gründlichkeit und Ausdauer**
+ **Sinn für Kunst, Schönheit und Ästhetik**
+ **musikalische und künstlerische Begabung**
+ **prägt sich das, was er verstanden hat, gut ein**
- **lernt und begreift nicht sehr leicht**
- **konservative, materielle Einstellung**
- **nicht sehr flexibel, oftmals stur bis dickköpfig**
- **eher gefühls- als verstandesbetont**

Wenn sich Merkur im Stier befindet, werden alle Entscheidungen nach praktischen, materiellen oder finanziellen Gesichtspunkten gefällt. Horoskop-Eigner mit Merkur im Stier verfügen über gesunden Menschenverstand, besitzen gute organisatorische Fähigkeiten und Geschäftstüchtigkeit. Im Gegensatz zu Merkur im Widder bilden sie sich keine voreilige Meinung, sondern überdenken alles sehr gründlich – mitunter leider auch zu lange. Sie diskutieren nicht gern, möchten Meinungsverschiedenheiten am liebsten aus dem Wege gehen und kämpfen nur, um ihre materiellen Interessen zu verteidigen.

Aufgrund ihrer gut entwickelten Konzentrationskraft gelingt es ihnen, Dinge von sich fern zu halten, mit denen Sie nicht konfrontiert werden möchten, was jedoch schnell in Ignoranz und Sturheit ausarten kann.

Merkur im Stier sorgt für künstlerische Interessen und Fähigkeiten sowie für ästhetisches Empfinden und gute mathematische Anlagen.

Ein »*verletzter*« *Merkur* hingegen weist auf Geiz, Materialismus, Starrsinn und Vorurteile hin.

Bekannte Persönlichkeiten mit Merkur in Stier

George Bush	Politiker	12. Juni 1924
Tony Curtis	Schauspieler	3. Juni 1925
Albrecht Dürer	Maler	21. Mai 1471
Heinz Haber	Physiker	15. Mai 1913
Eric Hanussen	Hellseher	2. Juni 1899
Saddam Hussein	Diktator	28. April 1937
Herbert von Klöckler	Astrologe	26. April 1896
Wladimir Iljitsch Lenin	Politiker	22. April 1870
Sophie Scholl	Widerstandskämpferin	9. Mai 1921
Richard Strauss	Komponist	11. Juni 1864
Richard Wagner	Komponist	22. Mai 1813
Orson Welles	Regisseur	6. Mai 1915

Merkur im Zeichen Zwillinge

Veränderliches Luftzeichen mit Pluspolarität, optisch durch zwei Menschen dargestellt, entsprechend dem 3. Haus (Kommunikation – Medien – Nachbarn – Verwandte) des Tierkreises. Herrscher: Merkur als Morgenstern. Mit dem Zeichen Zwillinge taucht das erste menschliche Sternzeichen auf: Der neugierige, spielerische Jugendliche, der seine (teilweise sprunghaften) Gedanken, seinen Geist bewußt einsetzt, Freude an Kommunikation und am Lernen hat. Der Intellekt bestimmt sein Handeln. Aber seine Gedanken sind noch nicht sehr tiefgreifend. Er spielt zwar viele Möglichkeiten durch, doch sobald er eine Lösung gefunden zu haben glaubt, existiert für ihn das Problem nicht mehr, und er wendet sich neuen Interessen zu.

Merkur-Eigenschaften im Zeichen Zwillinge:

+ **Hinwendung zur Umwelt, Kontaktfreude**
+ **Weltgewandtheit, Aufgeschlossenheit**
+ **Kommunikationsbedürfnis, Wißbegier**
+ **Sprachbegabung**
- **Unentschlossenheit, Wechselhaftigkeit**
- **übertriebene Vorsicht**
- **Geschwätzigkeit**
- **Unrast, Nervosität, Oberflächlichkeit**

Horoskop-Eigner mit Merkur in den Zwillingen sind bei *harmonischer Aspektierung* schlagfertig, vielseitig interessiert, geistig wendig und unvoreingenommen. Sie dürften eine Begabung für (Fremd-) Sprachen haben und sich gut aus Schwierigkeiten winden können. Außerdem befassen sie sich lieber mit reinen Tatsachen als mit persönlichen Interessen und Vorlieben. Sie können logisch und wissenschaftlich denken, sich verständlich und präzise in Wort und Schrift ausdrücken, denn sie verfügen über einen großen Wortschatz. Da sie vielseitig interessiert sind, neigen sie dazu, sich mit mehreren Dingen und Gedanken gleichzeitig zu beschäftigen, zumal sie sehr neugierig sind und Angst haben, etwas zu versäumen. Sie sind geistig beweglich und möchten über alles Bescheid wissen, deshalb besteht die Gefahr der gedanklichen Zersplitterung und Oberflächlichkeit, denn es mangelt ihnen mitunter an der Ausdauer, begonnene Unternehmungen zu Ende zu führen. Als Folge davon häufen sie auf allen Gebieten Wissen an, ohne eines davon richtig zu beherrschen. Diese Merkur-Stellung erfordert eine gute Ausbildung für die optimale Entwicklung der geistigen Fähigkeiten. Diese Horoskop-Eigner sind zu konstruktiver Kritik fähig, haben originelle Ideen und können sehr schlagfertig sein. Sie eignen sich besonders gut für Berufe, die mit Kommunikation zu tun haben, z. B. Schriftsteller, Reporter, Journalist und Redner. Aber auch für einen Lehrberuf bringen sie gute Voraussetzungen mit, da sie anderen ihr Wissen gern mitteilen/vermitteln möchten.

Bei *spannungsreicher Aspektierung* dürften sich häufig wechselnde Ansichten, fluchtiges Denken, Oberflächlichkeit, Schwatzhaftigkeit und Durchtriebenheit bemerkbar machen. Nervosität und Reizbarkeit treten auf, wenn das äußerst sensible Nervensystem nicht gegen äußere Reize abgeschirmt wird.

Bei einem »verletzten« Merkur besteht die Gefahr, sich vor Entscheidungen zu drücken und vorschnelle Entschlüsse zu fassen. Pessimismus, Unehrlichkeit, Mißtrauen und Gefühlskälte stellen sich als Folge davon ein.

Bekannte Persönlichkeiten mit Merkur in Zwillinge

Wolfgang Borchert	Schriftsteller	20. Mai 1921
Pierre Cardin	Modeschöpfer	2. Juli 1922
Friedrich Flick	Industrieller	10. Juli 1883
Anne Frank	Schülerin	12. Juni 1929
Hermann Hesse	Schriftsteller	2. Juli 1877
Henry Kissinger	Politiker	27. Mai 1923
Dalai Lama	geistl. Oberhaupt	6. Juli 1935
Otto Lilienthal	Ingenieur	23. Mai 1848
Dean Martin	Schauspieler	17. Juni 1917
George Sand	Schriftstellerin	1. Juli 1804
Jean-Paul Sartre	Schriftsteller	21. Juni 1905
Horst Tappert	Schauspieler	26. Mai 1923

Merkur im Zeichen Krebs

Kardinales Wasserzeichen mit Minuspolarität. Viertes Tierkreiszeichen entsprechend dem 4. Haus (Ursprung/Herkunft – Haus und Familie – Lebensabend) im Tierkreis. Herrscher: Mond.

Das Zeichen Krebs symbolisiert den Übergang vom Kind zum Erwachsenen. Gefühlsbetont und sensibel reagiert er auch auf seine Umgebung. Oft macht er sich unbegründete Sorgen, schwankt zwischen dem Wunsch nach Geborgenheit und Eigenständigkeit. Am wohlsten fühlt er sich zu Hause in vertrauter Umgebung, wo sich sein Leben abspielt. Diese introvertierte Lebensweise macht sich auch in seiner Denkweise bemerkbar.

Merkur-Eigenschaften im Zeichen Krebs:

+ phantasievoll, träumerisch und gefühlsbetont
+ gutes Gedächtnis
+ unbewußter Zugang zu Vergangenheit und Karma
+ Diplomatie und Taktgefühl
+ poetische Ausdrucksweise
- mitunter nachtragend
- hochsensibel bis überempfindlich
- in fremder Gesellschaft oft unsicher und schüchtern
- nimmt Kritik zu persönlich

Merkur im Krebs deutet darauf hin, daß das Denken gefühlsbetont ist und von Emotionen bestimmt wird. Horoskop-Eigner mit dieser Merkur-Position entscheiden und handeln gefühlsmäßig – mitunter sogar unsachlich – da ihr Unterbewußtsein eine große Rolle spielt. Selbst ihre geistige Entwicklung vollzieht sich unbewußt und intuitiv. Sie haben ein gutes Gedächtnis und beschäftigen sich gedanklich in erster Linie mit der häuslichen Umgebung, mit Familie und Haushalt. Ihre Geschäftstüchtigkeit zeigt sich im Umgang mit Grundstücken, Immobilien, Konsumgütern, Haushaltswaren und in der Gastronomie.

Sie reagieren stark auf ihre Umgebung und nehmen vieles sehr persönlich, denn sie beziehen alles, was um sie herum geschieht, auf ihre eigene Person und lassen sich leicht von der Meinung ihrer Mitmenschen beeinflussen und verunsichern.

Bei *spannungsreicher Aspektierung* kann nicht gewollte Unaufrichtigkeit auftreten.

Bekannte Persönlichkeiten mit Merkur in Krebs

Ingeborg Bachmann	Schriftstellerin	25. Juni 1926
Pearl S. Buck	Schriftstellerin	26. Juni 1892
Diana von England	Prinzessin	1. Juli 1961
Alexandre Dumas d. Ä.	Schriftsteller	24. Juli 1802
Louis de Funès	Schauspieler	31. Juli 1914
Aldous Huxley	Schriftsteller	26. Juli 1894
Carl Gustav Jung	Psychoanalytiker	26. Juli 1875
Marcel Proust	Schriftsteller	10. Juli 1871
Ferdinand Sauerbruch	Arzt	7. Juli 1875
Donald Trump	Industrieller	14. Juni 1946
Karl Valentin	Komiker	4. Juni 1882
Carl Friedrich von Weizsäcker	Philosoph	28. Juni 1912

Merkur im Zeichen Löwe

Festes Feuerzeichen mit Pluspolarität. Fünftes Tierkreiszeichen entsprechend dem 5. Haus (Kreativität – Nachwuchs – Sport – Geselligkeit – Sexualität) des Tierkreises. Herrscher: Sonne.

Der Löwe symbolisiert die Reife des Menschen, der als Erwachsener Verantwortung übernehmen und Entscheidungen fällen kann. Er ist nicht mehr der Jäger wie der Widder, nicht der Sammler wie der Stier. Er ist kein intellektueller Gedankenkünstler wie der Zwilling, kein Zögerer wie der Krebs. Er ist die Autorität, das Staatsoberhaupt und fühlt sich wie ein König. Dieses Gehabe schlägt sich auch in seiner Art zu Denken, in seinen mentalen Ansprüchen nieder.

Merkur-Eigenschaften im Zeichen Löwe:

+ willensstarkes, zielstrebiges Denken
+ kann sich gut auf eine Sache konzentrieren
+ bildet sich nur langsam eine Meinung
+ geistiges Selbstvertrauen und Optimismus
+ Offenheit, Ehrlichkeit und Zuverlässigkeit
+ ausgeprägtes Gerechtigkeitsgefühl
+ großzügig und freigebig, treuer Freund
+ Wunsch nach Anerkennung und gehobenem Lebensstil
- Wunsch nach Autorität und Ansehen wird übertrieben
- arroganter Wissensdünkel
- übersieht bei seiner großzügigen Erledigung von Angelegenheiten oft die Details
- revidiert nur widerstrebend seine Meinung

Horoskop-Eigner mit Merkur im Zeichen Löwe besitzen einen starken Willen und die Fähigkeit, sich auf eine Sache zu konzentrieren. Sie sind entschlußfreudig, zielstrebig und möchten auf allen Gebieten ihres Wissens als Autorität gelten, was sie mit Ihrer kraftvollen, etwas theatralischen Art auch schaffen. Sie bilden sich nur langsam eine Meinung und sind – wenn überhaupt – nur zähneknirschend dazu bereit, diese zu revidieren.

Bei *harmonischer Aspektierung* gehen sie mit Selbstüberzeugung und Optimismus an die Lösung ihrer Probleme heran, wobei die Gefahr besteht, daß sie diese mitunter zu großzügig lösen und dabei Details übersehen. Mit Merkur im Löwen verfolgen sie ihre Ziele mit Ausdauer. Sie neigen dazu, Geschäfts- und Urlaubsreisen zu kombinieren.

Bei *spannungsreicher Aspektierung* besteht die Neiung zu geistigem Hochmut und einer rechthaberischen, autoritären Einstellung.

Bekannte Persönlichkeiten mit Merkur in Löwe

Fidel Castro	Politiker	13. August 1926
Bill Clinton	Politiker	19. August 1947
Johann Wolfgang von Goethe	Dichter	28. August 1749
Ernest Hemingway	Schriftsteller	21. Juli 1899
Paul Hubschmid	Schauspieler	20. Juli 1917
Michael Jackson	Popstar	28. August 1958
Mick Jagger	Rockstar	26. Juli 1943
Alfried von Krupp	Industrieller	13. August 1907
Benito Mussolini	Diktator	29. Juli 1883
Jacqueline Onassis	Journalistin	28. Juli 1929
Joachim Ringelnatz	Dichter	7. August 1833
Ringo Starr	Musiker	6. Juli 1940

Merkur im Zeichen Jungfrau

Veränderliches Erdzeichen mit Minuspolarität, durch eine sitzende Frau symbolisiert. Sechstes Tierkreiszeichen entsprechend dem 6. Haus (Arbeit – Gesundheit – Dienstleistungen) des Tierkreises. Herrscher: Merkur als Abendstern. Das Zeichen Jungfrau ist das zweite menschliche Sternzeichen und das zweite merkurregierte Zeichen. Das Zeichen Jungfrau ist das Resultat aller Erfahrungen der vorangegangenen Sternzeichen. Die Jungfrau erfüllt die Pflichten des Erwachsenen und kann ihre Früchte ernten. Reife und Fleiß, Vorsicht und Genauigkeit sind typische Eigenschaften des Zeichens Jungfrau. Im Gegensatz zu dem etwas oberflächlichen Zwillinge-Typ prüft die Jungfrau alles kritisch und gibt ein sicheres Urteil ab. Während der Zwilling gern alles zur gleichen Zeit machen möchte, beschäftigt sich die Jungfrau lieber mit Einzelheiten.

Merkur-Eigenschaften im Zeichen Jungfrau:

+ geistige Wendigkeit, logisches und sachliches Denken
+ Sinn für Details, Gewissenhaftigkeit
+ Interesse an Mathematik, Gesundheit, Hygiene und Ernährung
+ Freude an Dienstleistungen
- Kritiksucht, Nörgelei
- Pedanterie
- nervöse Verdauungsstörungen bei sitzender Tätigkeit
- Überbewertung von Details verschleiert den Blick für das Wesentliche

Horoskop-Eigner mit Merkur in der Jungfrau legen Wert auf intellektuelle Gründlichkeit. Sie sind in der Lage, kritisch, analytisch und objektiv zu denken, neigen jedoch dazu, Details überzubewerten und den Blick für das Wesentliche zu verlieren. Ihr Hang zum Perfektionismus ist besonders stark ausgeprägt – Überarbeitung kann die Folge davon sein. Da sie alles sehr kritisch betrachten und alle Vorgänge unbedingt analysieren möchten, schaffen sie eine Distanz zu ihren Mitmenschen, die in Kontaktarmut und Isolation ausarten kann. Sie ziehen es vor, zurückgezogen zu leben, da sie sich hauptsächlich auf ihre Arbeit konzentrieren und keine Zeit mit unnötigen Gesprächen verlieren möchten. Ordnung und Präzision ist für sie von äußerster Wichtigkeit und begünstigen besonders wissenschaftliche Arbeiten sowie Forschungstätigkeiten. Auch auf sprachlichem Gebiet, insbesondere für Grammatik, sind sie sehr begabt. Eine gute Ausbildung und spezialisierte Fähigkeiten begünstigen ihren beruflichen und finanziellen Erfolg. Zwischen Verstand und Intuition besteht bei diesen Menschen ein Zwiespalt, denn sie mißtrauen ihren eigenen Eingebungen, weil sie sich viel zu sehr an logische und intellektuelle Erklärungen klammern und nicht gern Risiken eingehen. Sie eignen sich für alle Berufe, die mit Gewissenhaftigkeit und Präzision zu tun haben. Als Wissenschaftler, Arzt oder Lehrer können sie genauso erfolgreich sein wie als Sekretär oder Schriftsteller.

Die *harmonische Aspektierung* fördert eine gute Zusammenarbeit, aufgrund einer sozialen und kollegialen Einstellung.

Bei *spannungsreicher Aspektierung* besteht die Gefahr, sich zu sehr mit Kleinigkeiten aufzuhalten, nörglerisch, unzufrieden und pedantisch zu reagieren. Bei sitzender Tätigkeit machen sich nervöse Verdauungsbeschwerden bemerkbar.

Bekannte Persönlichkeiten mit Merkur in Jungfrau

Shri Aurobindo	Philosoph	14. August 1872
Franz Beckenbauer	Fußballtrainer	11. September 1945
Truman Capote	Schriftsteller	30. September 1924
Jimmy Carter	Politiker	1. Oktober 1924
Claude Debussy	Komponist	22. August 1862
Daniel Defoe	Schriftsteller	10. Oktober 1660
Graham Greene	Schriftsteller	2. Oktober 1904
Alfred Hitchcock	Regisseur	13. August 1899
Joseph Patrick Kennedy	Industrieller	6. September 1888
Madonna	Popstar	16. August 1958
Lew N. Tolstoi	Dichter	9. September 1826
Lech Walesa	Politiker	29. September 1943

Merkur im Zeichen Waage

Kardinales Luftzeichen mit Pluspolarität, das einzige gegenständliche Zeichen des Tierkreises entsprechend dem 7. Haus (Partnerschaft – Ehe – Öffentlichkeitsarbeit – Teilhaberschaften). Herrscher: Venus.

Auf das arbeitsame, verstandesbetonte Zeichen Jungfrau folgt das harmoniebedürftige, charmante und friedvolle Zeichen Waage – das erste Zeichen, das nicht so ichbetont ist, wie seine Vorgänger, für das ein Partner von großer Bedeutung ist. Seine Entwicklung ist das Ergebnis der Zeichen Widder bis Jungfrau. Die Waage hat zu innerem Gleichgewicht gefunden und beschäftigt sich bevorzugt mit Beziehungsthemen. Sie macht sich viele Gedanken über die Verhaltensweisen ihrer Mitmenschen. Auch geistige Partnerschaften und Teilhaberschaften sowie Öffentlichkeitsarbeit sind für sie von großer Bedeutung.

Merkur-Eigenschaften im Zeichen Waage:

+ Interesse an Gedankenaustausch
+ ausgeprägter Gerechtigkeitssinn und Aufrichtigkeit
+ Streben nach Harmonie
+ gute Umgangsformen, Charme, diplomatisches Geschick
+ Formen- und Schönheitssinn
- etwas wankelmütig, unentschlossen
- vertritt seine Meinung nicht stark genug
- ist zu anpassungfähig
- geht Auseinandersetzungen aus dem Weg

Horoskop-Eigner mit Merkur in der Waage beschäftigen sich hauptsächlich mit den Gedanken anderer Menschen. Sie haben ein reges Interesse an den Verhaltensweisen ihrer Mitmenschen und Partner, brauchen geistige Zusammenarbeit genauso wie den Austausch von Informationen. Sie handeln aufrichtig und ausgewogen, denn sie besitzen ein ausgeprägtes Gerechtigkeitsgefühl. Allerdings neigen Sie auch zur Unentschlossenheit. Im allgemeinen treffen Menschen mit dieser Merkur-Position Ihre Entscheidungen gut überlegt und durchdacht. Mitunter betrachten sie die Dinge jedoch zu lange von allen Seiten und können dadurch viele Gelegenheiten verpassen.

Bei ihnen müssen auch die Äußerlichkeiten stimmen, wenn sie eine Beziehung eingehen, denn sie legen besonders beim Partner viel Wert auf eine gute, gepflegte Erscheinung, gute Umgangsformen und geschultes Denken sowie auf eine gehobene Ausdrucksweise. Schlechtes Benehmen und unlautere Motive lehnen sie ab.

Bei *harmonischer Aspektierung* kristallisiert sich eine Begabung für Rechtsberatung und Verhandlungsgeschick heraus.

Ist Merkur *spannungsreich aspektiert,* besteht die Neigung, sich vor Entscheidungen zu drücken, weil man aus Unsicherheit nicht hinter dem steht, was man tut. Möglicherweise versucht man, sich über den Partner beliebt zu machen.

Bekannte Persönlichkeiten mit Merkur in Waage

Brigitte Bardot	Schauspielerin	28. September 1934
Charles Bronson	Schauspieler	3. November 1922
Agatha Christie	Schriftstellerin	15. September 1890
Alain Delon	Schauspieler	8. November 1935
Heinrich von Kleist	Dichter	18. Oktober 1777
Walter Koch	Astrologe	18. September 1895
Oskar Lafontaine	Politiker	16. September 1943
Franz Liszt	Pianist	22. Oktober 1811
François Mitterand	Politiker	26. Oktober 1926
Friedrich Nietzsche	Philosoph	15. Oktober 1844
Margret Thatcher	Politikerin	13. Oktober 1925
Giuseppe Verdi	Komponist	10. Oktober 1813

Merkur im Zeichen Skorpion

Festes Wasserzeichen mit Minuspolarität. Achtes Zeichen entsprechend dem 8. Haus (Gedanken an Tod und Wiedergeburt – gemeinsame Finanzen – Sexualität) des Tierkreises. Herrscher: Pluto, Mitherrscher: Mars.

Das Zeichen Skorpion bildet den Übergang zwischen Herbst und Winter; die Bäume haben ihre Blätter verloren, die Natur bereitet sich auf das Sterben vor.

Der Skorpion-Typ ist eine Kämpfernatur. Er greift nicht wütend an wie der Widder, sondern fühlt sich angegriffen und meint, sich verteidigen zu müssen, denn er betrachtet seine Mitmenschen als seine Feinde.

Merkur-Eigenschaften im Zeichen Skorpion:

+ gründliches, scharfsinniges Denken
+ löst seine Probleme auf praktische Art
+ erkennt die Lösung intuitiv
+ verfolgt sein angestrebtes Ziel
+ listig bis verschlagen
- oft nachtragend und rachsüchtig
- sarkastisch bis taktlos
- scheut keine Auseinandersetzungen
- nicht sehr redselig, eher wortkarg

Mit Merkur im Skorpion ist das Denken intuitiv, gefühlsbetont und tiefgründig. Oftmals erkennen Horoskop-Eigner mit dieser Merkur-Position viele Dinge, die sie aber nicht unbedingt tolerieren. Sie neigen dazu, zu sagen, was sie meinen, und dabei gehen sie nicht gerade sehr schonend mit ihren Mitmenschen um. Weder nehmen sie »ein Blatt vor den Mund«, noch nehmen sie Rücksicht auf die Gefühle anderer. Das ist ihre Form verbaler Ehrlichkeit, denn wenn sie ihre echten Empfindungen nicht äußern dürfen, schweigen sie lieber. Ihre Ausdrucksweise ist treffend und direkt. Ihre Zielstrebigkeit befähigt sie zur einfallsreichen Überwindung von Hindernissen.

Sie eignen sich gut für Berufe, die ihren Forscherdrang befriedigen, denn sie haben Interesse an Kriminalistik, Wissenschaft, Pharmazie und Chemie.

Bei *spannungsreicher Aspektierung* können Mißtrauen und Hinterlist auftreten. Das Denken kann von Rachegefühlen geprägt sein oder von niederen sexuellen Motivationen beherrscht werden.

Bekannte Persönlichkeiten mit Merkur in Skorpion

Gilbert Bécaud	Chansonnier	24. Oktober 1927
Carl Borgward	Unternehmer	10. November 1890
Winston Churchill	Politiker	30. November 1874
Aleister Crowley	Okkultist	12. Oktober 1875
Thorwald Dethlefsen	Psychologe	11. Dezember 1875
Alexander Dubczek	Politiker	27. November 1921
Gerhard Hauptmann	Schriftsteller	15. November 1862
John Lennon	Musiker	9. Oktober 1943
Roger Moore	Schauspieler	14. Oktober 1927
Alfred Nobel	Chemiker	21. Oktober 1833
Pablo Picasso	Maler	25. Oktober 1881
Rudolf Scharping	Politiker	2. Dezember 1947

Merkur im Zeichen Schütze

Bewegliches Feuerzeichen mit Pluspolarität. Neuntes Zeichen entsprechend dem 9. Haus (Philosophie – Religion – Recht – Weiterbildung – Horizonterweiterung – Reisen – Ausland) des Tierkreises. Es wird als eine Figur dargestellt, deren Körper eine Kombination von Pferd und Mensch ist. Herrscher: Jupiter, Mitherrscher: Neptun.

Mit dem Zeichen Schütze beginnt das letzte Viertel des Tierkreises. Der Skorpion denkt viel über Leben und Tod nach. Beim Schützen geht das Denken weit über den Tod hinaus. Er beschäftigt sich gedanklich mit dem Jenseits, mit neuem Leben. Der Schütze denkt nicht so zweckmäßig wie der Zwilling oder die Jungfrau. Sein Denken basiert auf einer höheren geistigen Ebene: der Philosophie und der Metaphysik.

Merkur-Eigenschaften im Zeichen Schütze:

+ Ideenreichtum, tiefgreifende Gedanken
+ vielseitige Interessen, geistig flexibel
+ spricht viel und fließend
+ Sinn für Gerechtigkeit und Wahrheitsfindung
+ freigebig und naturverbunden
+ selbstsicher und vorausschauend
- Konzentrationsmangel
- Selbstüberschätzung
- Egoismus
- Unzuverlässigkeit
- Neigung zur geistigen Zersplitterung
- Tendenz, schwierige Aufgaben zu umgehen

Horoskop-Eigner mit Merkur im Schützen haben Interesse an höherer Bildung in Form von Religion, Philosophie, Recht oder anderen geistigen Gesinnungen.

Sie können zu prophetischen Einsichten gelangen und haben ein Gespür für Informationen, die in der öffentlichen Meinung von Bedeutung sind. Da ihre Gedanken meistens nicht weit von der allgemeinen gesellschaftlichen Moral abweichen, sind sie in Gemeinschaften gern gesehen; ihre Meinung wird akzeptiert. Sie verlangen jedoch gedankliche Freiheit, sind in ihrer Ausdrucksweise offen und direkt, denn Sie teilen anderen immer ihre Art der Wahrheit mit.

Menschen mit dieser Merkurstellung fühlen sich in Universitäten, kirchlichen Einrichtungen oder im Öffentlichen Dienst am wohlsten. Hier möchten sie Ansehen und intellektuelle Autorität gewinnen und anderen ein Vorbild sein, wobei der materielle/finanzielle Aspekt zweitrangig ist.

Bei *spannungsreicher Aspektierung* des Merkur besteht die Gefahr, sich an korrupte Institutionen anzupassen, um gesteckte Ziele zu erreichen. Mitunter werden zu hohe Ideale angestrebt und dabei die Realität vergessen. Eine Tendenz zu unnötigen Moralpredigten und pedantischen Reaktionen kann sich bemerkbar machen.

Bekannte Persönlichkeiten mit Merkur in Schütze

Willy Brandt	Politiker	18. Dezember 1913
Richard Burton	Schauspieler	10. November 1925
Maria Callas	Opernsängerin	4. Dezember 1923
Marie Curie	Physikerin	7. November 1867
Friedrich Engels	Philosoph	28. November 1820
Robert Kennedy	Politiker	20. November 1925
Otto Graf Lambsdorff	Politiker	20. Dezember 1926
Martin Luther	Reformer	10. November 1483
Henri Nannen	Verleger	25. Dezember 1913
Helmut Schmidt	Politiker	23. Dezember 1918
Steven Spielberg	Regisseur	18. Dezember 1946
Henri Toulouse-Lautrec	Maler	24. November 1864

Merkur im Zeichen Steinbock

Kardinales Erdzeichen mit Minuspolarität. Zehntes Zeichen im Tierkreis entsprechend dem 10. Haus (Gesellschaft – Öffentlichkeit – Berufung) des Tierkreises. Herrscher: Saturn.

Steinbock ist das erste Winterzeichen. Der Steinbock will etwas leisten, will seine Aufgaben pflichtbewußt erfüllen. Er ist kein Draufgänger wie der Widder, kein Materialist wie der Stier, kein Gedankenkünstler wie der Zwilling, kein Zögerer wie der Krebs, kein Forderer wie der Löwe, kein Analytiker wie die Jungfrau, kein Charmeur wie die Waage, kein Kämpfer wie der Skorpion und kein Idealist wie der Schütze. Er ist der Aufsteiger, der sein Ziel langsam aber sicher mit Geduld und Ausdauer erreicht. Er möchte eine angesehene gesellschaftliche Position einnehmen, ein Amt bekleiden und Verantwortung tragen.

Merkur-Eigenschaften im Zeichen Steinbock:

+ logisches, systematisches Denken
+ ernste, realistische Lebenseinstellung
+ Ehrgeiz und Zuverlässigkeit
+ Konzentrationskraft
+ ausdauernd, geduldig und zielstrebig
- langsames, sehr kritisches Denken
- Neigung zu Unaufrichtigkeit und Geiz
- Tendenz zu Grübeleien und Depressionen
- keine sehr lebhafte bis wenig Phantasie
- konservative Einstellung

Mit Merkur im Steinbock ist das Denken auf die Sicherung materieller Werte sowie auf eine angesehene berufliche und gesellschaftliche Stellung ausgerichtet. Horoskop-Eigner mit dieser Merkur-Position sind ehrgeizig und scharfsinnig, besitzen Konzentrationskraft und Organisationstalent, gehen methodisch und systematisch in ihrer Arbeit vor. Ihre Argumentationsweise ist gründlich durchdacht; sie entwickeln Ausdauer und Disziplin – gute Voraussetzungen für einen erfolgreichen Geschäftsführer, da diese Merkurstellung auch auf eine Begabung fürs Management schließen läßt. Sie gehen Ihre Ziele von der praktischen Seite an; dabei verlieren sie den Sachverhalt nie aus den Augen. Ihrer scharfen Beobachtungsgabe entgeht nichts. Ihre politische und gesellschaftliche Einstellung ist eher konservativ. Ihre Pläne sollen praktischen Nutzen in Form von finanzieller und sozialer Sicherheit bringen.

Bei *spannungsreicher Aspektierung* kann beruflicher und materieller Ehrgeiz in Geiz ausarten. Es besteht in diesem Fall die Neigung dazu, Mitmenschen auszunutzen, um Ziele zu verwirklichen. Dabei kann die materielle Situation zum Selbstzweck dienen, wobei menschliche Werte und andere Überlegungen als nebensächlich betrachtet werden.

Bekannte Persönlichkeiten mit Merkur in Steinbock

Caroline von Monaco	Prinzessin	23. Januar 1957
Christian Dior	Modeschöpfer	21. Januar 1931
Friedrich Dürrenmatt	Schriftsteller	5. Januar 1911
Ludwig Erhard	Politiker	4. Februar 1897
Johannes Kepler	Astronom	27. Dezember 1571
Gustav Meyrink	Schriftsteller	19. Januar 1868
Isaac Newton	Physiker	14. Januar 1543
Richard Nixon	Politiker	9. Januar 1913
Elvis Presley	Rockstar	8. Januar 1935
Johannes Rau	Politiker	16. Januar 1931
Ronald Reagan	Politiker	6. Februar 1911
Artur Rubinstein	Pianist	29. Januar 1886

Merkur im Zeichen Wassermann

Festes Luftzeichen mit Pluspolarität. Elftes Zeichen im Tierkreis entsprechend dem 11. Haus (Gruppenaktivitäten – Freunde und Bekannte – soziale Einstellung – Wünsche und Hoffnungen) des Tierkreises. Herrscher: Uranus, Mitherrscher: Saturn.

Es ist tiefer Winter, und die Natur ist erstarrt. Draußen kann nicht gearbeitet werden, deshalb hofft der Wassermann auf bessere Zeiten und beschäftigt sich vorwiegend mit seinen Gedanken. Er ist kein ehrgeiziger »Streber« wie der Steinbock, der seine Energie für den Aufstieg einsetzt, sondern ein Mensch, der weit über das Materielle hinausdenkt, der Wünsche und fortschrittliche Ideen hat, der die Geselligkeit von Freunden und Bekannten braucht und gern zum Wohl der Allgemeinheit beiträgt. Hier findet man den zukunftsorientierten Forscher, den Denker, der seiner Zeit oftmals weit voraus ist.

Merkur-Eigenschaften im Zeichen Wassermann:

+ fortschrittliches, aufgeschlossenes, schöpferisches Denken
+ schnelle Auffassungsgabe, zukunftsorientiert
+ Interesse an Reformen, Forschung, Erfindungen
+ begeisterungsfähig, unvoreingenommen
+ Organisationstalent
- utopische Ideen
- Neigung zur Eigenbrötlerei
- Einzelgängertum
- übersteigertes Freiheitsbedürfnis

Mit Merkur im Wassermann ist der Geist, das Denken allem Neuen gegenüber aufgeschlossen. Die Denkweise der Horoskop-Eigner mit dieser Merkur-Position ist fortschrittlich, sie haben originelle Ideen und sehr viel Intuition. Deshalb sind sie ihrer Zeit oftmals weit voraus. Sie sind immer um Unvoreingenommenheit und Objektivität bemüht, denn Wahrheitsfindung ist ein wichtiger Aspekt für sie. Aufgrund ihrer unpersönlichen Einstellung ihren Mitmenschen gegenüber lassen sie sich selten von Ereignissen überrollen, denn sie sind wesentlich belastbarer als andere, weil sie alles mit Abstand betrachten und gelassener sehen. Konzentrationsfähigkeit und Interesse für Esoterik, Astrologie und Technik sowie eine Vorliebe für Gruppenaktivitäten zeichnen ihre geistige Einstellung aus.

Bei *spannungsreicher Aspektierung* besteht die Gefahr, daß an utopischen Ideen, die fernab der Realität liegen, festgehalten wird. Es kann eine Tendenz zur Absonderung und zum Meiden von Menschenansammlungen oder Massenveranstaltungen auftreten.

Bekannte Persönlichkeiten in Merkur in Wassermann

Alfred Adler	Psychoanalytiker	7. Februar 1870
Charles Carter	Astrologe	31. Januar 1887
Frédéric Chopin	Komponist	22. Februar 1810
Thomas Alva Edison	Erfinder	11. Februar 1847
Rainhard Fendrich	Liedermacher	27. Februar 1955
Gregor Gysi	Politiker	16. Januar 1948
Sven Hedin	Abenteurer	19. Februar 1865
Edward Kennedy	Politiker	22. Februar 1932
Mario Lanza	Tenor	31. Januar 1921
Martin Luther King	Politiker	15. Januar 1929
Wolfgang Amadeus Mozart	Komponist	27. Januar 1756
Carl Spitzweg	Maler	5. Februar 1808

Merkur im Zeichen Fische

Bewegliches Wasserzeichen mit Minuspolarität, symbolisiert durch zwei in entgegengesetzte Richtungen schwimmende Fische. Zwölftes Zeichen des Tierkreises entsprechend dem 12. Haus (Selbstanalyse – Isolation – Institutionen wie Krankenhäuser, Klöster, Anstalten – Bilanz des Lebens – geheime Feinde) des Tierkreises. Herrscher: Neptun, Mitherrscher: Jupiter.

Mit dem Zeichen Fische schließt sich der Tierkreis. Die Natur schwankt zwischen Winter und Frühling – genau wie der Fische-Geborene, der sich nie richtig entscheiden kann oder seine Entscheidungen plötzlich aus unerklärlichen Gründen ändert.

Während der Wassermann mit seinem intuitiven Wissen der Zeit weit voraus ist, ist es der Fisch mit seiner Inspiration und seinen Gefühlen. Er hat Ahnungen, handelt instinktiv und reagiert für andere völlig unverständlich. Dabei spürt er meistens, was richtig und was falsch für ihn ist, denn er kann sich eher auf sein Gefühl als auf seinen Verstand verlassen.

Merkur-Eigenschaften im Zeichen Fische:

+ **Aufnahmebereitschaft für die Gedanken anderer**
+ **gefühlsbetont, phantasievoll**
+ **kann sich wort- und gestenreich artikulieren**
+ **gutherzig, hilfsbereit, mitfühlend**
- **wirkt oft verträumt, ist vergeßlich**
- **kann seine Ideen nicht gut verwirklichen**
- **unterliegt leicht Täuschung und Selbsttäuschung**
- **überempfindlich, grüblerisch bis depressiv**

Horoskop-Eigner mit Merkur im Zeichen Fische haben eine lebhafte Phantasie, eine starke Vorstellungs- und Einbildungskraft. Sie sind intuitiv bis telepathisch veranlagt, denn sie haben ein Gespür für die Schwingungen und Gedanken ihrer Mitmenschen. Da sie sehr sensibel sind, lassen sie sich leicht durch die Stimmungen anderer beeinflussen.

Das Denken entspringt mehr unbewußten Motivationen. Sie

halten sich mit ihrer Meinungsäußerung zurück, sind im Gegensatz zum Widder eher schüchtern als vorlaut. Ihre Entscheidungen fällen sie fast immer rein gefühlsmäßig und intuitiv, denn sie schwanken ständig, möchten sich am liebsten nicht festlegen oder ziehen ihre Entscheidung wieder zurück. Sie können sich mehr auf ihre Eingebungen verlassen als auf ihre Logik.

Aufgrund ihres Einfühlungsvermögens und ihres Mitgefühls eignen sich diese Menschen gut für soziale Berufe in Krankenhäusern, Altersheimen oder anderen großen Institutionen. Mit ihrer extremen Sensibilität und Vorstellungskraft entwickeln sie romantische, dichterische und bildnerische Fähigkeiten, die in Form von Fotografie oder Malerei zum Ausdruck kommen können.

Bei *spannungsreicher Aspektierung* besteht eine Neigung zu Tagträumen, zur Flucht aus dem Alltag und zum Schwelgen in Erinnerungen, wodurch die Wahrnehmung der Realität derart verzerrt werden kann, daß sich neurotische Tendenzen bemerkbar machen. Bei einem stark »*verletzten*« Merkur kann die Phantasie so übersteigert sein, daß Halluzinationen, Verfolgungswahn oder die Vorstellung, ständig angegriffen zu werden, auftreten. Es ist wichtig, nicht alles zu persönlich zu nehmen, sondern mit mehr Abstand zu betrachten, um eine objektive und realistische Sichtweise zu entwickeln.

Bekannte Persönlichkeiten mit Merkur in Fische

Johann Sebastian Bach	Komponist	31. März 1685
Alexander Graham Bell	Erfinder	3. März 1847
Giacomo Casanova	Abenteurer	2. April 1725
Johnny Cash	Musiker	26. Februar 1932
Edgar Cayce	Esoteriker	8. März 1877
Richard Chamberlain	Schauspieler	31. März 1934
Hedwig Courths-Maler	Schriftstellerin	18. Februar 1867
Michail Gorbatschow	Politiker	2. März 1931
Maurice Ravel	Komponist	7. März 1875
Auguste Renoir	Maler	25. Februar 1841
Elizabeth Taylor	Schauspielerin	27. Februar 1932
Richard von Weizsäcker	Politiker	15. April 1920

Merkur in den Häusern

Die Bedeutung der Häuser im Horoskop

Das Horoskop ist analog zu den Sternzeichen in zwölf Häuser (auch Felder genannt) aufgeteilt. Die Festlegung der Häuser beruht auf der täglichen Umdrehung der Erde um ihre eigene Achse. Dadurch entstehen zu jedem Ort der Erde zu jeder Zeit bestimmte astronomische Beziehungen. Planeten und Ekliptik haben ein ständig wechselndes Bezugssystem zum Meridian und zum Horizont eines bestimmten Punktes der Erdoberfläche. Dieses Verhältnis wird im Geburtsmoment am Geburtsort für diesen Zeitpunkt und Ort charakteristisch und kommt im Radix-Horoskop durch den Aszendenten, das Aufgangszeichen, und das Medium Coeli (MC), die Himmelsmitte, zum Ausdruck.

Der Aszendent (AC) ist der östliche Schnittpunkt der Ekliptik mit dem Horizont des Geburtsortes, der Deszendent (DC) ist der westliche Schnittpunkt. Die Horizontalachse teilt das Horoskop vom 1. Haus zum 7. Haus in die Ich-Sphäre, die Nachthälfte, die unter dem Horizont liegt, und in die Du-Sphäre, die Taghälfte, die über dem Horizont liegt. Die Häuser 1 bis 6 (Ich-Sphäre) geben Auskunft über unsere Persönlichkeit, unser Wesen, über unser Selbstverständnis, unsere Anlagen und Fähigkeiten. Die Häuser 7 bis 12 (Du-Sphäre) zeigen unser Verhältnis zur Umwelt, unsere Beziehungen zu anderen Menschen, unsere Erwartungen an andere und alles, was von unseren Mitmenschen auf uns zukommt.

Die Häuser beginnen mit dem Aszendenten (AC), dem Schnittpunkt der Ekliptik am östlichen Horizont, und laufen entgegen dem Uhrzeigersinn über das 2. und 3. Haus zum 4. Haus, dem Immum Coeli (IC), also dem Nadir, der Himmelstiefe, als nördlicher Schnittpunkt der Ekliptik, weiter über das 5. und 6. Haus zum 7. Haus, dem Deszendenten (DC), dem westlichen Horizont. Eine starke Besetzung der Häuser 1-6 weist auf Introvertiertheit hin.

Die Meridianachse (Mittagskreis) des Geburtsortes, der Kreis zwischen Zenit, MC, und Nadir, IC, teilt das Horoskop senkrecht vom 10. zum 4. Haus in eine östliche (linke) und westliche (rechte) Hälfte – und somit in vier Quadranten ein. Die Osthälfte ist die bewußte Sphäre, die Westhälfte ist die unbewußte Sphäre. Die Häuser über dem Horizont beginnen mit dem Deszendenten und führen über das 8. und 9. Haus zum 10. Haus, das durch das MC, den südlichen Punkt am Horizont, eingeleitet wird, weiter über das 11. und 12. Haus zum Aszendenten. Sind diese Häuser stark besetzt, kommt Extrovertiertheit zum Ausdruck.

Die Quadranten
Durch die beiden Achsen entsteht eine Vierteilung des Horoskops in die Quadranten, die jeweils aus drei Häusern bestehen:

1. Den Eckhäusern (I,IV,VII,X), die den kardinalen Zeichen entsprechen. Die Planetenkräfte haben eine starke Wirkung auf die Persönlichkeit und Ihr Schicksal.

2. Den Mittelfeldern (2,5,8,11), die den festen Zeichen entsprechen. Die Planetenkräfte wirken sich hier gleichmäßig und anhaltender auf die Persönlichkeit aus.

3. Den Endfeldern (3,6,9,12), die den beweglichen Zeichen entsprechen. Die Planetenkräfte wirken sich in diesen Häusern am schwächsten aus.

»Die einzelnen Quadranten können zwanglos in Beziehung zu den vier Jahreszeiten gesetzt werden. Danach entspräche der vierte Quadrant vom Aszendenten zum MC mit den Feldern X bis XII wie die Frühjahrszeichen aktiver Extraversion, der dritte Quadrant vom Medium Coeli bis zum Deszendenten mit den Feldern VII bis IX wie die Sommerzeichen der Tendenz zu passiver oder, besser gesagt, verharrender Extraversion. Der zweite Quadrant vom Deszendenten zum Imum Coeli mit den Feldern IV bis VI hat, wie die Herbsttierkreiszeichen, die Bedeutung aktiver Introversion, der erste Quadrant vom Aszendenten zum Imum Coeli mit den Feldern I bis III wie die Wintertierkreiszeichen ist der Bedeutung erreichter Introversion gleichzusetzen. Die Begriffe Extra- und Introversion beziehen sich auch hier auf die Trieb- und Willensrichtung, nicht auf die Trieb- und Auffassungsform.«*

---

* Herbert von Klöckler: Kursus der Astrologie, Freiburg 1981, Bd. 2, S. 76f.

Die Zwischenhäuser können anhand von Tabellenwerken nach verschiedenen Methoden berechnet werden. Am geläufigsten sind das Placidus-Häusersystem und das GOH, das Geburts-Ort-Häusersystem, nach Dr. Walter Koch. Das GOH wurde von Heinz Specht und F. Zanzinger entwickelt und in den Fünfziger Jahren Dr. Walter Koch zur Verfügung gestellt, der die Berechnungen durchführte und Anfang der Sechziger Jahre für die Veröffentlichung sorgte. Heinz Specht bekam für seine astrologischen Forschungen, insbesondere für die geschaffenen Grundlagen des Geburts-Ort-Häusersystems, das sich als modernes Häusersystem in der Praxis bewährt hat, 1982 die Ehrenmitgliedschaft vom Deutschen Astrologen-Verband verliehen.

Das GOH basiert auf der Zwölferaufteilung des Horoskops nach Raum, Bewegung und Zeit. Wie schon erwähnt, werden die Häuser immer auf den Geburtsort berechnet. Deshalb sind die Häuser in unseren Breiten nie gleich groß. Das heißt, sie weichen von den üblichen 30-Gradwerten der Sternzeichen ab. Nicht jede Häuserspitze fällt in ein Zeichen – außer beim Aszendenten Jungfrau und MC Zwillinge. In diesem Fall sind die Achsen in unseren Breiten fast quadratisch, und jede Häuserspitze fällt in ein anderes Zeichen.

Hier stimmen die Berechnungen mit dem Placidus-Häusersystem fast überein.

Mitunter wird ein Zeichen »übersprungen«. Dadurch entstehen die sogenannten »eingeschlossenen Zeichen«, die größer sind als 30 Grad und bei der Horoskopdeutung unbedingt berücksichtigt werden sollten. Thomas Ring schreibt dazu:

»Steht ein Planet in einem solchen Zeichen ›eingeschlossen‹, so machen sich die betreffenden Motive gemäß seiner Natur und Aspektierung geltend, doch sozusagen ›in der Tonart nicht ganz frei‹, wenigstens geht die Ausdrucksfärbung nicht mit derjenigen konform, die zufolge dem Zeichen an der Spitze den ganzen Motivbereich beherrscht. Noch mehr freilich gerät seine Eigenart ins Hintertreffen, wenn der eingeschlossene Planet in Dissonanz zum Dispositor dieses tonangebenden oder des eingeschlossenen Zeichens steht. Ist das letztere Zeichen unbesetzt, dann sagt sein Dispositor etwas über umgeleitete oder verborgen mitspielende

Motive aus, mitunter fehlen diesen die natürlichen Handhaben, sich durchzusetzen, oder sie tauchen an anderer Stelle wieder auf.«*

Die Häuser entsprechen den Sternzeichen: Das Zeichen Widder entspricht dem 1. Haus, das Zeichen Stier dem 2. Haus, das Zeichen Zwillinge dem 3. Haus. Die Häuser geben Aufschluß über die Lebensbereiche, in denen unsere Energien, die durch die Planeten aktiviert werden, zum Ausdruck kommen.

Die Bedeutung der einzelnen Häuser

1. Haus: Persönlichkeit
Geburt(smoment), Kindheit, Persönlichkeit, Konstitution
Selbsterkenntnis und Selbstverständnis, Weltanschauung
äußere Erscheinung: Körperbau, Aussehen, Mimik, Gestik,
Motorik, Temperament
Auftreten in der Öffentlichkeit, Umweltbeziehungen

2. Haus: Besitz
Verhältnis zu materiellen und finanziellen Mitteln
Art des Geldverdienens, Existenzsicherung
Förderung des leiblichen Wohls, Nahrungsgenuß
Selbstwertgefühl, Selbstbewußtsein
Stoffwechsel

3. Haus: Kommunikation
Verarbeiten von Eindrücken aus der Kindheit
Auseinandersetzung mit Geschwistern
Art der Kommunikation mit Verwandten, Nachbarn und Kollegen
Aneignung von Wissen in Schule und Ausbildung
Kurse und Vorträge, Verträge
Alltagsbeziehungen
kurze Reisen und Ausflüge, Verkehr
Kommunikationsmedien; Verlagswesen, Rundfunk, Fernsehen
Verfassen von Reden, Artikeln, Büchern, Zeitschriften

---

* Thomas Ring: Astrologische Menschenkunde, Bd. 3, S. 496

4. Haus: Familie

Herkunft, Familie, Zuhause, Heimat
Eltern bzw. ein Elternteil (oftmals Mutter analog Krebs mit Mond
als Herrscher – bei von Klöckler der Vater), der die Gefühle und die
Einstellung zur Familie stärker prägte
unbewußte Gefühlsmuster
Lebensabend
Umgang mit Nahrungsmitteln und Haushaltswaren
geerbter Besitz, Immobilien, Grundbesitz, bewegliche Güter und
Liegenschaften
Bergwerke, Sandgruben

5. Haus: Kinder

Fortpflanzung, Sexualität, Zeugungs- und Konzeptionsfähigkeit
Einstellung zur Liebe und zu Liebespartnern
Verhältnis zu Kindern, Erziehung und Unterricht
schöpferische Selbstdarstellung, Kreativität
Geselligkeit, Vergnügen
Hobbies, Sport und Spiel, auch in Form von
Spekulationen, Glücksspiel, Börsengeschäft, Gewinne

6. Haus: Arbeit und Gesundheit

Einstellung zu Arbeit und Untergebenen
Erhaltung der Arbeitskraft und Leistungsfähigkeit,
Dienstleistungen
Aneignung von praktischen Fertigkeiten und Fachwissen
Gesundheit, organische, geerbte Krankheiten und deren Behand-
lung, alternative Heilmethoden
Hygiene, Gymnastik, Fitness für den Körper
Nahrungszubereitung, Kuren, Stoffwechsel

7. Haus: Partnerschaft

Auseinandersetzung mit engen persönlichen Beziehungen,
Partnerschaft und Ehe
Öffentlichkeitsarbeit (Public Relations)
Geschäftspartner, Teilhaber(schaft)
offene Gegner und Prozesse

8. Haus: Tod und Wiedergeburt

Auseinandersetzung mit dem Alter, dem Tod
Leben nach dem Tode
Regenerations- und Widerstandskraft
tiefgreifende Erlebnisse und Eindrücke
gemeinsame Finanzen und deren Verwaltung, Steuern, Erb-schaften, Versicherungen, Stiftungen, Geschäftszusammenlegung, Körperschaften und Parteien
Interesse für Grenzfragen, Okkultismus, Parapsychologie und Atomphysik

9. Haus: Horizonterweiterung

geistige Ideale, Horizonterweiterung durch Weiterbildung
synthetischer Intellekt
Interesse an Religion, Philosphie, Rechtswissenschaften,
Geographie und Geschichte
Ausland, weite (Missions- und Entdeckungs-)Reisen
Urlaub, Globetrotter, fremde Kulturen, Mythologie
Gemeinschaftsbewußtsein, Sinn für technische, wirtschaftliche und kulturelle Entwicklungen, Welthandel
ausländische Geschäftsverbindungen
Lehrtätigkeit an Universitäten und anderen Öffentlichen Einrich-tungen der Bildung, z. B. Universitäten, Erwachsenenbildung
angeheiratete Verwandte

10. Haus: Öffentlichkeit und Gesellschaft

Erfüllung der Pflichten gegenüber der Gesellschaft
berufliche und gesellschaftliche Stellung
Lebensziele, Ehrgeiz, Aufstieg, Karriere, Berufung
Stellung in der Öffentlichkeit, Erwerben von Ansehen, Anerken-nung, Amt und Würden
Behörden, Regierung, Politik
Repräsentant, Geschäftsleiter, Staatsmann
ein Elternteil (oftmals der Vater analog Steinbock mit Saturn als Herrscher, bei von Klöckler die Mutter), der für die Förderung der gesellschaftlichen Position sorgt.

11. Haus: Freunde und Gruppenaktivitäten
schöpferischer Selbstausdruck innerhalb einer Gruppe
Gedankenaustausch mit Freunden und Bekannten
Zusammenschluß von Interessengemeinschaften:
Logen, Bruderschaften, Vereine, Bürgerinitiativen, Zweckbeziehungen, Cliquen- oder Vetternwirtschaft, Protektion
Selbstverwirklichung auf einer höheren geistigen und sozialen Ebene
Zeitgeist, Wünsche und Hoffnungen

12. Haus: Anonymität
Unterbewußtsein, Bereich der Enttäuschungen
charakteristische Reaktionen und Verhaltensmuster
Bilanz des Lebens, Isolation
Institutionen wie Krankenhäuser, Klöster, Heime, Gefängnisse, Anstalten, Internate
große Firmen, in der die Anonymität gewahrt bleibt – die »Graue Eminenz« im Hintergrund
Geheimdienste, illegale Verbände, konspirative Einrichtungen
Gefangenschaft, Konzentrationslager, Strafvollzug, Verbannung
geheime Feinde, Gerüchte, Intrigen
Infektionskrankheiten, Epidemien, schwer zu diagnostizierende (schleichende) Krankheiten

Thomas Ring bezeichnet die Häuser als *Interessensphäre*. Mit Interessen sind nicht die Begabungen und Fähigkeiten eines Menschen verbunden, sondern die Intensität, an Dinge heranzugehen, sie zu bewältigen. Die Eckfelder (I, IV, VII und X) entsprechen der »Formungsintensität«, dem Angestrebten – analog den kardinalen Zeichen und Häusern. Die Mittelfelder (2, 5, 8 und 11) zeigen die »Beharrungsintensität«, das beharrliche Verfolgen von Zielen entsprechend den festen (fixen) Zeichen und Häusern. Die Endfelder (3, 6, 9 und 12) entsprechen der »Durchführungsintensität«, der Fähigkeit, sich Situationen anzupassen – analog den beweglichen Zeichen und Häusern.

Die Position der Planeten in den Häusern zeigt also an, in welchen (Lebens-)Bereichen unsere Interessen aktiviert werden.

Merkur im 1. Haus

Das 1. Haus entspricht dem Zeichen Widder. Sein Herrscher ist Mars.

Das 1. Haus ist das »**Haus der Persönlichkeit**«. Es gibt Auskunft über unser Äußeres, über unser persönliches Auftreten in der Öffentlichkeit, über unsere Beziehung zur Umwelt, unser Selbstverständnis und über unsere früheste Kindheit, die Geburt, den Eintritt ins Leben und über unsere Weltanschauung.

Merkur im 1. Haus weist auf Mitteilsamkeit, Ideenreichtum und – je nach Niveau – auf eine neugierige bis intellektuelle Einstellung zum Leben hin. Horoskop-Eigner mit dieser Merkurposition haben das Bedürfnis, mündlich und schriftlich mit anderen Mitmenschen zu kommunizieren. Sie besitzen eine überdurchschnittliche Intelligenz und das Bedürfnis nach geistiger Anregung, sind lebhaft und ständig in Bewegung, denn sie sind vielseitig interessiert und immer auf der Suche nach neuen Erfahrungen. Ihr Denken bestimmt ihr Leben, deshalb sollten sie schon früh lernen, Dinge aus verschiedenen Sichtweisen zu betrachten.

Bei *spannungsreicher Aspektierung* besteht die Tendenz zu Nervosität, Übertreibungen und geistiger Überanstrengung. Man neigt dazu, andere zu bevormunden, weil man meint, alles besser zu wissen.

Da Merkur der Herrscher vom 3. und vom 6. Haus ist, sind Berufe wie Schriftsteller, Sekretär, Gelehrter, Wissenschaftler, Bibliothekar oder Arzt besonders begünstigt.

Das 1. Haus ist von besonderer Bedeutung, da es mit dem Aszendenten beginnt, dem Aufgangspunkt des Zeichens zum Zeitpunkt der Geburt. Der Aszendent zeigt nicht nur das Umweltverhalten an, er gibt auch Aufschluß über die persönliche Erscheinung, unser Aussehen, den Körper und den Verstandes-Typ. Die Planeten, die den Aszendenten aspektieren, geben weitere konkrete Hinweise auf die Persönlichkeitsstruktur.

Die nachfolgenden Beschreibungen sind relativ zutreffend, wenn sich kein Planet am Aszendenten befindet. Sobald der Aszendent aspektiert wird oder das erste Haus stark besetzt ist, werden bei den Einzelaussagen Abweichungen auftreten. Es muß immer eine individuelle Deutung erfolgen.

Elemente an der Spitze des 1. Hauses, des Aszendenten-Zeichens, mit Merkur im 1. Haus

Feuerzeichen oder Konjunktion mit Mars:

Horoskop-Eigner mit dem Feuerelement am Aszendenten bringen ihre Energie impulsiv zum Ausdruck, denn sie sind redegewandt, sprechen schnell, teilweise hastig, und reden viel. Ihre Diskussionsfreude kann mitunter in Rechthaberei ausarten.

Aszendent Widder:

athletischer Körperbau, Betonung der Muskeln
markantes Gesicht, Profil, eher niedrige Stirn
energischer, lebhafter Blick
Impulsive Energie, schnelles, voreiliges Handeln
Redegewandtheit, schnelles, teilweise hastiges, unaufhörliches Sprechen
Ehrgeiz und Begeisterungsfähigkeit
große Ziele und Pläne
Tendenz zu Überstürzung und Ablenkbarkeit
Neigung zu Kopf- und Zahnschmerzen, Schlaflosigkeit
Beeinträchtigung der Augen und des Gehörs

Aszendent Löwe:

athletischer Körperbau, kräftige Erscheinung
markante Kopfform mit ausgeprägter Gesichtsbildung
helle, gut durchblutete Haut
energischer Augenausdruck
bei Männern oftmals buschige Augenbrauen
würdevolles, souveränes Auftreten
steht gern im Mittelpunkt, braucht Bewunderung und Anerkennung
möchte etwas darstellen und wichtig sein
ist von sich überzeugt, übersteigertes Selbstbewußtsein, Stolz
großzügige Einstellung, kreativer Selbstausdruck
starke Vitätlität, aber Neigung zu Herz- und Kreislaufbeschwerden
Erkrankungen von Rückenmuskultur und Rückenmark

Aszendent Schütze:
athletischer Körperbau, sportliche Erscheinung
gute Haltung, große Beweglichkeit, Freude an Bewegung
kein markantes Profil, eher flacher Hinterkopf
hohe und breite Stirn
optimistische Lebenseinstellung
Bedürfnis nach gehobener Lebensführung
freundlich, interessiert, lebhaft, aufgeschlossen
ehrgeizige, hochgesteckte geistige Ziele
Geltungsdrang, will andere beeinflussen
starkes Mitteilungsbedürfnis
betrachtet vieles als selbstverständlich
Neigung zur Erkrankung der Atemwege, der Nerven, des Gehörs
und zu Hüftleiden

Erdzeichen am Aszendenten:
Diese Horoskop-Eigner überlegen, bevor sie sprechen, sind verstandesbetont, vernünftig und gründlich in ihren Handlungen, mitunter halten sie jedoch zu stark an ihrer Meinung fest und lassen es an Flexibilität mangeln.

Aszendent Stier:
Neigung zu kleiner bis mittelgroßer Statur
eher gedrungener, pyknischer Körperbau
kurzer, starker, etwas gedrungener Hals (»Stiernacken«)
schräge Kopfhaltung, breite asymmetrische Stirn
starke Erdverbundenheit und Festhalten an materiellen Werten
ausgeprägtes Sicherheitsbedürfnis
Ziele werden systematisch und planmäßig verfolgt
Gestaltungs- und Konstruktionswille aufgrund künstlerischer und
mathematischer Begabung
treu, sinnlich, gesellig, humorvoll
mitunter Neigung zu Bequemlichkeit, Hang zum Luxus
nimmt Dinge langsam und allmählich in Angriff
ruhig, schweigsam, beharrlich und eigensinnig
Neigung zu Hals-, Rachen- und Kehlkopfleiden

Aszendent Jungfrau:
eher unscheinbare Erscheinung mit guten Proportionen
zarte Gesichtszüge, heller Teint
hohe, glatte Stirn
kühle, mittelgroße Augen, denen nichts entgeht
Neigung zu Haarausfall (»Geheimratsecken«)
sehr sensibel, vorsichtig, zurückhaltend – kühl bis reserviert
gutes Urteilsvermögen
Neigung zu (Selbst-)Kritik und geistiger (Selbst-)Analyse – aber
auch zu Selbstgerechtigkeit
will Wissen produktiv und sinnvoll anwenden
soziale Einstellung, hilfsbereit
Aneignung von praktischen Erfahrungen
gründlich, behutsam und sorgfältig
ausgeprägter Ordnungssinn, Perfektionismus und Pedanterie
zu wenig Spontaneität und Flexibilität
Neigung zu Magen- und Darmerkrankungen

Aszendent Steinbock:
Körperbau entweder klein und pyknisch oder groß und dünn bzw.
knochig
eckige Kopfform mit leicht asymmetrischem Gesicht
breite, niedrige Stirn mit geradem Haaransatz
ernster, mitunter melancholischer Gesichtsausdruck
etwas steife, aber gerade Haltung
Selbstvertrauen und Selbstbeherrschung
verschlossen, energisch und ehrgeizig
ausdauernd, geduldig, zäh, gerecht, sparsam
praktische Fähigkeiten, geschäftstüchtig
mitunter Neigung zu Sprachschwierigkeiten (Stottern)
Streben nach Anerkennung und Macht
möchte Einfluß auf die Gesellschaft ausüben
deshalb für öffentliche Ämter prädestiniert
setzt Familientradition fort
Überwindung von Hindernissen wird als Herausforderung
betrachtet
Neigung zu Verdauungs- und Stoffwechselkrankheiten, Rheuma
und Gicht im Kniebereich

Luftzeichen am Aszendenten:
Diese Horoskop-Eigner besitzen eine schnelle Auffassungsgabe,
bemühen sich, objektiv zu denken und zu handeln, neigen jedoch
mitunter zur Oberflächlichkeit.

Aszendent Zwillinge:
asthenischer bis athletischer Körperbau
schlanke Figur mit nicht sehr ausgeprägter Muskelbildung
eher schmales Gesicht mit starker Mimik und lebhaften Augen –
langer Hals
lässige bis unruhige, leicht nervöse Haltung
beim Gehen ist der ganze Körper in Bewegung
lebhafter, anregender aber unruhiger, oftmals zwiespältiger
Charakter
starkes Mitteilungsbedürfnis, weitschweifend
Sprachbegabung, Rede- und Nachahmungstalent
Freude an Wortspielen, am Lernen, Lesen und Schreiben
interessiert, aufgeschlossen und neugierig
Neigung zur gedanklichen Zersplitterung
Begabung für alle kommunikativen Tätigkeiten
Neigung zu Nervenleiden, Neuralgien, sowie zu
Erkrankung der Bronchien, Lunge und des Rippenfells –
gelegentlich Arm- oder Beinbrüche

Aszendent Waage:
asthenischer bis athletischer Körperbau
Tendenz zur Gewichtszunahme in der zweiten Lebenshälfte
gut proportionierte Figur, gleichmäßige Gesichtszüge
Ausstrahlung von Schönheit und Eleganz (insbesondere bei
Frauen)
glatte Haare, empfindliche Haut
lebhaftes, geselliges, liebenswürdiges Wesen
höflich und zuvorkommend, freundlich und diplomatisch
eitel, selbstgefällig, anfällig für Schmeicheleien
Bedürfnis nach Sinnlichkeit, Schönheit und Harmonie
geht Auseinandersetzungen aus dem Wege, Abneigung gegen
alltägliche Schwierigkeiten
Anpassung aus Bequemlichkeit, um Ärger zu vermeiden

Wunsch nach Partnerschaft und Geselligkeit
Schwierigkeiten, allein zu sein
Interesse an Kunst, Musik, und Literatur, Ästhetik und Gestaltung
Neigung zu Stoffwechselkrankheiten und Nierenleiden

Aszendent Wassermann:
asthenischer Körperbau
oftmals groß, aber mit schlaffer Haltung, Schultern sind leicht nach
vorn geneigt
große lebhafte Augen, heller Teint
gute intellektuelle und praktische Fähigkeiten
Intuition, Zugang zum »Universellen Gesetz«
Interesse an Naturwissenschaften und Okkultismus, Astrologie
starker Freiheitsdrang, Unabhängigkeitsbedürfnis
Eigenbrötler, will sich nicht festlegen
um Objektivität bemüht, will sich nicht von Vorurteilen leiten
lassen
guter Menschenkenner
originelle Einfälle, oftmals mit Ideen der Zeit voraus
Neigung zu Erkrankungen der Atemwege, Lunge, des Blutkreis-
laufs, mitunter auch Augen- und Nierenleiden

Wasserzeichen am Aszendenten:
Das Denken dieser Horoskop-Eigner ist sehr gefühlsbetont.
Sie lassen sich von Gemütsregungen leiten und treffen Ihre
Entscheidungen rein intuitiv.

Aszendent Krebs:
eher klein und untersetzt, Neigung zu pyknischem Körperbau
etwas ungelenkig in der Haltung
rundliche Kopf- und Gesichtsform (»Mondgesicht«)
freundliche helle Augen, blasser Tein
starker Haarwuchs
sensibel bis überempfindlich, zurückhaltend
Neigung zu Komplexen oder Minderwertigkeitsgefühlen
braucht viel gefühlsmäßige Bestätigung und Geborgenheit
seelisch stark beeindruckbar, gefühlsbetont
lebhafte Phantasie, romantisch veranlagt
häuslich, mütterlich und fürsorglich

starke gefühlsmäßige Bindung an Familie und Heimat
gutes Gedächtnis, gefühlsmäßiger Zugang zur Vergangenheit
(Karma)
Neigung zu Stimmungsschwankungen, Launen
beharrliches Verfolgen der Ziele, Diplomatie
Neigung zu Magen-, Darm- und Stoffwechselstörungen, Rheuma

Aszendent Skorpion:
durchschnittlich groß mit Neigung zu gedrungenem pyknischem
Körperbau
markante Gesichtszüge, breite Stirn, ausgeprägte Wangenpartie
tiefliegende, oftmals kalte Augen mit durchdringendem Forscher-
blick
ausgeprägtes Profil mit auffallender Nase
starker Wille, Mut, Energie und Ausdauer
Entschlossenheit und Zielbewußtsein, Fleiß
gefühlsorientierte Vorlieben und Abneigungen
vergißt Kränkungen nie – Neigung zur Rachsucht
sehr temperamentvoll und leidenschaftlich
kritisch, mißtrauisch, leicht reizbar
starker Forscherdrang, ausgeprägter Spürsinn, will den Dingen auf
den Grund gehen
Interesse an Wissenschaft, Mystik, Okkultismus
Beschäftigung mit Leben und Tod, Wiedergeburt, Karma, Frage
nach dem Sinn des Lebens
Neigung zu Erkrankungen des Nierenbeckens, der Blase und der
Sexualorgane, Diabetes

Aszendent Fische:
nicht sehr groß mit Neigung zu pyknischem Körperbau
wirkt etwas kraftlos und empfindsam
relativ kleine, etwas hervorstehende Augen mit verträumtem Blick
blasser Teint, Grübchenbildung
hochsensibel, Einfühlungsvermögen, Intuition
Schwanken zwischen Heiterkeit und Melancholie
Neigung zu negativen Stimmungen und Depressionen
sentimental und träumerisch veranlagt
romantisch und phantasievoll
etwas realitätsfremd, fühlt sich oft unverstanden

mitunter etwas bequem oder faul
neigt zu Mitleid und Aufopferungsbereitschaft
läßt sich gefühlsmäßig ausnutzen, ist treu
schauspielerische Begabung, theatralisch, musikalisch
unterstützt Arme, hilft Kranken, wobei der soziale und religiöse
Aspekt eine Rolle spielt
praktische Fähigkeiten, Neigung zu Geheimnissen
unentschlossen, zurückhaltend, schüchtern
Neigung zu Erkältungen, Nervenleiden, Lungenkrankheiten,
Beschwerden mit den Füßen, Infektionskrankheiten,
Suchtgefahr

Bekannte Persönlichkeiten mit Merkur im 1. Haus

Ingrid Bergman	Schauspielerin	29.08.1915	Jungfrau
Leonard Bernstein	Dirigent	25.08.1918	Jungfrau
Alfred Biolek	Showmaster	10.07.1934	Krebs
Johannes Brahms	Komponist	7.05.1833	Widder
Bertolt Brecht	Schriftsteller	10.02.1898	Steinbock
Adriano Celentano	Sänger	6.01.1938	Steinbock
Charubel (John Thomas)	Okkultist	9.11.1826	Schütze
David Copperfield	Magier	16.09.1956	Waage
Caspar David Friedrich	*Maler*	*5.09.1774*	*Löwe**
Günter Grass	Schriftsteller	16.10.1927	Skorpion
Julius Hackethal	Arzt	6.11.1921	Skorpion
Grace Kelly	Schauspielerin	12.11.1929	Skorpion

---

* Horoskop-Analyse auf den folgenden Seiten

Caspar David Friedrich – Merkur im 1. Haus Löwe

Caspar David Friedrich war der bedeutendste Maler der Romantik. Er wurde am 5. September 1774 um 2.36 MEZ in Greifswald* als sechstes von insgesamt zehn Kindern eines Kerzengießers und Seifensieders geboren. Caspar David verlebte eine schwere Kindheit, denn er wurde schon früh mit dem Tod konfrontiert, was sich später in seiner Malerei widerspiegelte. 1781 starb seine Mutter, ein Jahr später folgte seine jüngste Schwester, und 1787 ertrank sein Bruder Christopfer vor seinen Augen, als dieser Caspar David beim Schlittschuhlaufen vor dem Einbruch ins Eis retten wollte.

Sehen wir uns das Radix-Horoskop an, fällt uns die starke Besetzung der Osthälfte, insbesondere des 1. Quadranten mit **Merkur am Löwe-Aszendenten** auf, der eine ablaufende **Konjunktion** mit dem **Mond im 1. Haus Jungfrau** bildet. **Mit dieser Konstellation nahm Caspar David Friedrich seine Umgebung sicher bewußt**

---

* Hans-Hinrich Taeger: Internationales Horoskope-Lexikon, Freiburg 1992, S. 588

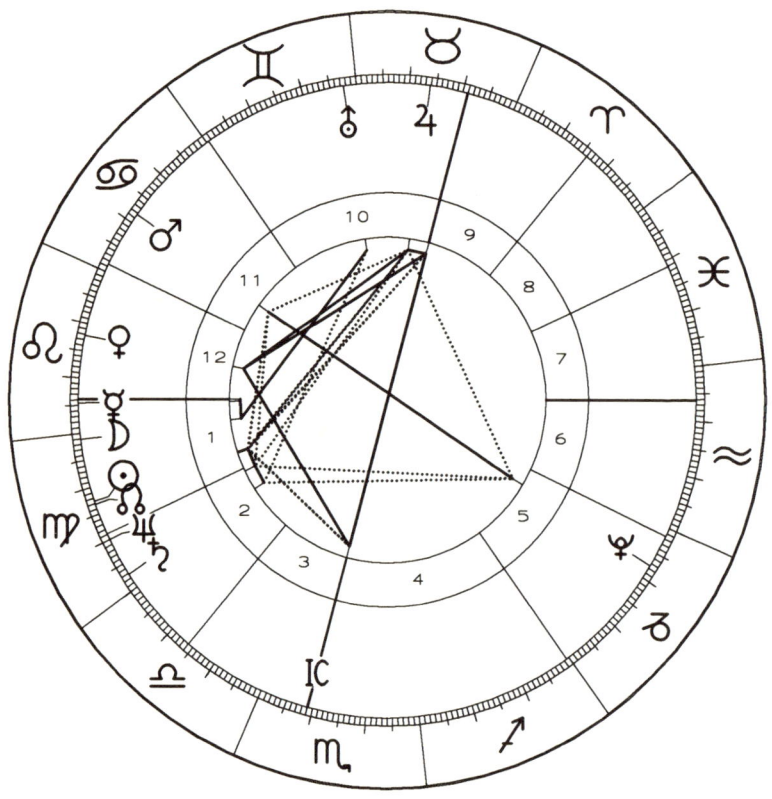

Caspar D. Friedrich	
Greifswald 13°22'44"O 54° 5'49"N	5. 9.1774 2:36: 0 GMT

<table>
<tr><td>GOH</td><td></td><td>♄ :27°11'♍</td></tr>
<tr><td>AC :23°49'♌</td><td>☉ :12°31'♍</td><td>⚷ : 2°25'♓</td></tr>
<tr><td>2:18°51'♍</td><td>☽ : 1° 8'♍</td><td>♅ :19°59'♍</td></tr>
<tr><td>3:14° 2'♎</td><td>☿ :24°33'♌</td><td>♆R:22°34'♐</td></tr>
<tr><td>MC : 9° 2'♉</td><td>♀ :12°10'♌</td><td>☊R:13° 5'♍</td></tr>
<tr><td>11:29°33'♉</td><td>♂ :18°12'♋</td><td>ICR: 9° 2'♏</td></tr>
<tr><td>12:28°34'♋</td><td>♃ :16° 8'♉</td><td></td></tr>
</table>

104

wahr, wollte als Autorität anerkannt werden und versuchte, alles über den Intellekt zu steuern. Seiner Aufmerksamkeit dürfte so leicht nichts entgangen sein. Die spannungsreich aspektierte Mond-Merkur-Konjunktion läßt jedoch darauf schließen, daß seine Gefühle stärker waren als der Verstand und die Vernunft, und Caspar David Friedrich sehr emotional und empfindlich auf die Verhaltensweisen seiner Mitmenschen reagiert haben dürfte, obwohl er diese durchaus rational erfassen konnte. Außerdem wird durch diese Konstellation eine Persönlichkeit geprägt, die stark von Gefühlen, frühkindlichen Erlebnissen und Familienangelegenheiten beeinflußt wurde und zudem eine starke Mutterbindung gehabt haben dürfte (Mond als Herrscher des 12. Hauses im 1. Haus).

Die starke Merkurbetonung des 1. Hauses läßt darauf schließen, daß Caspar David Friedrich sicher zu einer überkritischen Haltung neigte und unwichtige Dinge mitunter überbewertet haben dürfte.

Trotz seines Löwe-Aszendenten, der auf eine stolze, selbstbewußte und egoistische Persönlichkeit schließen läßt, war Caspar David Friedrich eher überempfindlich, scheu und melancholisch (Sonne und Mond im 1. Haus Jungfrau). Eine Tendenz zu Minderwertigkeitsgefühlen dürfte sich bemerkbar gemacht haben, auch wenn er mit Merkur am Aszendenten von der Richtigkeit seiner Meinung überzeugt war und Schwierigkeiten hatte, den gutgemeinten Rat anderer anzunehmen.

Merkur Konjunktion Mond Quadrat Uranus gibt einen zusätzlichen Hinweis auf sein labiles Seelenleben, seine schwachen Nerven, auf seine Neigung zu plötzlichen Stimmungsschwankungen, zur Unberechenbarkeit und auf seine Verstrickung in unglückliche Umstände. Er dürfte zwar geistig sehr rege gewesen sein, aber zu exzentrischen Handlungen geneigt haben. Seine Ideen, von denen er sich kaum abbringen ließ, dürften mit Merkur Quadrat Uranus oftmals einer realistischen Grundlage entbehrt haben.

Seit seiner Kindheit lastete eine schwere Verantwortung auf ihm – Merkur Quincunx Pluto und Merkur Halbsextil Saturn – denn der Tod seines Bruders rief Schuldgefühle in Caspar David Friedrich hervor und überschattete sein ganzes Leben. Er war eine der Ursachen für Friedrichs schwere Depressionen. Nach dem Tod seines Bruders soll er laut Biografie auch mit dem Zeichnen begonnen haben. Später setzte er sich in seinen Bildern immer wieder mit dem Tod auseinander. Friedrich sah in den natürlichen Formen wie Felsen, Land, Wasser und Wolken den ewigen Wandel zwischen dem Werden und Vergehen, der dem menschlichen Empfinden und dem Rhythmus des Lebens sehr ähnlich ist.

Die Sonne-Neptun-Konjunktion macht eine Neigung zur Flucht in eine Phantasiewelt und Caspar Davids Begabung für Kunst, Poesie und Musik deutlich. Pluto im 5. Haus Steinbock, als Herrscher vom 4. Haus, verstärkt seine Kreativität und seine Inspiration auf einer höheren Bewußtseinsebene, die in heimatlicher Umgebung in Form einer künstlerischen Tätigkeit zum Ausdruck kommen muß. Friedrich liebte die Natur, insbesondere Bäume, und begann, Dinge und Stimmungen der Natur hintergründiger zu betrachten als seine Mitmenschen. Seinem starken gefühlsmäßigen Erleben der Natur – angezeigt durch Venus Quadrat Jupiter – und seinem Hang zu Religion und Metaphysik entsprang der Wunsch, Maler zu werden. Er gab seinen Bildern eine mystisch-religiöse Bedeutung (geschlossenes Trigon zwischen Jupiter, Neptun und Pluto) und setzte sich in seinen Gemälden intensiv mit dem Tod auseinander.

Die spannungsreich aspektierte Venus, gleichzeitig Herrin vom 3. und vom 10. Haus, befindet sich im 12. Haus Löwe im Quadrat zu Jupiter und MC/IC. Mit Venus im 12. Haus hatte Caspar David Friedrich eine Vorliebe für ein Leben in der Stille und Zurückgezogenheit, denn er sagte einmal von sich selbst, er müsse allein bleiben und wissen, daß er allein ist, um die Natur vollständig zu sehen und zu fühlen. Er brauche die Einsamkeit für das Gespräch mit der Natur. Caspar David Friedrich war leicht zu verletzen und wurde stark von seinem Unterbewußtsein beeinflußt, das sein Verhalten steuerte, aber auch rege Phantasie und schöpferische Inspiration hervorbrachte. Durch das Quadrat von Venus und Jupiter dürfte er eine Neigung zu Übertreibungen in seiner künstlerischen Tätigkeit und Schwierigkeiten gehabt haben, Beruf und Familienleben miteinander zu vereinbaren, deren Ursache wahrscheinlich aus dem frühen Verlust der Mutter resultierte (Quadrat von Venus auf MC/IC). Merkur am Aszendenten spricht für gute geistige Anlagen, Auseinandersetzungen mit der Umwelt und der Umgebung. Caspar David Friedrich erhielt zwar seit seinem 14. Lebensjahr Zeichenunterricht, studierte aber erst relativ spät von 1794-1798 an der Kunstakademie in Kopenhagen. Dort bekam er entscheidende Impulse für sein Schaffen und eine solide Grundlage für seine meisterhafte Zeichen- und Maltechnik. Zu der Zeit beschäftigte er sich intensiv mit den geistigen Strömungen der Frühromantik, denen er sein Leben lang treu blieb. **Merkur am Aszendenten weist auch darauf hin, daß Caspar David Friedrich in Gedanken stark mit seiner Heimat verbunden war und diese tatsächlich nur selten verlassen hat.**

Mars im 11. Haus Krebs läßt auf starke Freunde schließen, die Caspar David Friedrich unterstützten und gesellschaftlich förderten, was durch Mars Sextil Sonne und Mondknoten sowie durch Mars Sextil Jupiter im 10. Haus angezeigt wird. Er verkehrte in Dresden mit führenden Vertretern des kulturellen Lebens. Runge, Carus, Tieck, Brentano und Kleist schätzten ihn sehr. Goethe verhalf ihm wegen seiner genialen Sepiablätter zum Preis der Weimarer Kunstfreunde, ohne jedoch die wahre Qualität seiner Gemälde zu erkennen.

In den Jahren 1808-1818 wuchs das Ansehen Caspar David Friedrichs beachtlich. Seine Werke gelangten an die Höfe von Weimar, Berlin und Petersburg. 1810 wurde er Mitglied der Berliner Akademie, 1816 der Dresdener Akademie. 1824 wurde er vom König von Sachsen zum außerordentlichen Professor ernannt.

Die Sonne als Herrscherin vom Aszendenten im Trigon zu Jupiter und MC weist unter anderem auf eine positive Lebenseinstellung, verbunden mit der Fähigkeit, die Mitarbeit anderer Menschen zu gewinnen, hin, die in Verbindung mit Jupiter Trigon Pluto zu Glück, Erfolg und Berühmtheit führt. Das Sextil von Sonne und Mars verleiht Caspar David Friedrich Willenskraft, Entschlossenheit und Energie zur Durchführung und Verwirklichung seiner Vorhaben, die auch seine finanzielle Situation begünstigt haben dürften (Mars Sextil Jupiter), da Caspar David Friedrich seine Arbeit sicher mit Begeisterung ausgeführt und nicht so schnell aufgegeben hat.

Durch seine Mitgliedschaft an der Dresdener Akademie konnte Friedrich seine finanzielle Lage tatsächlich etwas verbessern, aber die ersehnte Berufung ins Lehramt, die er als Sicherung seiner Existenz anstrebte, wußte man geschickt zu verhindern, denn Friedrich pflegte intensive Kontakte zu dem als Demagogen bekannten Ernst Moritz Arndt und machte aus seiner politischen Gesinnung kein Hehl. Er war ein starker Gegner Napoleons und der ihm wohlgesonnenen deutschen Fürsten, was auch in einigen Werken Friedrichs zum Ausdruck kam. Seine Lebensziele, symbolisiert durch das Stier-MC, standen nicht im Einklang mit der Gesellschaftsordnung, denn die Venus, die Herrscherin vom MC, bildet ein Quadrat zum MC aus dem 12. Haus Löwe. Friedrichs Empfindungen scheinen stärker gewesen zu sein als seine Persönlichkeit, die durch die harmonisch aspektierte Sonne zum Ausdruck kommt. Mit dem stolzen Löwe-Merkur am Aszendenten und der Mars-Pluto-Opposition fiel es ihm schwer, Kompromisse zu schließen und Zugeständnisse zu machen. Die Tendenz, ein Opfer kollektiver Macht zu werden, zeichnete sich ab. Obwohl Caspar David Friedrich mit Jupiter Trigon Pluto einen Glauben hatte, der Berge versetzen konnte und intuitive Einsicht in das Wirken der kosmischen Gesetze gehabt haben dürfte, worauf Saturn Trigon Uranus hinweist, zog er sich aus dem offiziellen Kunstleben enttäuscht zurück (Sonne Konjunktion Neptun).

Mit dem Venus-Jupiter-Quadrat hatte er vieles für selbstverständlich gehalten und wohl übertriebene Erwartungen an die Gesellschaft gestellt. Bisher waren Caspar David Friedrichs Bilder, die durch seine rege, grenzenlose Phantasie und seinen Hang zur Metaphysik (Jupiter Trigon Neptun) geprägt waren, berühmt und begehrt, doch nun stießen sie zunehmend auf Ablehnung. 1830 änderte sich der Kunstgeschmack vollständig. Landschaftsdarstellungen der Düsseldorfer Schule wurden denen Friedrichs vorgezogen, worunter dieser sehr litt.

Seine Depressionen wurden stärker, seine wirtschaftliche Not immer größer. 1835 erlitt Caspar David Friedrich seinen ersten Schlaganfall, seine rechte Hand war gelähmt, und er konnte nicht mehr arbeiten. 1837 folgte der zweite Schlaganfall, und 1840 starb er am 7. Mai im 66. Lebensjahr in großer Armut in Dresden.

Caspar David Friedrich versuchte, der Kunst ihre Beziehung zum Ganzen wiederzugeben, indem er reine Empfindung zum Gesetz der künstlerischen Schöpfung erklärte. Die wahre Größe seiner Kunst bestand darin, die Natur und das natürliche Empfinden der nicht vorhandenen Einheit von Realität und Vorstellung entgegenzustellen.

Merkur im 2. Haus

Das 2. Haus entpricht den Zeichen Stier. Sein Herrscher ist Venus. Das 2. Haus ist das »Haus des Besitzes«. Es sagt etwas über die materiellen Werte, die wir zum Leben brauchen aus. Hier erfahren wir etwas über das Einkommen, die Art des Geldverdienens und über unser Selbstwertgefühl.

Mit Merkur im 2. Haus ist das Denken auf materielle Werte ausgerichtet. Horoskop-Eigner mit dieser Merkur-Position streben eine höhere Bildung an, um später ein gehobenes Einkommen zu erzielen, denn mit ihren gut geplanten und durchdachten Handlungen wollen sie finanzielle Erfolge erzielen. Sie können geschickt mit Finanzen umgehen, sind in allen Bereichen geschäftstüchtig, die mit Kommunikationsmedien (Bücher – Zeitschriften – Rundfunk – Fernsehen – Telekommunikation) sowie mit Transport und Verkehr zu tun haben. Ihre Redegewandtheit und ihr Verhandlungsgeschick befähigen sie zu fruchtbaren Kontakten mit Banken. Aber auch in Berufen wie Buchhalter, Verleger, Schriftsteller und Bibliothekar können sie finanzielle Gewinne erzielen.

Bei *spannungsreicher Aspektierung* besteht die Gefahr, daß man zu einseitigen materiellen Ansichten neigt und zu sehr auf die Anhäufung von Geld und Besitz bedacht ist. Karrieresucht und Extravaganz könnten sich bemerkbar machen.

Elemente an der Spitze des 2. Hauses mit Merkur im 2. Haus

Erde (Stier – Jungfrau – Steinbock) oder Konjunktion Venus:
Schönheits- und Formensinn, Gefühl für Ästhetik. Es dauert etwas länger, bis man aus Erfahrungen lernt.

Luft (Zwillinge – Waage – Wassermann):
Oftmals sind verschiedene Einkommensquellen vorhanden. Durch Geschicklichkeit und Einflußreichtum können diese Horoskop-Eigner Vorteile erzielen.

Wasser (Krebs – Skorpion – Fische):
Die Tätigkeit in einem sozialen Beruf ist sehr begünstigt. Mit ihren Finanzen gehen diese Hosorkop-Eigner eher gefühlsmäßig als berechnend um.

Feuer (Widder – Löwe – Schütze):
Horoskop-Eigner mit dem Feuerelement an der Spitze des 2. Hauses setzen ihre ganze geistige Energie und Aktivität zur Sicherung der Finanzen und zum Geldverdienen ein.

Bekannte Persönlichkeiten mit Merkur im 2. Haus

Julie Andrews	Schauspielerin	1.10.1935	Jungfrau
Ewald Balser	Schauspieler	5.10.1898	Waage
Simone de Beauvoir	Schriftstellerin	9.01.1908	Steinbock
Anton Bruckner	Komponist	4.09.1824	Waage
Rudi Carrell	Showmaster	19.12.1934	Schütze
Agatha Christie	Schriftstellerin	15.09.1890	Waage
Charles de Gaulle	Politiker	22.11.1890	Schütze
Uri Geller	Parapsychologe	20.12.1946	Schütze
Hugo v. Hofmannsthal	Schriftsteller	1.02.1874	Wassermann
Curd Jürgens	Schauspieler	13.12.1915	Schütze
Immanuel Kant	*Philosoph*	*22.04.1724*	*Widder**
Edith Piaf	Sängerin	19.12.1915	Schütze

---

* Horoskop-Analyse auf den folgenden Seiten

Immanuel Kant – Merkur im 2. Haus Widder

Immanuel Kant wurde am 22. April 1724 um 1.39 GMT in Königsberg* als viertes von elf Kindern eines Riemenmeisters geboren.

Im 2. Haus seines Geburts-Horoskops finden wir die Sonne im Zeichen Stier, Mond und Merkur in Konjunktion im Zeichen Widder. **Merkur Konjunktion Mond spricht für gesunden Menschenverstand. Bewußtsein und Unterbewußtsein, Geist und Seele stehen miteinander in Einklang. Starke, temperamentvolle Gefühle, ein aktiver, selbstbewußter Geist und ehrgeizges, entschlossenes Denken kommen hier impulsiv und spontan zum Ausdruck. Merkur ist Herrscher vom 4. Haus und Mitherrscher vom 7. Haus. Kant widmet sich seinen Interessen in vertrauter Umgebung, seinem Zuhause (4. Haus), und betreibt mit anderen Menschen (7. Haus) regen Gedankenaustausch. Das Geistige spielt für seine Selbstbestätigung eine wichtige Rolle,** denn auch die Sonne befindet sich im 2. Haus und ruft mit der Stierfärbung ein großes Bedürfnis

---

* Hans-Hinrich Taeger: Internationales Horoskope-Lexikon, S. 833

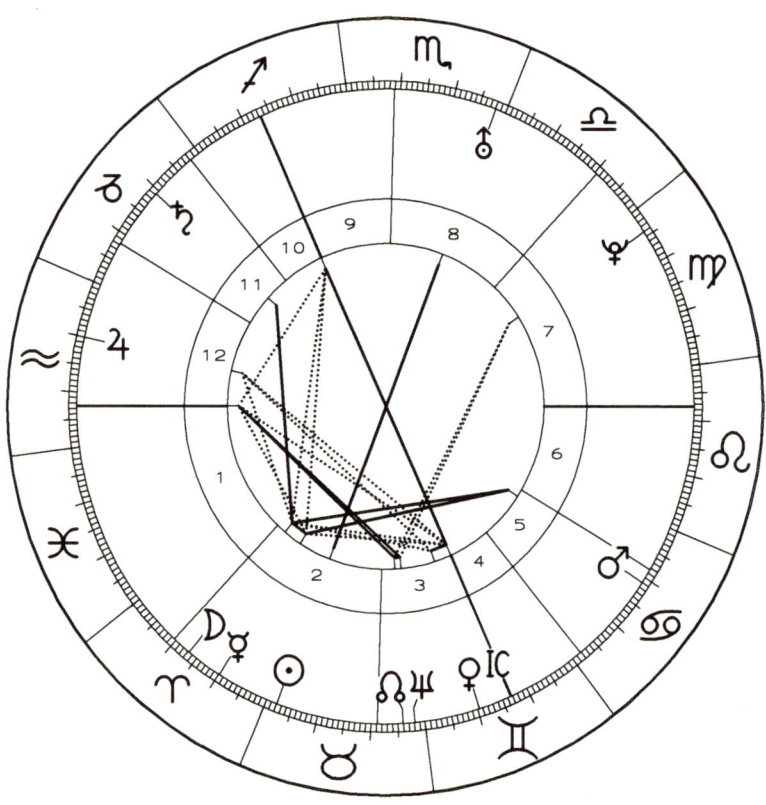

Immanuel Kant	
Königsberg 20°32' 0"O 54°42' 0"N	22. 4.1724 1:39: 0 GMT

GOH			
AC :22°33' ≈	☉ : 2° 3' ♉	♄R:10°46' ♉
2: 9°34' ♈	☽ :13°14' ♈	♂R: 1°55' ♏
3:21° 9' ♉	☿ :20° 7' ♈	♅R:28° 9' ♉
MC :16°43' ♐	♀ :10°23' ♊	♆ :25°55' ♍
11: 1°53' ♑	♂ :18°57' ♋	☊R:25°55' ♉
12:21°43' ♑	♃ :10° 3' ≈	IC R:16°43' ♊

nach materieller und gefühlsmäßiger Sicherheit hervor. Die Sonne bildet eine Opposition mit Uranus, dem Herrscher des Aszendenten Wassermann im 8. Haus Skorpion. Einerseits kommen durch diesen Aspekt starker Unabhängigkeitsdrang, die Neigung zu exzentrischem Verhalten und zu Nervosität, übersteigerte Sensibilität und Ungeduld zum Ausdruck. Andererseits weist diese Konstellation auch darauf hin, daß Kant mit seinen Ideen seiner Zeit vorausgeeilt sein dürfte, fortschrittlich bis revolutionär eingestellt war, seine Vorstellungen aber nicht immer realisieren konnte. Daß die Sonne auch ein Trigon zu Saturn im 11. Haus bildet, weist darauf hin, daß Kant eine umsichtige, praktisch veranlagte Persönlichkeit gewesen sein dürfte, die ihre Ziele zwar mit Selbstdisziplin, Ausdauer und hartem Arbeitseinsatz erreichte, ohne dabei ein Risiko einzugehen, dabei aber immer zwischen Tradition und Fortschritt hin- und hergerissen gewesen sein dürfte.

Saturn bildet ein Quadrat mit der Merkur-Mond-Konjunktion im 2. Haus: Eine pessimistische Lebenseinstellung aufgrund von mangelndem Selbstvertrauen, Minderwertigkeitskomplexe und die Neigung zu Depressionen können sich bemerkbar machen. Außerdem sind die geistigen Ausdrucksmöglichkeiten eingeschränkt. Kant soll angeblich außer für Philosophie keine weiteren Interessen und Begabungen gehabt haben. Saturn im 11. Haus weist auf Zurückhaltung in Freundschaften hin, die aus Angst vor Enttäuschung auf Distanz gehalten werden.

Laut seiner Biographie* war Kant ungefähr 157 Zentimeter groß. Da er sehr schmächtig war, mußte er sich seine Kleidung mitunter feststecken, damit er sie nicht verlor. Er war äußerst sensibel und anfällig, fand aber einen Weg, seine schwache Konstitution psychologisch zu behandeln, indem er sie intensiv beobachtete und mit seinem starken Willen verdrängte (Mond Quadrat Mars).

Da er aus keinem reichen Elternhaus stammte, war er gezwungen, sich durch eigene Sparsamkeit ein kleines Vermögen zu schaffen, worauf die Sonne im 2. Haus Stier im Trigon zu Saturn hinweist, denn »Unabhängigkeit von jedermann war das Fundament, auf dem sein inneres Glücksgefühl erwuchs, ein Gefühl der Frei-

---

* Uwe Schultz: Kant, Reinbek 1994

heit und Rechtschaffenheit, das allein möglich wurde durch Sparsamkeit und Regelmäßigkeit, mit denen er seine ökonomischen Verhältnisse in Ordnung hielt.«*

Mit Ausdauer, Disziplin und einem ausgeprägten Gewohnheitssinn erarbeitete sich Kant seine berufliche Karriere. Schon in der Schule war er Klassenbester. Als er 1740 auf Wunsch seiner Mutter mit dem Theologiestudium begann, wurde er zum erstenmal mit den Fächern Philosophie, Mathematik und Naturwissenschaft konfrontiert, und er entschloß sich, wissenschaftlicher Lehrer zu werden (Jupiter als Herrscher vom MC Schütze im 12. Haus Wassermann harmonisch aspektiert). Seinen Lebensunterhalt verdiente er sich als Hauslehrer, promovierte und wurde anschließend Privatdozent. Erst mit 42 Jahren bekam er seine erste feste Anstellung als Unterbibliothekar an der Königlichen Schloßbibliothek. 1770 erreichte er als akademischer Lehrer mit der ordentlichen Professur an der Universität seine höchste berufliche Stufe.

Kant unterwarf seinen Tagesablauf einer pedantischen Ordnung, die er grundsätzlich einhielt und bei der er jede Veränderung ablehnte. Dazu zählten auch seine Debatten mit Bekannten, die er zu sich zum Essen einlud. **Kant war durch seine Art der Unterhaltung beliebt, doch er reagierte sehr wütend, wenn jemand seine philosophischen Themen bei Tisch zum Anlaß für Diskussionen nahm. Mit Merkur Quadrat Mars hatte Kant seine eigene Meinung in bezug auf die Philosophie und scheute sich nicht davor, diese öffentlich zu vertreten, was auch in seinen Abhandlungen zum Ausdruck kam.**

Kant war ein hervorragender Redner (Merkur Trigon MC); seine Vorlesungen wurden immer gut besucht, denn er las nicht, wie damals üblich, nur aus Lehrbüchern vor, sondern nahm den Lehrstoff als Anregung für eigene Ausführungen. Sein Ziel war es nicht, »Philosophie als lernbare Materie zu übermitteln, sondern zu philosophieren und zu dieser Tätigkeit eine Anleitung zu geben. In concreto geschah es in der Weise, daß er nicht Resultate mitteilte, sondern sich vielmehr selbst an die Untersuchung machte, eine wissenschaftliche Operation vollzog, allmählich die richtigen Begriffe herausarbeitete, mit ihnen seine Tätigkeit des Denkens und

---

* Uwe Schultz: Kant, S. 49

Demonstrierens begann und so mehr auf den Weg als auf das Ziel der Gedanken achtete.«*

Mit Merkur Quadrat Mars und Merkur Trigon MC gelang es Kant immer wieder, seine Zuhörer durch seine lebendigen Vorträge zu fesseln. Obwohl er Königsberg nie verlassen hat, war er dennoch in der Lage – aufgrund intensiver Reiselektüre – andere Länder und Gegenden so phantasievoll und beeindruckend zu beschreiben als wäre er selbst dort gewesen, was durch Mond Sextil Jupiter als Herrscher vom MC zum Ausdruck kommt.

Die Merkur-Mond-Konjunktion im Sextil zum Aszendenten fördert nicht nur die geistige Selbstdarstellung und die Art wie man sich gut mit anderen unterhalten und ihnen seine Weltanschauung verdeutlichen kann, sondern auch die Zusammenarbeit mit Kollegen und der Öffentlichkeit. Anerkannte Projekte können verwirklicht werden.

Merkur Konjunktion Mond im Trigon zum MC bescheinigt Vorliebe fürs Schreiben und für Fachbeiträge. Kant dürfte einen guten Draht zur Öffentlichkeit, zum Publikum und zu einflußreichen Persönlichkeiten gehabt haben, von denen er sehr geschätzt wurde. Durch diese Aspekte ist die Grundlage für seinen beruflichen Erfolg gegeben.

Das Sextil von Mond und Venus sorgt für eine charmante Ausstrahlung und Geschick in gesellschaftlichen Beziehungen.

Tatsächlich hatte Kant immer guten Kontakt zur Regierung, insbesondere zum Kultusminister von Zedlitz, der sogar an seinen Vorlesungen teilnahm. Die preußische Regierung nahm es ihm nicht übel, daß er die Professur für Dichtkunst ablehnte.

Statt dessen teilte der Justizminister öffentlich mit, »daß er den begabten Gelehrten weiter im Auge habe und gefördert sehen wolle«.**

»Begünstigt war sein Auftreten in der Gesellschaft durch die Gabe der leichten, geistreichen und gefälligen Unterhaltung, ein Vorzug, der ihn zu einem der begehrtesten Gesellschafter Königsbergs machte, auch als er noch nicht als philosophischer Autor berühmt war. Ernst und Witz, selbst Satire, doch ohne verletzende

---

* Uwe Schultz: Kant, S. 29
** Uwe Schultz: Kant, S. 22

Schärfe, standen ihm zu Gebote, wobei sein Humor die Gefahr eines professoralen Vortrags vermied, so daß er zum bevorzugten Gesprächspartner der Frauen wurde, mit denen er auch gewandt und überaus sachkundig über die Probleme der Küche zu plaudern wußte.«[*]

Dennoch wird Kant als wenig vertrauensvoll (Mond Quadrat Saturn) beschrieben. Seinen Mitmenschen gegenüber war er sehr distanziert. Ein echtes Vertrauensverhältnis verband ihn nur mit seinem Lehrer Knutzen, der ihn auf die physikalischen Forschungen Isaac Newtons hingewiesen hatte, und mit seinem Biographen Wasianski. Mit dem spannungsreich aspektierten Saturn im 11. Haus in Trigon zur Sonne hatte Kant wenige echte, dafür aber sehr tiefe Beziehungen zu seinen Freunden, zu denen nicht nur Gleichgesinnte, sondern auch ein Kaufmann und ein Bankdirektor gehörten.

Merkur Konjunktion Mond weist außerdem auf eine gute Beziehung zu Frauen und zur Mutter hin, in der es durch das Quadrat zu Saturn jedoch an Gefühlen gemangelt haben dürfte. Seine Mutter sorgte für die Erziehung Kants, indem sie die Verbindung zu den entsprechenden Lehrern herstellte. Geheiratet hat Kant jedoch nie, obwohl er laut seiner Biographie einige Frauenbekanntschaften gehabt haben soll.

---

[*] Uwe Schultz: Kant, S. 51

Merkur im 3. Haus

Das 3. Haus entspricht dem Zeichen Zwillinge. Sein Herrscher ist Merkur.

Das 3. Haus – auch »**Haus der Kommunikation und Gedanken**« genannt – zeigt an, was für ein Verhältnis wir zur Kommunikation, zum Geistigen, zum Lernen, zu Geschwistern, Verwandten und Nachbarn haben. Es sagt auch etwas über unser praktisches Alltagsdenken aus und läßt erkennen, wie wir unsere Lebenserfahrungen verarbeiten.

Das 3. Haus wird mit Begriffen wie Schreiben, Zeitung, Zeitschriften, Bücher, Briefe, Kommunikation, Telefon, Fernsehen, Radio, Sprache, Verständigung, Informationen, Gedanken, Bildung, Weisheit, kurze Reisen, kleine Ortsveränderungen, Kontakte, Geschwister, Verwandte, Nachbarn, Kollegen in Verbindung gebracht.

Dieses Haus gibt Aufschluß über unser geistiges Bewußtsein, unser geistiges Erbgut und darüber, wie wir Dinge beurteilen und welche Entscheidungen wir fällen, wie wir Informationen verarbeiten und weitergeben oder worauf wir unser Augenmerk und unsere seelische Energie richten. Unsere Gedanken, die auch unsere Einstellung bewirken, entscheiden darüber, ob wir uns das Leben leicht oder schwer machen.

Horoskop-Eigner mit Merkur im 3. Haus haben einen enormen Wissensdrang, lesen viel und können ihr Wissen praktisch anwenden. Sie sind ideenreich, haben wissenschaftliche und literarische Fähigkeiten sowie eine schnelle Auffassungsgabe. Diese Merkurstellung läßt auf gewandte Redner schließen, die sich durch Originalität und geistige Beweglichkeit auszeichnen. Sie telefonieren und schreiben gern, sind sehr kontaktfreudig und haben eine Vorliebe für Besuche und Ortsveränderungen.

Bei *harmonischer Aspektierung* werden Erfolge auf intellektuellem Gebiet erzielt, da die Fähigkeit, Neigungen richtig einzusetzen, sehr ausgeprägt ist.

Bei *spannungsreicher Aspektierung* besteht die Neigung zu Eigensinn, Einseitigkeit, Unaufrichtigkeit und Indiskretion. Konflikte, Diskussionen und Mißgeschicke treten häufig auf. Verträge und Vereinbarungen können platzen oder Probleme bereiten.

Elemente an der Spitze des 3. Hauses mit Merkur im 3. Haus

Luft (Zwillinge – Waage – Wassermann) oder Konjunktion Merkur:

Diese Horoskop-Eigner wirken etwas nervös, sprechen schnell und haben eine rasche Auffassungsgabe. Mit der Spitze des 3. Hauses in einem Luftzeichen haben sie Feude an Unterhaltung, Reisen und Veränderungen. Ihr Verhalten ist mitunter etwas widersprüchlich und unzuverlässig, denn aufgrund ihrer schwankenden Einstellung sagen sie das eine und tun das andere. Sie haben den Wunsch nach intellektueller Abwechslung, denn sie sind neugierig und erfinderisch.

Wasser (Krebs – Skorpion – Fische):

In der Unterhaltung reagieren diese Horoskop-Eigner sehr sensibel, denn sie ahnen die Gedanken und spüren die Stimmungen ihrer Mitmenschen. Das befähigt sie, sich auf andere einzustellen und sich ihren Gesprächspartnern anzupassen.

Feuer (Löwe – Schütze – Widder):

Horoskop-Eigner mit der Spitze des 3. Hauses in einem Feuerzeichen haben die Neigung zu temperamentvoller Meinungsäußerung und beharren auf dem eigenen Standpunkt. Sie kommen mit ihrer direkten Ausdrucksweise ohne große Umschweife sofort zum Thema und lassen sich nur schwer von einer gegenteiligen Meinung überzeugen.

Erde (Stier – Jungfrau – Steinbock):

Realistische und praktische Ideen werden von diesen Horoskop-Eignern umgesetzt, ohne groß darüber zu reden. Sie überlegen sich dafür aber sehr gründlich, was sie sagen.

Bekannte Persönlichkeiten mit Merkur im 3. Haus

Rainer Barzel	Politiker	20.06.1924	Zwillinge
David Bowie	Musiker	8.01.1947	Steinbock
Albert Camus	Schriftsteller	7.11.1903	Schütze
Walt Disney	Filmproduzent	5.12.1901	Skorpion
Heinrich von Kleist	Dichter	18.10.1777	Waage
Karl Marx	*Philosoph*	*5.05.1818*	*Zwillinge**
Edgar Allan Poe	Schriftsteller	19.01.1809	Steinbock
Giacomo Puccini	Komponist	22.12.1858	Steinbock
Luise Rinser	Schriftstellerin	30.04.1911	Stier
Romy Schneider	Schauspielerin	23.09.1938	Waage
Georges Simenon	Schriftsteller	12.02.1903	Wassermann
Oscar Wilde	Schriftsteller	16.10.1854	Skorpion

* Horoskop-Analyse auf den folgenden Seiten

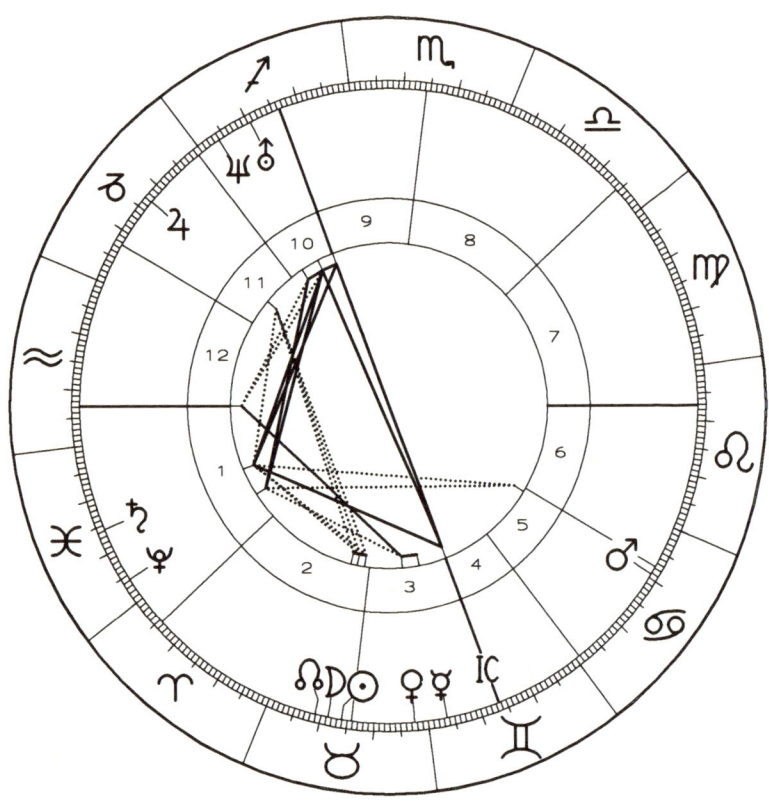

Karl Marx	
Trier 6°38'39"O 49°45'30"N	5. 5.1818 1:33: 0 GMT

GOH			♄ :15°47' ♓
AC :22°51' ≈	☉ :13°56' ♉	♅ᴿ:19°31' ♐	
2: 5°32' ♈	☽ :11°16' ♉	♆ᴿ:26° 9' ♐	
3:15°49' ♉	☿ : 3°38' ♊	♇ :25°55' ♓	
MC :13°37' ♐	♀ :27°31' ♉	☊ᴿ: 8°49' ♉	
11: 0°47' ♑	♂ :20°47' ♋	IC :13°37' ♊	
12:22°15' ♑	♃ᴿ:12°56' ♑		

120

Karl Marx – Merkur im 3. Haus Zwillinge

Karl Heinrich Marx wurde am 5. Mai 1818 in Trier laut Geburtsurkunde um 2.00 Uhr morgens (Ortszeit) als Sohn eines Rechtsanwalts geboren. Marx' Vorfahren waren Rabbiner.

Beim Betrachten seines Horoskops finden wir alle Planeten außer Mars auf der östlichen Hälfte. Davon ist der 1. Quadrant mit sechs Planeten stark besetzt: Saturn und Pluto befinden sich im 1. Haus Fische, Sonne und Mond stehen in enger Konjunktion im 2. Haus Stier (kurz vor der 3. Häuserspitze), und **Merkur im Zeichen Zwillinge bildet im 3. Haus eine Konjunktion mit Venus im Stier. Ansonsten hat er keine weiteren Aspekte zu anderen Planeten. Beide Planeten, Merkur und Venus, sind stark gestellt, da sie jeweils im eigenen Zeichen stehen und Merkur sich zusätzlich im eigenen Haus befindet. Diese Konjunktion verleiht die Gabe, sich in Wort und Schrift gewandt zu artikulieren, zeigt eine literarisch-dichterische Ader und Interesse für alle Bereiche der Kommunikation an. Neben einer wissenschaftlichen und mathematischen Begabung dürfte Marx die Fähigkeit gehabt haben, Zusammenhänge** und Beziehungen zu erfassen. **Hier wird angezeigt, daß Marx die Veranlagung hatte, sich als Schriftsteller, Journalist oder Redner einen Namen zu machen,** zumal er mit der Venus im 3. Haus Stier an kulturellen Vorgängen interessiert war. **Mit dieser Merkurposition war eine gute Ausbildung für ihn notwendig, damit er seine geistigen Fähigkeiten optimal entfalten und einsetzen konnte.** Schon als Kind war Marx ein recht guter Schüler. Später, 1835-41 studierte er in Bonn und Berlin auf Wunsch des Vaters Rechtswissenschaften. Aber Marx selbst bezeichnete diesen Studiengang als sein Fachstudium, das er jedoch nur als untergeordnete Disziplin neben Philosophie und Geschichte studiert habe. Jupiter als Herrscher vom MC Schütze befindet sich im 11. Haus Steinbock im Sextil zu Saturn. Hier wird Marx' Interesse für Philosophie und Rechtswissenschaft sowie seine Auseinandersetzung mit der Religion deutlich. »Die Kritik der Religion endet mit der Lehre, daß der Mensch das höchste Wesen für den Menschen sei, also mit dem kategorischen Imperativ, alle Verhältnisse umzuwerfen, in denen der Mensch ein erniedrigtes, ein geknechtetes, ein verlassenes, ein verächtliches Wesen ist.«* Marx fühlte sich immer als Philosoph.

Venus als Herrscherin vom 3. Haus Stier und vom 8. Haus Waage im Quadrat auf Aszendent/Deszendent weist auf seine eigenwillige, konfliktreiche Einstellung zur Umwelt hin, die durch Marx' journalistische Tätigkeit sprachlich immer wieder zum Ausdruck kam und unter anderem die Ausweisung aus Frankreich zur Folge hatte, weil er im Pariser »Vorwärts« antipreußische Artikel veröffentlicht hatte. Marx war trotz der harmonischen Aspektierung der Stier-Sonne eine eigenwillige Persönlichkeit, die auf konkrete Ziele und Ergebnisse fixiert war, um ihr Selbstwertgefühl zu heben und sich einen angesehenen Lebensstandard zu schaffen. Die Sonne-Mond-Konjunktion im 2. Haus Stier im Sextil zum Mars weist auf Marx' Energie hin, mit Mut und Kraft Projekte in die Wege zu leiten und seine Pläne mit Unternehmungsgeist zu realisieren, wobei er praktisch und methodisch vorzugehen vermochte (Sonne Sextil Saturn). Das Sextil zu Saturn bewirkt außerdem Ausdauer, Selbstdisziplin und Organisationstalent. Der Uranus, der als Herr-

---

* Werner Blumenberg: Marx, Reinbek 1992, S. 57

scher vom Wassermann-Aszendenten stark gestellt ist, befindet sich im 10. Haus in der Nähe des MC im Quadrat zu Saturn im 1. Haus. Hieran sind Marx' reformerischen Neigungen und seine Auflehnung gegen die bestehende Gesellschaftsordnung zu erkennen, verbunden mit unbeugsamer Haltung und diktatorischen Tendenzen gegenüber Menschen, die nicht die gleichen Ansichten vertreten wie Marx selbst.

Durch das Quadrat sind außerdem Rückschläge in seinen reformerischen Bemühungen angezeigt. Der verletzte Uranus im 10. Haus deutet einerseits plötzliche Berühmtheit an, weist andererseits aber auch auf eine liberale bis radikale politische Einstellung mit revolutionären Neigungen hin. »Der Gedanke, daß Revolutionen die Lokomotiven der Geschichte seien, faszinierte Marx. Er sah die der Gesellschaft immanenten Widersprüche so sehr gesteigert, daß eine politische Revolution zum Eklat, zur proletarischen Revolution führen müsse.«*

Schon während des Studiums machte sich seine mangelnde Bereitschaft zu routinierter Arbeit (Uranus im 10. Haus), die Neigung, seinen Beruf nach eigenen Vorstellungen gestalten zu wollen, und seine ungewöhnliche Einstellung zum Glauben, zur Religion (Uranus im Schützen) bemerkbar. Er brauchte viel Freiheit und Unabhängigkeit. 1841 promovierte Karl Marx, verbaute sich aber aufgrund seiner Evangelienkritik seine akademische Laufbahn. **Anstatt eines Lehrstuhls übernahm er die redaktionelle Leitung der »Rheinischen Zeitung« in Köln (Merkur im 3. Haus Zwillinge).** Mit Saturn im 1. Haus im Quadrat zu MC/IC dürfte Marx' persönliches Auftreten nicht in Einklang mit seinen Lebenszielen gestanden haben, weil er vieles zu verbissen gesehen und zu wenig Humor entwickelt haben mag. Außerdem werden Konflikte mit dem Staat, der Gesellschaft(sform) durch dieses Quadrat deutlich. Marx schuf die Theorie, daß das Ziel der Revolution der Sturz der kapitalistischen Gesellschaft zur Verwirklichung des menschlichen Wesens war.

Durch den spannungsreich aspektierten Neptun im 10. Haus sind seine geistigen Führungsqualitäten angezeigt, die jedoch trügerisch sein können, da sie auf idealistischen Vorstellungen basieren.

---

* Werner Blumenberg: Marx, S. 81

Obwohl das Sonne-Jupiter-Trigon darauf hinweist, daß Marx aus einem wohlhabenden Elternhaus stammen dürfte, in dem ihm gute moralische und ethische Werte anerzogen wurden (laut Biographie war das Leben der Familie Marx sehr harmonisch, es herrschte ein gefühlvoller Ton zwischen Eltern und Kindern, und Karl Marx verlebte eine sorglose Jugend), hatte Marx sein Leben lang ein zwiespältiges Verhältnis zu seiner Herkunft, zum Judentum und zur Religon.

Nach dem Sturz Napoleons 1815 wurden in Preußen die Juden von allen öffentlichen Ämtern ausgeschlossen. Im Rheinland und im Elsaß machte die Judenverfolgung den Übertritt zum christlichen Glauben notwendig. Durch den Zwang, zum Christentum übertreten zu müssen, verstärkten sich die liberalen und oppositionellen Neigungen von Heinrich Marx, die auch ihre Wirkung auf seinen Sohn Karl nicht verfehlten. Karl Marx faßte die Religion als Ethik auf. Später, als Folge der Philosophie Hegels, lehnte er sowohl das Christentum als auch das Judentum ab und vertrat vehement den Atheismus nach Prometheus Bekenntnis in Aischylos' Tragödie: »Den Göttern allen schlechthin heg ich Haß gegen alle himmlischen und irdischen Götter, die das menschliche Selbstbewußtsein nicht als oberste Gottheit anerkennen.« Prometheus war für Marx »der vornehmste Heilige und Märtyrer im philosophischen Kalender.«*

Pluto als Herrscher vom 9. Haus steht im 1. Haus Fische im Quadrat zu Neptun, Mitherrscher von Haus 1, im 10. Haus. Dieses Quadrat ist ein sogenannter Generationsaspekt, der eine Zeit kennzeichnet, die von sozialem Aufruhr und Zerfall gesellschaftlicher Strukturen geprägt ist. Da sich Pluto und Neptun in Eckhäusern befinden, hat sich dieser Aspekt stark auf Marx ausgewirkt:

Er reagierte darauf mit der spirituellen Erneuerung des religiösen und kulturellen Denkens und versuchte die Gesellschaftsordnung durch ein neues System zu verändern. Pluto bildet außerdem ein Trigon mit Mars kurz vor der 6. Häuserspitze.

Mit diesem Aspekt, der auf eine ausgeprägte Willenskraft, tiefgreifende Einsichten und Realitätssinn hinweist, hatte Marx die Kraft, seine Ziele konstruktiv und energisch umzusetzen. Sein

---

* Werner Blumenberg: Marx, S. 44

Kampfgeist ließ ihn für seine Ideen zum Fanatiker werden. Mars Trigon Saturn verleiht die Fähigkeit zu harter, ausdauernder Arbeit und systematischem Handeln sowie enorme Willensstärke.

Marx wurde in Preußen aufgrund der Veröffentlichung seiner »Jahrbücher« wegen Hochverrat angeklagt. 1845 erfolgte seine Ausweisung aus Frankreich. Er ging vorübergehend nach Brüssel. Dort legte Marx die preußische Staatsbürgerschaft ab und nahm keine neue Nationalität mehr an. Die Ausweisung aus Belgien erfolgte 1848 nach dem »Manifest der Kommunistischen Partei«. Und 1849 wurde Marx als Staatenloser aus Köln ausgewiesen. Sein Exil in London begann.

Als Vater des Kommunismus strebte Marx die klassenlose Gesellschaft an, mit dem Ziel der politischen Befreiung und Aufhebung des Staates. Seine Ideen dazu manifestierte er in seinem Lebenswerk »Das Kapital«, dessen zweiter und dritter Band erst nach seinem Tod erschienen. Karl Marx starb am 14. März 1883. Seine Thesen haben den aktuellen Bezug zur Gegenwart nicht verloren:

»In der auf Arbeitsteilung und Marktwirtschaft beruhenden Industrie, in der wir die vergegenständlichten Wesenskräfte des Menschen vor uns haben, hat diese Entfremdung ihren Höhepunkt erreicht, und im Geld hat sie ihren äußersten Ausdruck erhalten: Es verwandelt die Treue in Untreue, die Liebe in Haß, den Haß in Liebe, die Tugend in Laster, die Laster in Tugend, den Knecht in den Herrn, den Herrn in den Knecht, den Blödsinn in Verstand, den Verstand in Blödsinn. Anders, wenn der Mensch wirklich menschlich ist: Setze den Menschen als Menschen und sein Verhältnis zur Welt als ein menschliches voraus, so kannst du Liebe nur gegen Liebe austauschen, Vertrauen gegen Vertrauen etc. ... Jedes deiner Verhältnisse zum Menschen und zu der Natur muß eine bestimmte, dem Gegenstand deines Willens entsprechende Äußerung deines wirklichen individuellen Lebens sein ...«[*]

---

[*] Werner Blumenberg: Marx, S. 63

Merkur im 4. Haus

Das 4. Haus entspricht dem Zeichen Krebs. Sein Herrscher ist der Mond.

Das 4. Haus ist das »**Haus der Familie**«. Es gibt Aufschluß sowohl über unsere häusliche Umgebung, unsere Familie und unsere Herkunft als auch über unseren Lebensabend und über einen Elternteil – Mutter oder Vater – je nachdem, wer von beiden unsere Gefühle und unsere Einstellung zur Familie stärker prägte.

Merkur im 4. Haus läßt auf große geistige Aktivität zu Hause und innerhalb der Familie schließen – sei es durch Unterhaltung, Telefonate, Lesen oder erzieherische Maßnahmen. Außerdem erfordert Merkur im 4. Haus eine gute Ausbildung, um in der Jugend Selbstvertrauen zu entwickeln und später von geistigem Reichtum profitieren zu können.

Horoskop-Eigner mit dieser Merkurposition neigen dazu, hinsichtlich ihrer Vergangenheit Nachforschungen über ihre (wahre) Herkunft, ihre Abstammung anzustellen. Eine ungewöhnliche Lebensweise, viele Umzüge oder Veränderungen können bei dieser Konstellation beobachtet werden. Es besteht Interesse an Grundbesitz und Immobilien. Man legt Wert darauf, sich bleibende Werte zu schaffen, die auch geistiger Natur sein können wie das Aneignen von Wissen in häuslicher Umgebung oder einer umfangreichen Bibliothek. Der Lebensunterhalt könnte mit einer geistigen oder schriftstellerischen Tätigkeit zu Hause verdient werden.

Bei *spannungsreicher Aspektierung* könnte es zu Meinungsverschiedenheiten und Auseinandersetzungen mit Familienangehörigen kommen.

Elemente an der Spitze des 4. Hauses mit Merkur im 4. Haus

Wasser (Krebs – Skorpion – Fische) oder Konjunktion Mond:
Diese Horoskop-Eigner haben eine starke unbewußte Bindung an ihre Familie und an ihre Vergangenheit. Sie neigen dazu, sich intensiv Gedanken über Herkunft, Familie, Zuhause und Lebensabend zu machen.

Feuer (Löwe – Schütze – Widder):
Horoskop-Eigner mit dem Feuerelement an der Spitze des
4. Hauses konzentrieren ihre Gedanken auf Familienangelegenheiten. Sie setzen sich aktiv für Haus und Familie ein und bleiben bis
ins hohe Alter geistig rege und an allen häuslichen Vorgängen
interessiert.

Erde (Jungfrau – Steinbock – Stier):
Die Gedanken dieser Horoskop-Eigner sind auf einen soliden Lebensstandard und eine Lebenssicherung – besonders im Alter –
gerichtet. Dabei sind die persönlichen Besitzverhältnisse von großer Bedeutung.

Luft (Waage – Wassermann – Zwillinge):
Geistige Flexibilität, Wissensdrang und ein großes Kommunikationsbedürfnis in häuslicher und familiärer Umgebung zeichnen
das Denken dieser Horoskop-Eigner aus. Sie unterhalten sich gern
mit ihren Angehörigen, deren Meinung sie respektieren.

Bekannte Persönlichkeiten mit Merkur im 4. Haus

Woody Allen	Regisseur	1.12.1935	Schütze
Fred Astaire	Tänzer	10.05.1899	Widder
Erich von Beckerath	Astrologe	15.12.1891	Steinbock
Carl Friedrich Benz	Unternehmer	25.11.1844	Schütze
Charles von England	Prinz	14.11.1948	Skorpion
James Dean	Schauspieler	8.02.1931	Steinbock
Marlene Dietrich	Schauspielerin	27.12.1901	Steinbock
Neil Diamond	Sänger	24.01.1946	Wassermann
Francisco Franco	Politiker	4.12.1892	Schütze
Indira Gandhi	Politikerin	19.11.1917	Schütze
Otto Hahn	Chemiker	8.03.1879	Fische
Herbert von Karajan	Dirigent	5.04.1908	Fische
Albert Schweitzer	*Arzt, Theologe*	*14.01.1875*	*Steinbock**

---

* Horoskop-Analyse auf den folgenden Seiten

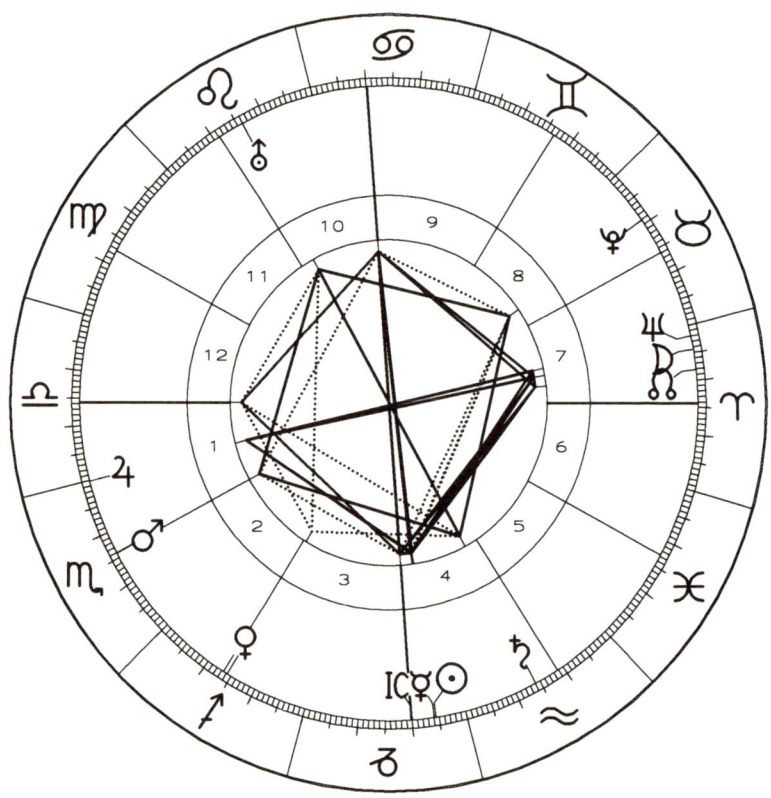

Albert Schweitzer

Kaysersberg	14. 1.1875
7°14' 0"O 48° 8' 0"N	23:21: 0 GMT

GOH		♄ :14° 8'≈
AC :15°46' ♎	☉ :24°28' ♋	☢R:14° 1'♌
2 :14° 7' ♏	☽ :25°32' ♈	♃R:28° 1'♈
3 :13°21' ♐	☿ :24° 6' ♋	♆R:20°51'♉
MC :19°52' ♋	♀ :14°12' ♐	☊R:21°48'♈
11 :18°51' ♌	♂ :14° 1'♏	IC R:19°52' ♋
12 :17°12' ♍	♃ : 0° 9' ♏	

128

Albert Schweitzer – Merkur im 4. Haus Steinbock

Albert Schweitzer wurde am 14. Januar 1875 um 23.21 GMT in Kaysersberg im Oberelsaß geboren.* Sein Vater war evangelischer Pfarrer, seine Mutter die Tochter eines Pfarrers. Albert Schweitzer wuchs mit vier Geschwistern in einer Pfarrerfamilie auf und entwickelte bereits im Vorschulalter Interesse für Orgelspiel und Religion. Mit acht Jahren begann er, im Neuen Testament zu lesen. Sein Leben lang beschäftigte er sich mit der Bedeutung des Jesus-Mysteriums. Albert Schweitzer war Theologe, Philosoph und Organist. Doch seine wahre innere Berufung fand er in seiner missionarischen Tätigkeit als Arzt.

Mit der Mond-Neptun-Konjunktion im 7. Haus Widder dürfte Schweitzer gefühlsmäßig nicht nur stark beeindruckbar gewesen sein, sondern auch bildnerisches und musikalisches Talent besessen haben, das sich schon im Kindesalter beim Orgelspiel zeigte. Intuitiv fand er Zugang zu den Werken Bachs, die ihn so sehr faszinier-

---

* Heinz Specht: Astro-Digest, Freiburg 1987, S. 65

ten, daß er ein detailliertes Buch über den Komponisten veröffentlichte.

Die Venus als Regentin vom Waage-Aszendenten befindet sich im 3. Haus Schütze im Sextil zu Saturn: Neben Schweitzers künstlerischen Neigungen kommt hier auch seine Vorliebe für Musik zum Ausdruck. Seine kulturellen Ideale und seine geistigen Prinzipien waren auf Ethik, Moral, Religion und Philosophie ausgerichtet. In dieser Venus-Konstellation zeigt sich auch seine Begabung, sich in Wort und Schrift gut auszudrücken, die in seinen Predigten und zahlreichen Publikationen deutlich zum Ausdruck kam. Da Venus ein Trigon mit Uranus im 10. Haus bildet und ein Sextil zum Aszendenten hat, sind die besten Voraussetzungen für einen darstellenden Künstler mit persönlichem Stil gegeben, dem Popularität und plötzliches Glück zuteil werden.

Tatsächlich machte sich Schweitzer in allen Berufen einen Namen und wurde sehr berühmt.

Außer künstlerischer Begabung dürfte Schweitzer mit Mond als Herrscher vom MC in Konjunktion mit Neptun im 7. Haus auch mediale und parapsychologische Fähigkeiten sowie stark ausgeprägte spirituelle und religiöse Neigungen besessen haben. Diese Konjunktion steht jedoch in Opposition zu Jupiter im 1. Haus Skorpion und läßt auf Meinungsverschiedenheit in religiösen Themen schließen, da Schweitzers spiritueller Idealismus sehr groß gewesen sein dürfte. Jupiter im 1. Haus Skorpion bestätigt Schweitzers ausgeprägte religiöse und moralische Überzeugungen, seine Intuition sowie seinen starken Expansionsdrang und die Betonung seiner eigenen Persönlichkeit.

Nach dem Abitur 1893 entschloß sich Schweitzer, Philosophie, Musik und Theologie zu studieren. Er beschäftigte sich sehr intensiv mit der »Leben-Jesu-Forschung« und stieß dabei mit seiner Auffassung, dem Kerngedanken seiner später konsequent vertretenen Eschatologie, »daß Jesus an das nahe bevorstehende überirdische Gottesreich geglaubt und sich selber in dem menschlichen Stadium eines Messias signatus gesehen habe«[*] auf sehr großen Widerstand bei seinen Professoren. **Die Schwierigkeiten, die sich in bezug auf philosophische und religiöse Themen ergaben, werden**

---

[*] Harald Steffahn: Albert Schweitzer, Reinbek 1992, S. 4

durch Merkur Quadrat Jupiter noch verstärkt. Mit diesem Aspekt dürfte Schweitzer zwar großzügig und voller guter Absichten gewesen sein. Mit dem Quadrat von Sonne und Merkur zu Jupiter wollte er möglicherweise zu schnell zu viel erreichen und hatte zu hoch gesteckte Ziele.

»Für Schweitzers Erkenntnisdrang war bezeichnend, daß er oft zuerst eine Lösung vor sich sah und ihr dann mit Beweismaterial hinterhereilte. Das Ganze war eher da als die Summe der Teile.«[*]

Die Aspektverbindung von Merkur und Neptun weist auf intuitives Verstehen hin, das aber nicht immer der Realität entsprochen haben mag, da diese beiden Planeten durch ein Quadrat verbunden sind. Mit Merkur Trigon Pluto war Schweitzer jedoch in der Lage, den Dingen auf den Grund zu gehen, wobei er sich nur mit dem Wesentlichen befaßte, was insbesondere in seiner wissenschaftlichen Arbeit von Vorteil war. Sonne und Merkur bilden eine enge Konjunktion im 4. Haus Steinbock; der Merkur ist »verbrannt«, das heißt, die Persönlichkeit wirkt stärker als der Geist. Dadurch wird eine objektive Selbsteinschätzung schwierig, auch wenn sich diese Konjunktion im Zeichen Steinbock befindet, das Realitätssinn, Nüchternheit und Sachlichkeit fördert. Die Konjunktion manifestiert sich im 4. Haus der Familie und des Zuhauses. Schweitzers Selbstausdruck, seine Kreativität, seine geistigen Anlagen und Interessen kamen in häuslicher Umgebung zur vollen Entfaltung. Mit IC Steinbock legte er Wert auf Disziplin und einen wohlgeordneten, gut organisierten Haushalt. Sein Zuhause, insbesondere Lambarene, war seine Welt. Hier schuf er mit großem Arbeitseinsatz seine eigene Ordnung und trug zum Allgemeinwohl der Bevölkerung bei. Durch Merkur Quadrat Jupiter kehrte er den alltäglichen Dingen den Rücken, um ganz in seiner Welt zu leben und sich seinen Interessen zu widmen. Die spannungsreich aspektierte Sonne-Merkur-Konjunktion läßt eine ehrgeizige und strebsame Persönlichkeit mit dem Drang, besondere Leistungen zu vollbringen und wichtige Verpflichtungen zu übernehmen, erkennen und setzte wahrscheinlich große geistige Energien frei. Konzentrationskraft und Organisationstalent scheinen bei Schweitzer genauso ausgeprägt gewesen zu sein wie Scharfsinn und eine systematische,

---

[*] Harald Steffahn: Albert Schweitzer, S. 46

disziplinierte Arbeitsweise, wobei mit der Steinbockfärbung materielle Aspekte sicher eine Rolle gespielt haben, was in Zusammenhang mit Schweitzers Missiontätigkeit in Lambarene besonders deutlich wurde, weil er für den Aufbau des Urwald-Krankenhauses »auf jeden Pfennig« angewiesen war. Auch Mars an der Spitze des 2. Hauses Skorpion zeigt Schweitzers starkes Bedürfnis nach Selbstbestätigung durch materielle und finanzielle Erfolge. Er setzte jedoch alles, was er besaß, für Lambarene ein. Als er 1952 den Friedensnobelpreis verliehen bekam, baute er von dessen Erlös ein Lepradorf.

Diese Merkurposition weist gleichzeitig auch auf einen Mangel an Humor aufgrund zu stark ausgeprägter Ernsthaftigkeit hin. Schweitzers Interesse galt Ideen, die praktischen Nutzen hatten. Durch die Sonne-Merkur-Konjunktion im Steinbock im Quadrat zu den Mondknoten und Mars Quadrat Uranus kommen Schweitzers Eigenwilligkeit und seine revolutionären Ansichten zum Ausdruck, die Anpassungsschwierigkeiten zur Folge gehabt haben dürften. Möglicherweise ist es ihm gelungen, diese mit Venus Sextil Aszendent mit Charme und Freundlichkeit (Venus Trigon Uranus) zu überspielen, denn er wurde überall sehr verehrt. Allerdings weist Mars im Quadrat zu Saturn eher auf ein hartes und nüchternes Wesen mit egoistischen Tendenzen hin.

Schon 1896 faßte Schweitzer den Entschluß, sich »einem unmittelbaren menschlichen Dienen zu weihen.«* Doch erst 1905 begann er sein Medizinstudium, nachdem ihm ein Jahr zuvor ein Artikel des Elsässers Alfred Boegner, dem Leiter der Pariser Missionsgesellschaft, in die Hände gefallen war.

Dieser beklagte, daß ihm Leute für seine Mission in Gabun fehlten, und Schweitzer folgte unbewußt dem Aufruf: »Menschen, die auf den Wink des Meisters mit: Herr, ich mache mich auf den Weg, antworten, dieser bedarf die Kirche.«**

Mit Venus im 3. Haus Schütze war Schweitzer nicht nur sehr naturverbunden, sondern auch oft auf Reisen. **Seine Reisetätigkeit und seine Auslandsbesuche werden durch Merkur als Herrscher des 9. Hauses Zwillinge noch verstärkt,** denn Schweitzer war ständig

---

* Harald Steffahn: Albert Schweitzer, S. 65
** Harald Steffahn: Albert Schweitzer, S. 67

unterwegs, hielt Vorträge, gab Orgel-Konzerte und pendelte zwischen Europa und Afrika ständig hin und her. Dreizehnmal reiste er nach Lambarene, bevor er Europa 1959 ganz verließ.

Merkur Trigon Pluto bescheinigen Schweitzer Interesse für Mathematik und Naturwissenschaften sowie für Okkultismus und Physik. Mit dieser Konstellation dürfte er in der Lage gewesen sein, seine geistigen Fähigkeiten optimal zu entwickeln, denn dieser Aspekt ist sehr günstig für eine forschende Tätigkeit. Da sich Pluto im 8. Haus befindet, tauchte sicher auch die Frage nach der Unsterblichkeit auf; die Auseinandersetzung mit Reinkarnation und Karma dürfte ebenfalls von Bedeutung gewesen sein.

Sonne Quadrat Mond weisen auf seine Diskrepanz zwischen Bewußtsein und Unterbewußtsein bzw. zwischen Gefühl (Mond) und persönlichem Selbstausdruck (Sonne) hin, wobei das Denken ebenso stark vom Unterbewußtsein beeinflußt wurde. Launenhaftigkeit oder Sentimentalität können auftreten und klare Gedankengänge verhindern. **Hinzu kommt der unbewußte Wunsch nach Ansehen und Bedeutung, verbunden mit einer reichen Phantasie und einem unrealistischen Wahrnehmungsvermögen (Sonne-Merkur Quadrat Neptun), das zu Zerstreutheit oder ungewollter Unzuverlässigkeit führen kann.**

Dennoch besaß Schweitzer mit Sonne-Merkur im Trigon zu Pluto im 8. Haus Stier eine stark ausgeprägte Konzentrations- und Willenskraft, mit der er in der Lage war, Menschen zu führen und Lebensformen zu erneuern, wobei er das richtige Gespür dafür gehabt haben dürfte, wann die günstigste Zeit dafür war.

Mars im Trigon zum MC bestätigt Schweitzers Ehrgeiz, seine Entschlossenheit, durch Mut und unermüdlichen Arbeitseinsatz zu beruflichem Ansehen und Ehren zu kommen. Aber Mars bildet auch ein Quadrat zu Uranus im 10. Haus und Saturn im 4. Haus. Uranus und Saturn stehen in Opposition: Hier kommt Schweitzers Neigung zum Einzelgängertum genauso zum Ausdruck wie seine Tendenz zu einer diktatorischen Haltung. Uranus im 10. Haus kündigt seine Berühmtheit als führende Persönlichkeit im naturwissenschaftlichen und humanitären Bereich an, die immer wieder plötzlichen Veränderungen unterlag, aber nie mit Routinearbeiten (Uranus Quadrat Mars) verbunden war. Schweitzer brauchte freie Arbeitsbedingungen und lehnte jede Art der Einmischung ab. Der spannungsreich aspektierte Uranus im 10. Haus sorgte wahrscheinlich auch dafür, daß Schweitzer immer wieder neue Aufgaben in Angriff nahm und sich nicht mit einem Studium begnügte, sondern sich parallel zu seiner Missionstätigkeit fortwährend mit philosophischen Themen auseinandersetzte.

»Ja, ich habe alles gekannt, die Wissenschaft, die Kunst, die Freuden der Wissenschaft, die Freuden der Kunst, ich kenne das erhebende Gefühl des Erfolges, und mit wahrem Stolz habe ich meine Antrittsvorlesung mit 27 gehalten. Aber das alles hat meinen Durst nicht gestillt, ich fühle, daß das nicht alles ist. Ich bin immer einfacher, immer mehr Kind geworden, und ich habe immer deutlicher erkannt, daß die einzige Wahrheit und das einzige Glück darin besteht, unserem Herrn Jesus Christus dort zu dienen, wo er uns braucht.

Hundert Mal habe ich darüber nachgedacht, ich habe meditiert im Gedanken an Jesus, ich habe mich gefragt, ob ich leben könnte ohne Wissenschaft, ohne Kunst, ohne intellektuelle Umgebung, in der ich mich befinde – und immer, am Ende aller Überlegungen, ein freudiges Ja.«*

* Harald Steffahn: Albert Schweitzer, S. 70

134

Merkur im 5. Haus

Das 5. Haus entspricht dem Zeichen Löwe. Sein Herrscher ist die Sonne.

Das 5. Haus – auch »**Haus der Kinder und der Sexualität**« genannt – gibt Auskunft über unsere Fähigkeit zur Selbstdarstellung, über unser Verhältnis zu Spiel, Sport, Spaß, Geselligkeit, Kreativität, Sexualität und zu Kindern sowie zu Investitionen, Spekulationen und Gewinn.

Horoskop-Eigner mit Merkur im 5. Haus haben ein starkes Bedürfnis nach geistiger Anerkennung. Sie sind von sich überzeugt, brauchen intellektuelle Ausdrucksformen der Selbstdarstellung und haben Interesse an Kunst und Kultur. Deshalb fühlen sie sich zu Kunstrichtungen hingezogen, die ihnen Informationen liefern und als Unterrichts- oder Werbematerial eingesetzt werden können. Sie sind an Kindererziehung interessiert, besitzen pädagogische Fähigkeiten und sind stolz auf die geistigen Leistungen ihrer Kinder. Darüber hinaus haben sie Freude an intellektuellen Spielen wie Schach und an Denksportaufgaben.

In der Liebe spielt die geistige Ebene und das gegenseitige Verstehen eine große Rolle, deshalb fühlen sie sich zu begabten, intellektuellen Menschen hingezogen, die sie geistig anregen.

Viele Lehrer, Drehbuchautoren, Kunstkritiker oder Finanz- und Börsenspezialisten haben Merkur im 5. Haus.

Bei *spannungsreicher Aspektierung* ist mit unüberlegten Spekulationen, intellektuellem Hochmut oder einer sehr nüchternen Einstellung zum Liebesleben zu rechnen.

Elemente an der Spitze des 5. Hauses mit Merkur im 5. Haus

Feuer (Löwe – Schütze – Widder) oder Konjunktion Sonne:
Diese Horoskop-Eigner sind sehr aktiv, treiben Sport, haben Freude an Kreativität und Kunst, unternehmen gern gemeinsam etwas mit ihren Kindern und können leidenschaftliche Liebhaber sein. Geselligkeit und Genuß sind für sie sehr wichtig.

Erde (Jungfrau – Steinbock – Stier):
Der Selbstausdruck dieser Horoskop-Eigner, das Kunstempfinden, die Einstellung zur Liebe und zu ihren Kindern sind sachlich, realistisch und praktisch, aber auch etwas phantasielos.

Luft (Waage – Wassermann – Zwillinge):
Alle Themen des 5. Hauses werden von diesen Horoskop-Eignern aus geistiger Sicht beurteilt, bevor sie konkret in Angriff genommen werden. Die Neigung zur Anpassungsfähigkeit ist bei ihnen genauso ausgeprägt wie die Unbeständigkeit in den Gefühlen und Zielsetzungen.

Wasser (Skorpion – Fische – Krebs):
Kreativität, Selbstdarstellung, Liebesleben und das Verhältnis dieser Horoskop-Eigner zu Kindern unterliegen starken gefühlsmäßigen Impulsen. Sie sind hoch sensibel, intuitiv veranlagt und haben eine emotionale Bindung an die Themen des 5. Hauses.

Persönlichkeit mit Merkur im 5. Haus

Karl Abraham	Komponist	3.05.1877	Zwillinge
August Bebel	Politiker	22.02.1840	Fische
Hans Bender	Psychologe	5.12.1907	Wassermann
Karlheinz Böhm	Schauspieler	16.03.1928	Wassermann
Marlon Brando	Schauspieler	3.04.1924	Widder
Henri Dunant	Philantrop	8.05.1829	Stier
Umberto Eco	Schriftsteller	5.01.1932	Schütze
Federico Fellini	Regisseur	20.01.1920	Steinbock
Ian Fleming	Schriftsteller	28.05.1908	Zwillinge
Victor Hugo	Dichter	26.02.1802	Fische
Henri Matisse	Maler	31.12.1869	Steinbock
Rudolf Steiner	*Anthroposoph*	*27.03.1861*	*Fische**

---

* Horoskop-Analyse auf den folgenden Seiten

Rudolf Steiner – Merkur im 5. Haus Fische

Laut Biographie wurde Rudolf Steiner am 25. Februar 1861 in Kraljevec/Kroatien als Sohn eines österreichischen Bahnbeamten geboren und am 27. 2. 1861 getauft. Er selbst nennt in seinem Lebenslauf für die Universität Rostock jedoch den 27.2.1861 als sein Geburtsdatum, das auch in allen anderen Quellen zu finden ist und deshalb die Grundlage für die Horoskopdeutung bildete. Als Geburtszeit finden wir bei Taeger* und Specht** 22.18 Uhr GMT.

In Steiners Geburts-Horoskop steht Merkur im beweglichen Wasserzeichen Fische im 5. Haus in Konjunktion mit Neptun. Diese Konstellation sagt aus, daß Steiner hochsensibel war und ein Gespür für die Gedanken und Stimmungen seiner Mitmenschen sowie eine geistig-idealistische Lebenseinstellung gehabt haben dürfte. Neben Einfühlungsvermögen, Phantasie und Intuition

---

* Hans-Hinrich Taeger: Internationales Horoskope-Lexikon, S. 1428
** Heinz Specht: Astro-Digest, S. 66

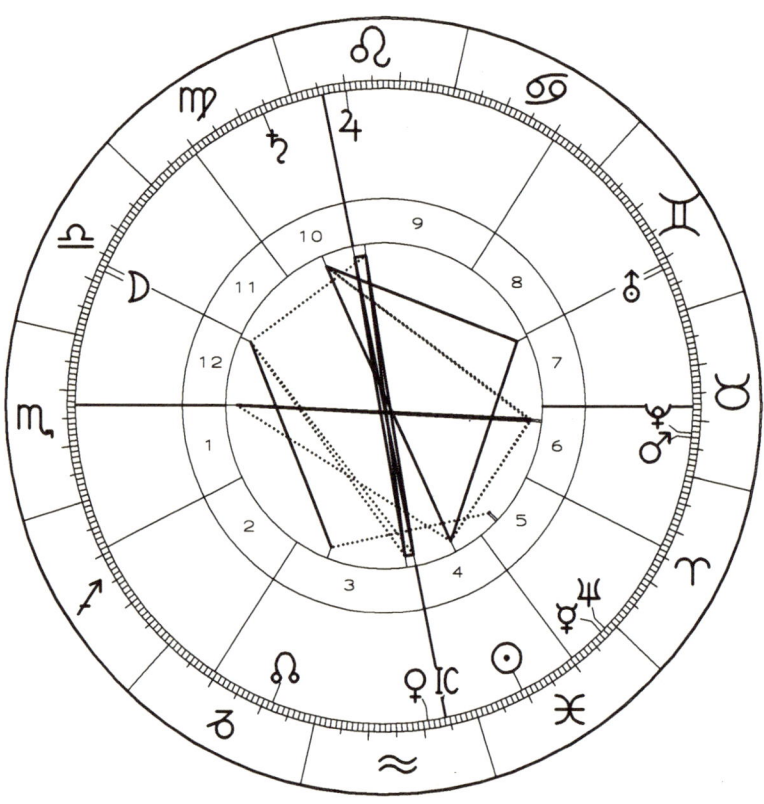

Rudolf Steiner	
Kraljevica	27. 2.1861
14°34' 0"O 45°16' 0"N	22:17: 0 GMT

GOH				
			♄R : 5°52' ♍	
AC : 12°35' ♏	⊙ : 9°21' ♓	♅R : 8° 4' ♊		
2 : 9° 3' ♐	☽ : 17°42' ♎	♆ : 28°20' ♓		
3 : 9°30' ♑	☿ : 27°27' ♓	♇ : 7°45' ♉		
MC : 24°14' ♌	♀ : 20°51' ♒	☊ : 21°41' ♉		
11 : 20°19' ♍	♂ : 6°57' ♉	ICR : 24°14' ♒		
12 : 16°34' ♎	♃R : 19°51' ♌			

zeigte er auch Interesse für Mystik, (Para-)Psychologie, Pädagogik, Kunst und die »reine« Musik, wie er selbst es ausdrückte.

Seine hervorragenden pädagogischen Fähigkeiten kristallisierten sich nicht nur beim Erteilen von Nachhilfeunterrricht heraus, sondern insbesondere in seiner Funktion als Hauslehrer (1884). Der jüngste von vier Söhnen galt als geistig zurückgeblieben. Mit behutsamer Erziehung und psychologischem Geschick gelang es Steiner, den Jungen so zu fördern, daß er sein Abitur machen konnte. Mit dieser Art des Unterrichts wurde Steiner zum Begründer einer neuen Heilpädagogik. Da Steiner schon früh Freude am Lernen hatte, setzte er sein Gespür für kommende Entwicklungen in allen Bereichen kreativ ein:

Merkur als Herrscher vom 8. Haus (Tod und Wiedergeburt) und vom 11. Haus (Gruppenaktivitäten mit Gleichgesinnten), als Mitherrscher des 7. (private und berufliche Partnerschaft), 9. (Philosophie und Weiterbildung) und 10. Hauses (Berufung) zeigt an, daß außer dem 12. Haus alle Häuser über dem Horizont merkurbetont sind: Das Denken, das Geistige, war in fast allen Lebensbereichen für Steiner vorrangig. Deshalb fühlte er sich insbesondere zu intellektuell begabten Menschen hingezogen, die für ihn geistig anregend waren, mit denen er schöpferischen Gedankenaustausch pflegen konnte (Merkur im 5. Haus). Das traf insbesondere auf seine Lehrer und seine zweite Ehefrau Marie von Sivers zu, die ihn bei seiner Arbeit intensiv unterstützte und förderte.

Steiners Merkur-Neptun-Fähigkeiten wurden durch das Sextil von Sonne zu Pluto noch verstärkt, weil hierdurch auch die Voraussetzungen für Meditation und für den Einsatz okkulter Kräfte gegeben waren.

Steiner wurde mit seinen medialen Fähigkeiten zum erstenmal als Siebenjähriger konfrontiert, als er im Geiste den Tod seiner Tante, die weit entfernt wohnte und Selbstmord beging, sah. Seine Eltern nahmen seine Andeutungen nicht ernst, bis sie die Todes-Nachricht schriftlich erhielten. Ihren Sohn informierten sie jedoch erst nach Jahren über diesen Vorfall. In der Familie hatte Steiner niemanden, mit dem er über solche Erlebnisse reden konnte. Die Sonne als Herrscherin vom MC Löwe im 4. Haus Fische in Opposition zu Saturn in der Jungfrau, 10. Haus, läßt auf Einsamkeit und ein recht nüchternes Verhältnis zu den Eltern schließen, die nach

v. Klöckler unter anderem durch das 4. Haus – der Vater – und das
10. Haus – die Mutter – symbolisiert werden. Steiner wuchs in
ärmlichen Verhältnissen auf und entwickelte sich zu einem sensiblen Einzelgänger, der mit allem allein fertig werden mußte.

Hinzu kommt das Quadrat von Sonne und Uranus, als Herrscher des 4. Hauses, das auf eine ungewöhnliche Persönlichkeit mit großem Freiheitsbedürfnis hinweist, die sich nicht gern einschränken läßt und der Zeit oftmals weit voraus ist.

Mit seinem übersinnlichen Schlüsselerlebnis begann für Steiner »ein Leben in der Seele, dem sich die Geister, die in der Natur wirkten, offenbarten.«[*]

Über die Geometrie lernte Steiner als Neunjähriger seine übersinnlichen Erfahrungen zu verstehen, gewann an innerer Sicherheit und lernte, die geistige Welt zu akzeptieren: »Ich wollte mir sagen können, das Erlebnis von der geistigen Welt ist ebensowenig eine Täuschung wie das von der Sinnenwelt. Bei der Geometrie sagte ich mir, hier darf man etwas wissen, was nur die Seele selbst durch ihre eigene Kraft erlebt; in diesem Gefühle fand ich die Rechtfertigung, von der geistigen Welt ebenso zu sprechen wie von der sinnlichen... Ich hatte zwei Vorstellungen, die zwar unbestimmt waren, die aber schon vor meinem achten Lebensjahr eine große Rolle spielten. Ich unterschied Dinge und Wesenheiten, die man sieht und solche, die man nicht sieht.«[**]

Durch seinen Literaturprofessor Karl Julius Schröer wurde Steiner mit den Werken Goethes vertraut gemacht. Er empfand die Goethezeit als Höhepunkt des deutschen Geisteslebens. Und Novalis faßte das in Worte, was Steiner beschäftigte: »Die höchste Aufgabe der Bildung ist, sich seines transzendentalen Selbstes zu bemächtigen, das Ich seines Ichs zugleich zu sein. Umso weniger befremdlich ist der Mangel an vollständigem Sinn und Verstand für andere. Ohne vollendetes Selbstverständnis wird man nie andere wahrhaft verstehen lernen.«[***]

Als Steiner 1882 den Auftrag erhielt, Goethes »Naturwissenschaftliche Schriften« herauszugeben, fand er in dessen Werken

---

[*] Christoph Lindenberg: Rudolf Steiner, Reinbek 1992, S. 14
[**] Christoph Lindenberg: Rudolf Steiner, S. 14
[***] Christoph Lindenberg: Rudolf Steiner, S. 24

alles, was ihm bisher fehlte: die Fülle der Einzelheiten und das Genie der Erfahrung. 1890 trat er seinen Dienst im Goethe- und Schiller-Archiv in Weimar an und nahm Goethes Lehren über Farben, Mineralogie und Botanik als Basis seiner Erkenntnis, die er in späteren Werken veröffentlichte. Steiner war geistig mit der Wesensart Goethes immer stark verbunden.

Steiners vielschichtige Begabung, die spirituellen Auswirkungen der Merkur-Neptun-Konjunktion im 5. Haus Fische kristallisierten sich immer stärker heraus – insbesondere als er sich 1902 der Theosophischen Gesellschaft anschloß und die deutsche Sektion der Theosophen gründete. Seine geistige Auffassung vom individuellen Erkennen des Einzelnen ging nie konform mit der der Theosophen, die die indische Mythologie mit dem Karmagedanken vertraten. Deshalb verließ Steiner die Theosophen und gründete 1912 die Anthroposophische Gesellschaft. Er baute die theosophische Lehre aus, indem er vor allem das Christentum und die Mysterienlegende des abendländischen Mittelalters einbezog. Die Anthroposophie (die Interpretation wandelt sich laut Steiner 1924 von »Weisheit vom Menschen« in »Bewußtsein seines Menschentums«[*] ist eine christlich orientierte Weltanschauung, die den Anspruch auf wissenschaftliche Erforschung der übersinnlichen Welt erhebt. Dabei spielt Goethes Auffassung von der Natur und die Lehre von der Wiedergeburt (Reinkarnation) des menschlichen Geistes eine wichtige Rolle.

Der Ausgangspunkt der anthroposophischen Selbsterkenntnis liegt in der Paradoxie, daß die Welt unsere eigenen Gedanken widerspiegelt und unser Selbst durch die Welt entstanden ist.

Mit Merkur als Herrscher vom 11. Haus in Konjunktion mit Neptun im 5. Haus pflegte Steiner zahlreiche freundschaftliche Kontakte, insbesondere zu Frauen, mit denen ihn eine geistige Ebene verband, insbesondere mit Rosa Mayreder (1890-1896), die die gleichen Anschauungen über die Freiheit der Persönlichkeit vertrat wie Steiner. **Zu Anna Eunike, Witwe und Mutter von fünf Kindern, entwickelte sich eine tiefe Freundschaft, die 1899 zur Ehe führte (angenommene, auch geistige Kinder: Neptun im 5. Haus). Merkur als Mitherrscher vom 7. Haus in Konjunktion mit Neptun**

---

[*] Christoph Lindenberg: Rudolf Steiner, S. 138

als Herrscher des 5. Hauses läßt darauf schließen, daß Steiners Liebesbeziehungen zwar eine geistige Basis haben mußten, dabei aber einem starken Wunschdenken unterlagen oder idealisiert wurden. 1904 trennte sich Anna Eunike wieder von Steiner, weil er zu eng mit Marie von Sivers in der Theosophischen Gesellschaft zusammenarbeitete. Diese enge geistige Verbundenheit führte 1914 zur Eheschließung mit Marie von Sivers, nachdem Steiners erste Frau 1911 gestorben war. Mond im 11. Haus Waage im Trigon zu Venus am IC Wassermann fördert Steiners Wirkung auf Frauen, die ihm gefühlvolle Bewunderung entgegengebracht haben dürften. Es ist bekannt, daß Steiner mehr weibliche als männliche Anhänger hatte.

Durch Saturn Trigon Pluto (Herrscher des Skorpion-Aszendenten) – ein sehr tiefgründiger Aspekt – wird Steiners karmischer Auftrag deutlich und seine Begabung für Physik, Okkultismus und Meditation sowie sein umfassendes Lebens- und Weltverständnis erklärt.

Steiner konnte sorgfältig und überlegt arbeiten und führte grundlegende Veränderungen in seinem Leben herbei.

Seine vielschichtige Begabung kam in vielen Bereichen zum Ausdruck: Als Dichter schrieb er neben seinen grundlegenden Werken vier Mysteriendramen. Als Architekt entwarf Steiner die Pläne für das Goetheanum auf dem Hügel von Dornach selbst und ließ das erste Goetheanum als freistehenden Doppelkuppelbau aus Holz errichten, wobei er auf die Entwicklung organischer Bauformen bedacht war. Das Goetheanum war als Freie Hochschule für Geisteswissenschaft ein sichtbares Zeichen für das Wirken der Anthroposophen in der kulturellen Welt.

Steiner war der Gründer der Freien Waldorfschule, der Begründer der Heilpädagogik und der biologisch-dynamischen Landwirtschaft. Er erteilte Kurse für Mediziner und Priester, gründete die Christengemeinschaft und führte die Mitglieder der Freien Universität in die Esoterik ein.

Am 30. März 1925 starb Rudolf Steiner in seinem Atelier am Goetheanum in Dornach noch vor der Vollendung des Wiederaufbaus seines zweiten Goetheanums, das er diesmal aus Beton bauen ließ, nachdem das erste Goetheanum einer Brandstiftung zum Opfer gefallen war.

Merkur im 6. Haus

Das 6. Haus entspricht dem Zeichen Jungfrau. Sein Herrscher ist Merkur.

Das 6. Haus – auch »**Haus der Arbeit und Gesundheit**« genannt – gibt Aufschluß über unsere persönliche Einstellung zur Arbeit, zu Untergebenen und Dienstleistungen sowie über unsere Lebensaufgabe und unsere Pflichten. Es zeigt an, wie wir unser Leben gestalten und wie wir unsere Erfahrungen in die Praxis umsetzen.

Darüber hinaus sagt das 6. Haus auch etwas über die gesundheitliche Konstitution, über Anfälligkeiten und Krankheiten aus, denn ein gesunder Körper ist notwendig, um gute Arbeit zu leisten und um nützliche Dienste zu vollbringen.

Dieses Haus sagt aus, daß der disziplinierte Umgang mit den Gedanken, dem Geist, die wichtigste Voraussetzung für das bessere Verständnis des Lebens ist, denn hier müssen wir lernen, uns auf unsere Arbeit zu konzentrieren, praktische Aufgaben und Verantwortung zu übernehmen. Zu dieser Verantwortung zählt auch die Pflicht, unseren Körper zu pflegen und ihn gesund zu erhalten. Denn das 6. Haus gibt ebenfalls einen Hinweis auf die Art unserer Kleidung und Körperpflege (Hygiene).

Persönlichkeiten mit Merkur im 6. Haus haben ausgeprägte analytische Fähigkeiten, verbunden mit einem Hang zur Präzisionsarbeit. Es besteht jedoch die Gefahr, daß sie sich im Leben und bei der Arbeit zu sehr mit Kleinigkeiten aufhalten und die großen Zusammenhänge nicht wahrnehmen. Da ihre Tätigkeit sehr bedeutsam für sie ist, sind sie in der Lage, neue Arbeitsmethoden zu entwickeln.

Bei *spannungsreicher Aspektierung* besteht die Neigung zu Überarbeitung und gesundheitlichen Störungen im Magen- und Darmbereich sowie zu übertriebener Ordnungsliebe, die in Pedanterie ausarten kann. Mit fortschreitendem Alter macht sich übertriebene Kritiksucht, die als Nörgelei ausarten kann, bemerkbar.

Elemente an der Spitze des 6. Hauses mit Merkur im 6. Haus

Erde (Jungfrau – Steinbock – Stier) oder Konjunktion Merkur:
Diese Horoskop-Eigner sind praktisch veranlagt, bleiben auf dem Boden der Tatsachen und lernen aus ihren Erfahrungen, die sich nützlich auf ihre Lebensweise auswirken.

Luft (Waage – Wassermann – Zwillinge):
Die geistige Einstellung bestimmt das Leben dieser Horoskop-Eigner. Ihr Wohlbefinden und ihre (Un)Zufriedenheit ist von der Art ihres Denkens abhängig.

Wasser (Skorpion – Fische – Krebs):
Die Gefühle und Eindrücke dieser Horoskop-Eigner wirken sich auf ihre gesamte Lebensführung aus. Sie reagieren sensibel auf persönliche Erlebnisse und lernen vorwiegend aus gefühlsmäßigen Erfahrungen oder Enttäuschungen.

Feuer (Schütze – Widder – Löwe):
Diese Horoskop-Eigner nehmen ihr Leben energisch in die Hand und setzen ihre Vorstellungen in die Tat um. Sie sind vital, können zupacken und haben Freude an ihrer Arbeit. Mit Begeisterung lernen sie dazu.

Bekannte Persönlichkeiten mit Merkur im 6. Haus

Andreas Baader	Terrorist	6.05.1943	Zwillinge
Christiaan Barnard	Chirurg	8.11.1922	Waage
Georges Braque	Maler	13.05.1882	Zwillinge
Michael Ende	Schriftsteller	12.11.1929	Skorpion
Jane Fonda	Schauspielerin	21.12.1937	Steinbock
Erich Fromm	Schriftsteller	23.03.1900	Widder
Udo Jürgens	Liedermacher	20.09.1934	Skorpion
Heinrich Mann	Schriftsteller	27.03.1871	Widder
Boris Pasternak	Schriftsteller	10.02.1890	Wassermann
Erich Maria Remarque	Schriftsteller	22.06.1898	Zwillinge
Thomas Ring	*Astrologe*	*28.11.1892*	*Schütze**
Franklin D. Roosevelt	Politiker	30.01.1882	Wassermann

---

* Horoskop-Analyse auf den folgenden Seiten

Thomas Ring – Merkur im 6. Haus Schütze

Thomas Ring wurde am 28. November 1892 um 18.00 MEZ in Nürnberg geboren. Er selbst korrigierte seine Geburtszeit auf 18.02 MEZ. Thomas Ring ist nicht nur als »Vater der revidierten Astrologie« – einer modernen humanistischen und ganzheitlichen Astrologie bekannt, sondern auch als Psychologe und Künstler. Er war ein begabter Zeichner und Maler, Komponist und Schriftsteller. In der Welt der Kunst fühlte er sich genauso heimisch wie in der Welt der Wissenschaft.

Beginnen wir bei der Horoskopdeutung mit der Analyse der Sonne, des Wesenskerns. Die Sonne steht an der Spitze des 6. Hauses der Arbeit und Gesundheit im Zeichen Schütze und ist spannungsreich aspektiert: Außer dem Quadrat zum MC bildet sie auch ein Quadrat zu Mars, eine Opposition zu Neptun und Pluto, aber auch ein Sextil zu Saturn und ein schwaches Trigon zum rückläufigen Jupiter. Diese Konstellationen lassen auf eine eigenwillige, impulsive, gefühlsbetonte, aber idealistische, freiheitslie-

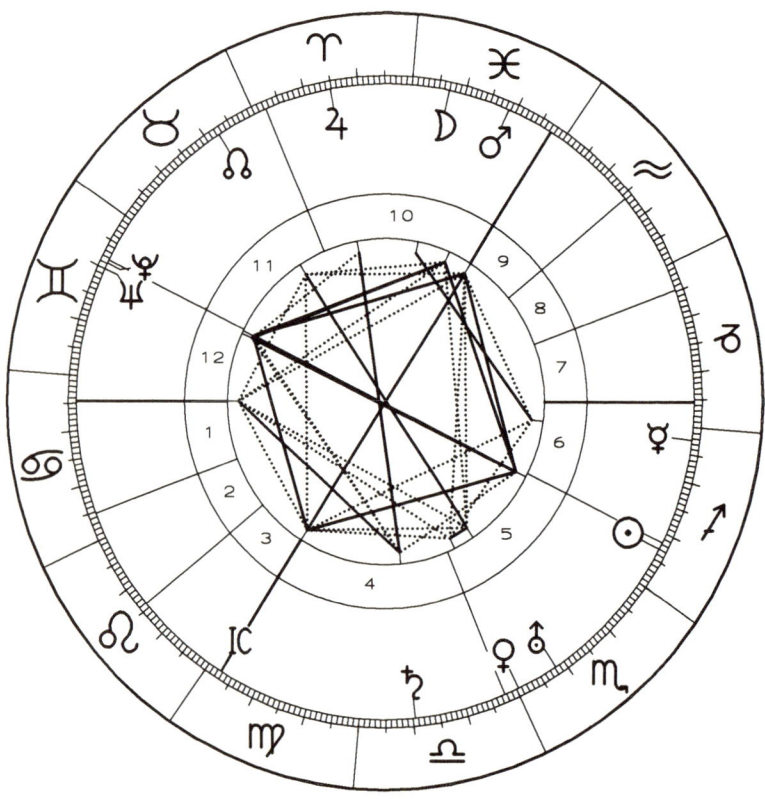

Thomas Ring	
Nürnberg 11° 4'40"O 49°27'10"N	28.11.1892 18: 2: 0 MEZ

GOH		♄ : 10°22' ♎
AC : 4°34' ♋	☉ : 6°59' ♐	☊ : 8°16' ♏
2 : 25°17' ♋	☽ : 23° 6' ♓	♅R : 9°59' ♒
3 : 14°10' ♌	☿ : 27°38' ♐	♆R : 8°52' ♓
MC : 2°40' ♓	♀ : 0°23' ♏	☊ : 7°38' ♉
11 : 27°41' ♈	♂ : 11°24' ♓	IC : 2°40' ♍
12 : 8°17' ♊	♃R : 15°11' ♈	

146

bende und großzügige Persönlichkeit mit Forscherdrang und großer beruflicher Aktivität schließen, die ihre Ziele um jeden Preis erreichen will (Sonne Quadrat Mars) und dabei einige Hindernisse zu überwinden hat. Durch die Opposition zu Neptun und Pluto – beide rückläufig – dürfte Thomas Ring dazu geneigt haben, sich weder Vorschriften machen zu lassen noch gut gemeinte Ratschläge anzunehmen, weil er wahrscheinlich von seinen Ansichten recht überzeugt gewesen ist. Die Sonne-Neptun-Opposition sorgt außerdem für eine lebhafte Phantasie und ein Wunschdenken, das zu Enttäuschungen führt, während Sonne Opposition Pluto das Bedürfnis nach Selbsterneuerung durch Meditation aufkommen läßt. Beide Planeten, Neptun als Herrscher vom MC Fische und Pluto, bilden eine Konjunktion im 12. Haus Zwillinge: Hier werden Thomas Rings mystische und religiöse Neigungen, sein enormes geistiges Wissen und seine Intuition genauso deutlich wie seine neurotischen Tendenzen, die aus dem Verdrängen unbewußter Motivationen resultiert haben mögen (Mars Quadrat Neptun/Pluto). In seiner »Selbstdeutung«* sieht Thomas Ring diese Konstellationen so:

»... Die Sehachse der beherrschenden Leidenschaft ist ausgerichtet auf das *neue Menschenbild* und außerordentliche schicksalhafte Trübungen waren nötig, es klären zu helfen.

Das ist im Horoskop der Sonnen-Stand im Jupiter-Zeichen, zu diesem noch im plaktischen Trigon, im engeren Sextil zu Saturn, doch in Opposition zu Pluto und Neptun. Jener, Pluto als überwertige Energie, auf das Gigantische richtend, lenkt den Aufschwung des vitalen Kerns zum ›Überstieg‹, wie es Heidegger nennt, dieser, Neptun als imaginative und visionäre Kraft, gaukelt das kommende Menschenbild vor, löst aber jeden gezielten Ansatz wieder auf durch Hinspiegeln erweiternder Möglichkeiten.

Vor allem Neptun machte mir immer zu schaffen, denn in seiner Gegenspannung liegt ja die Anfälligkeit für das, was ich strikte aus meinem Verhalten herausstrich: Lüge und Korruption, die schönen Täuschungen und perversen Genüsse, die bloße Berauschung am Möglichen. Daß dergleichen nicht unverpflichtender Ausweg sein

---

* Thomas Ring: Selbstdeutung, erschienen als Sondernummer 1992/II der »Werkstattblätter der Thomas Ring-Stiftung«, Zürich 1992

durfte, verlangt das exakte Trigon des Neptun zu Saturn, das ›absolute Gehör‹ für wahnhafte Ausflüchte gegenüber Tatsachen. Daß wiederum die zentrale Daseinsbejahung Sonne sich nicht in einer Selbststilisierung mit bloßem Zusammenkleistern des humanen und des animalischen Anteils, wie im kentaurischen Prinzip Schütze so häufig gefunden, verrennen mochte, liegt am Sextil zu ebendiesem Saturn sowie der Dissonanzspannung zum Triebsymbol Mars, analog dem Quadrat zwischen Sonne und Mars. […] Dieser Mars hat andererseits ein Quadrat zu Pluto und Neptun, die sich in Konjunktion befinden.

Man muß also die ganze zusammenhängende Figur betrachten, wenn man den Stellenwert des Kerns verstehen will.

Beginnen wir mit dem Unruheherd. Eindeutig bezeichnet Mars den männlichen Trieb, Aggression, Kampfkraft und Durchsetzung; er kulminiert und ist extraversiv äußerungsbereit. Aus der Dissonanzspannung des Neptun ergibt sich als unterste Entsprechung illusionistisches Handeln, vorgespiegelte Ziele, Triebwirrungen. […] Die Sublimierung führt auf ethischer Linie zu Jupiter, dieser steht mit Mars in Rezeption, einem Austauschverhältnis, das den Vollendungswillen anheizt und überschüssigen Drang für höhere Verwendung abzapft. […] Beim Spannunsaspekt zwischen Mars und Pluto geht die Energie nie im konkreten Ziel auf, auch nicht, wenn ein solches erreicht wird, […] Die Vereinigung von Pluto und Neptun ist vom Kosmischen her gesehen die *unmittelbare Zeugung* […]

Nur dann tendiert Pluto in der Opposition zur Sonne zum ›neuen Menschenbild‹, wenn er sich analog jener Konjunktion unmittelbar auszeugt. Der Kernhaltung unausweichlich gegenüberstehend, befruchtet er, was nebensächlich geblieben ›leerer Wahn‹ wäre. Der real einem begegnende Mensch wird dann im Herzen diagnostiziert auf seine Entwicklungsfähigkeit, seine Annährung an dieses Menschenbild. Dieser Zusammenhang macht einsichtig, wie sehr es mir eine Qual ist, mit Menschen umzugehen, die ich nicht in irgendeiner Weise auf dem Weg dahin empfinde, erklärt andererseits den Aufschluß des Sonnenhaften, des schöpferischen Gesamtantriebs, wenn ich spüre, daß jemand auf dem Wege ist.«

Gleichzeitig gibt das Quadrat von Mars und Neptun den Hinweis auf Thomas Rings Tätigkeit als Astrologe und Psychologe, der mit großem Einfühlungsvermögen Zugang zu den emotionalen Problemen anderer Menschen gefunden haben dürfte.

»In einem quasi-religiösen Grundton geht die Quadratur zwischen Mars und Sonne und die zwischen Mars und Pluto/Neptun auf, nun die Zeichen hinzugenommen: Mithelfen am Emporscheinen der wesenhaften Untergründe, darin bewährt sich Fische als dienendes Zeichen und die Spannung zum stolzeren, eigenwilligeren Schütze-Prinzip löst sich dort, wo der reine Tor mit Versuch und Irrtum seine Bahn zieht.«[*]

Kommen wir zum Künstler Thomas Ring: Die Venus als Herrscherin vom 5. Haus befindet sich im 5. Haus Skorpion harmonisch aspektiert und bescheinigt seine künstlerische Begabung und seinen Sinn für Ästhetik, der in seinem individuellen und originellen persönlichen Stil zum Ausdruck kam (Venus Konjunktion Uranus im 5. Haus). Das Trigon von Venus und Uranus zum Aszendenten und zum MC verstärkt Thomas Rings Intuition, seine musikalische und künstlerische Begabung und führt zu Popularität als darstellender Künstler und Astrologe. **Das Sextil zwischen Venus und Merkur verleiht ihm darüber hinaus Geschick im sprachlichen Ausdruck und macht seine Begabung als Komponist und Schriftsteller deutlich.** Thomas Ring publizierte zahlreiche wissenschaftliche und astrologische Werke, von denen vier Bände »Astrologische Menschenkunde« zum Standardwerk für jeden lehrenden Astrologen geworden sind. Er empfand die Astrologie als eine Symbolsprache und Deutungskunst.

1982 nahm Thomas Ring persönlich Stellung zu der Deutung seines Horoskops, das im MERIDIAN 5/82 anläßlich seines 90. Geburtstages von Walter Böer veröffentlicht wurde: In seinem Nachruf »Zum Heimgang von Thomas Ring« zitiert Walter Böer aus dem Brief vom 20. Sept. 1982:

»[...] habe ich etwas gelernt, was ich nicht so sehr bedacht habe: die Tatsache, daß zu dem Zeitpunkt, an dem Aszendent und MC ein Trigon bildeten, am dritten Trigonpunkt bei meiner Geburt die Venus stand, gibt dieser ein besonderes Gewicht. Daß mir Kunst die unmittelbarste Äußerung ist, war von Kind auf klar [...] .

---

[*] Thomas Ring: Selbstdeutung, S. 14

Biquintil zu Mond rechne ich noch mit, so daß dieser außer seinen Aspekten zu Merkur und Uranus noch eine andere Note bekommt. Die letzteren beiden ›Dissonanzen‹ lassen aber das Gemüt zu geistigen Fakten Stellung beziehen, sonst schwämme es fort. **Merkur ist sicherlich wichtig, da nahe am Deszendenten; hier rechne ich den quintilischen 108-Grad-Aspekt zu Jupiter mit bzw. verspüre diesen Zug sehr stark. Gott sei Dank hält Merkur Sextil Venus mir beide Welten zusammen.«**

Mit dem »verletzten« Merkur im beweglichen Zeichen Schütze beanspruchte Thomas Ring Freiheit im Denken und dürfte den Wunsch gehabt haben, als intellektuelle Autorität anerkannt zu werden. Mit dieser Merkurposition könnte er seine Meinung unverblümt und gefühlsbetont geäußert haben, die mit dem Quadrat zum Mond (Herrscher des Krebs-Aszendenten) im 10. Haus Fische nicht unbedingt den Ansichten der Gesellschaft entsprochen haben mag. Seine stilistische Ausdrucksform dürfte emotional gefärbt gewesen sein und Unklarheiten, d.h. einen Mangel an präzisen Äußerungen aufgewiesen haben.

»So ist Merkur Quadrat Mond wichtig für den verbalen Entwicklungsweg, viele Fehlschläge, die Schreibweise usw., den Vorrang unbewußten Herumstreunens vor der Präzision des Gegenstandes im Beginn der Arbeit, ergänzt durch Uranus Trigon Mars: intuitive Einschüsse.«[*]

In der Selbstdeutung (S. 19) seines Horoskops schreibt Thomas Ring unter dem Kapitel »Das Intelligenzproblem« (Mond-Quadrat-Merkur) folgendes:

»Was mir intellektuelle Schwierigkeiten bereitete, war nie ein Mangeln an Einfällen sowie der raschen Auffassung, sondern eine Überfülle der bei leisestem Anstoß zufliegenden Assoziationen, deren ständig wuchernder Prozeß es oft schwer machte, das Gedachte in zweckhaft geordnete Bahnen zu bringen. Auch konnten die Assoziationen ein Eigenleben abseits der Aufmerksamkeit auf das Dringliche haben. Schon in der Schule ›Kopfrechnen‹ schwach neben spielender Bewältigung schwieriger mathematischer Aufgaben, die übrigen Fächer überdurchschnittlich gut, müheloses Erfas-

---

[*] Walter Böer: Zum Heimgang von Thomas Ring, in: MERIDIAN 5/83, Freiburg, S. 14f.

sen alles Neuen (als ›Wiedererinnern‹ erlebt). Späteres Verhältnis zum Geld stets als das einer der unwürdigen Sache, in den Vorhaben nie vom kaufmännischen Nutzen ausgehend. Darum mehrmals empfindlich übers Ohr gehauen, ›Wirtschaften‹ als Sache der Pflicht und Verteidigung erlernt. Meine Arbeitsweise als Schriftsteller: entweder im Arbeitsrausch einen Grundgedanken differenziert (einmal 4 Tage und Nächte ununterbrochen ein Buch geschrieben, nichts gegessen, mit Hilfe von Kaffee wach gehalten) oder diskontinuierliches Zusammenwachsen vieler und verschiedentlicher Einfälle zu einem Ganzen. Diese spätere Form hieß praktisch, daß ich gleichzeitig an einem halben Dutzend Bücher arbeitete, jedes dann und nur dann weitergeführt, wenn es im Rhythmus des Erlebens akut war. Der einzelne Gedanke sollte ›kernhaft‹, vom Zentrum der Sache aus gedacht werden, Herumfeilen ist ein Ergebnis des Wiederaufgreifens von mir ungenügend Scheinendem. [...] Das Mond-Prinzip der Kindlichkeit verlangt hemmungslos dem lebendigen Rhythmus zu folgen. Erquältes führt zu Verkrümmungen, Verwachsungen, verzerrt die Blickweise. Das beginnt schon mit erzwungener Körperhaltung in der Schule, dem Stillsitzen müssen. Seelisch und geistig ergibt es schlechte Haltungen, wenn diese Vorgänge sich einer äußeren Merkur-Regel unterwerfen sollen, die Regulierung bei Merkur in Schütze erfolgt sinngemäß von Jupiter, dem erworbenen Reifestil aus. Mond braucht deswegen nicht infantil zu sein, es geht um Lebensfluß, Durchdringung mit frischem Atem.«

Das Quadrat Sonne-MC zeigt die berufliche Unzufriedenheit Thomas Rings, in Verbindung mit Mond im 10. Haus seine Tendenz zum Berufswechsel und die Suche nach seiner wahren Berufung. Mit diesem Aspekt mußte Thomas Ring seinen individuellen Selbstausdruck opfern, um erfolgreich zu sein. Dennoch gelang es ihm – nach Ausübung zahlreicher »Jobs« – mit Merkur Sextil MC seine hohen geistigen Ideale und seine Ideen umzusetzen, wobei ihm das Sextil von Sonne und Saturn zugute gekommen sein dürfte, das ihn dazu befähigte, Geduld und Selbstdisziplin zu üben und unermüdlichen Arbeitseinsatz zu zeigen.

Saturn im 5. Haus Waage weist auf Thomas Rings ernsthaften und dauerhaften künstlerischen Ambitionen hin. Die Opposition zum Jupiter im 10. Haus Widder (nach Placidus im 11. Haus) erlegen ihm jedoch schwere Verpflichtungen auf: Er dürfte die Wahl gehabt haben zwischen Anpassung und Mühsal und auf dem Weg zur Höheren Bildung etliche Hindernisse in Form von Entbehrungen und Kämpfen überwinden haben müssen.

»Daraus, daß die Jupiter-Opposition-Saturn in Mars- und Venuszeichen liegt, erklärt sich die ständig fluktuierende Auseinandersetzung des Ethikers und des Ästheten in mir. [...] Expansion im Forderungsmäßigen, Konzentration im Erfüllungshaften.

Meine Hauptspannung sieht dann so aus: Saturn [...] würde allein stehend im Felde, wo die Tiefenperson in neu gezeugtes Leben einmündet (5), eine Unterbindungsgefahr bedeuten. Die Gegenspannung zu Jupiter [...] rührt an diese Gefahr und schließt tiefere Möglichkeiten aus. Sie verlangt ein Ablegen lebensfeindlicher Tendenzen und ein Fruchtbarmachen dessen, was schaden könnte. Diese expansive Gegenkraft sucht von sich aus Neuland im Felde der Freundschaft, der Förderungen, des Geistes der Epoche (11).«[*]

Hinzu kommt das Quadrat von Saturn auf Aszendent / Deszendent, das sich laut Thomas Ring »sehr bemerkbar gemacht« hat.

Mit Aszendent Krebs und MC Fisch neigte Thomas Ring sicher zu einer sozialen Einstellung und konnte die Empfindungen anderer Menschen intuitv wahrnehmen. Mit der Schütze-Sonne im Trigon zum Jupiter im 10. Haus war er darauf bedacht, zum Wohl der Allgemeinheit beizutragen und seinen Mitmenschen zu helfen.

Dennoch hatte Thomas Ring wahrscheinlich nicht nur mit seiner komplizierten Persönlichkeitsstuktur zu kämpfen (»Ich kann es niemandem übel nehmen, wenn er sich in mir nicht auskennt, fand ich doch selber oft nicht hindurch.«)[**], sondern auch mit den politischen Verhältnissen. Mit dem verletzten Mars im 10. Haus Fische dürfte er durchaus politisches Engagement gezeigt und Kritik an den bestehenden Strukturen geübt haben. Mars im Quadrat zu Neptun und Pluto bewirkte, daß sich Thomas Ring 1914 als Kriegsfreiwilliger meldete und kurz darauf schwer verwundet wurde. Unter dem Nazi-Regime wurde ihm 1935 der Paß entzogen, weil er aktiv gegen die NSDAP agierte. 1944-46 war er Häft-

---

[*] Thomas Ring: Selbstdeutung, S. 11
[**] Thomas Ring: Selbstdeutung, S. 26

ling im Konzentrationslager Struthof, in dem seine erste Frau ums Leben kam. Er selbst wurde als Staatenloser nach Österreich entlassen. Sonne Quadrat MC zeigt ebenfalls Konflikte mit Autoritätspersonen bzw. mit der Regierung an.

Mit Jupiter Sextil Neptun / Pluto und Trigon Sonne dürfte Thomas Ring trotz allem immer wieder Glück gehabt haben, obwohl sich die Neptun-Pluto-Konjunktion im 12. Haus durch die Kriegserlebnisse nachhaltig auf sein Seelenleben ausgewirkt haben.

»Vom Aspektgerüst aus würde ich sagen: ich befinde mich im permanenten Kriegszustand mit Übergrifflichkeiten und Täuschungen meiner Epoche, angestachelt durch die im Wesenskern aufschießenden Höchstforderungen, denen die Vision eines neuen, lebenswerten Menschenbildes vor Augen steht. Das wäre das Spannungsdreieck Mars-Sonne-Neptun/Pluto. Ungeachtet des darin bedingten gewundenen Weges gelange ich aber wahrscheinlich zum Ausreifen meiner wichtigsten Arbeitsvorhaben; wenn ich Orte der Anonymität aufsuche oder durch ein Massenschicksal unfreiwillig an solche gebracht werde (Konzentrationslager, Gefängnis), ist es mir letzten Endes doch förderlich. So läßt sich Jupiter verstehen, als harmonisierender Punkt der Achse Sonne-Neptun/Pluto hinzugenommen.«[*]

Thomas Ring starb am 24. August 1983 in Schärding/Österreich im Alter von fast 91 Jahren an den Folgen einer Blinddarmoperation.

Er war einer, der viel von seiner gewaltigen Arbeitskraft einsetzte (Merkur und Sonne im 6. Haus, Sonne Opposition Pluto – beide Planeten in Aspekten zum MC), um den Astrologen das »Rüstzeug« – wie er es nannte – zu geben. In den vier Bänden seiner »Astrologischen Menschenkunde« ist ihm das gelungen.

---

[*] Thomas Ring: Selbstdeutung, S. 26

Merkur im 7. Haus

Das 7. Haus entspricht dem Zeichen Waage. Sein Herrscher ist Venus.

Das 7. Haus ist das »**Haus der Partnerschaften**«. Es sagt etwas über unseren Ergänzungstyp aus, über unser Verhalten in der privaten und geschäftlichen Partnerschaft, über Teilhaber und Öffentlichkeitsarbeit. Es ist das **1. Haus des Partners**.

Horoskop-Eigner mit dieser Merkurstellung brauchen immer ein Gegenüber, mit dem sie sich geistig austauschen und sich unterhalten können. Sie legen viel Wert auf gemeinsame Aktivitäten und bevorzugen Teamwork oder geschäftliche Partnerschaften (GmbH) zusammen mit Teilhabern. Da sie einen guten Draht zur Öffentlichkeitsarbeit, Public Relations haben, eignen sie sich besonders für Berufe in der Werbung und im Verkauf, denn sie können gut vermitteln und beraten, haben Interesse an Kunst und Kultur. Auch in der Partnerschaft suchen sie den geistigen Austausch, deshalb fühlen sie sich zu intellektuellen, inspirierenden Menschen hingezogen. Sie streben geistige Partnerschaften an, denn sie unterhalten sich gern – insbesondere über Beziehungen und ästhetische Themen – haben psychologisches Verständnis und sind an den Gedanken ihrer Mitmenschen interessiert. Da sie sehr eitel sind und einen Hang zur Eigenliebe haben, möchten sie allen gefallen und versuchen, Auseinandersetzungen und harte Diskussionen zu vermeiden, indem sie sich ihrem Gesprächspartner anpassen.

Bei *spannungsreicher Aspektierung* könnten Verständigungsschwierigkeiten oder Meinungsverschiedenheiten mit dem Partner oder Teilhaber auftreten. Beim Unterzeichnen von Verträgen ist Vorsicht geboten: Voreiliges Handeln sollte vermieden werden, alle Informationen sollten gut überprüft, alle getroffenen Vereinbarungen eingehalten werden. Möglicherweise kristallisiert sich die Tendenz heraus, Partner anzuziehen, die nicht wissen, was sie wollen, und geistig etwas wankelmütig sind.

Elemente an der Spitze des 7. Hauses mit Merkur im 7. Haus

Luft (Waage – Wassermann – Zwillinge) oder Konjunktion Venus:
Diese Horoskop-Eigner beschäftigen sich gern mit Partnerschaften, suchen in Beziehungen geistige Kontakte und können sich dem/der (Ehe-)Partner/in gut anpassen. Es besteht die Tendenz zu mehreren Beziehungen im Leben.

Wasser (Skorpion – Fische – Krebs):
Partnerschaften unterliegen starken Emotionen. Diese Horoskop-Eigner suchen einen schützenden (Ehe-)Partner, brauchen Geborgenheit und gefühlsmäßige Bestätigung.

Feuer (Schütze – Widder – Löwe):
In Beziehungen sind diese Horoskop-Eigner begeisterungsfähig und möchten am liebsten alles gemeinsam mit dem (Ehe-)Partner unternehmen, für den sie sich stark engagieren.

Erde (Steinbock – Stier – Jungfrau):
Diese Horoskop-Eigner sind in ihren Beziehungen beständig, denn sie brauchen zuverlässige, praktisch veranlagte (Ehe-)Partner, die ihnen Sicherheit bieten. Sie sind realistisch und gerecht.

Bekannte Persönlichkeiten mit Merkur im 7. Haus

Edgar Degas	Maler	19.07.1834	Löwe
Bobby Fisher	Schachweltmeister	9.03.1943	Wassermann
Sigmund Freud	Psychoanalytiker	6.05.1856	Stier
Thomas Gottschalk	Showmaster	18.05.1950	Stier
Franz Joseph Haydn	Komponist	31.03.1732	Widder
Heinrich Heine	Dichter	13.12.1797	Schütze
Gustav Heinemann	Politiker	23.07.1899	Löwe
Theodor Heuss	Politiker	31.01.1884	Steinbock
Erich Honecker	Politiker	25.08.1912	Löwe
Alfried Krupp sr.	Industrieller	26.04.1812	Stier
Heinrich Pestalozzi	Pädagoge	12.01.1746	Wassermann
Robert Schumann	*Komponist*	*8.06.1810*	*Krebs**

---

* Horoskop-Analyse auf den folgenden Seiten

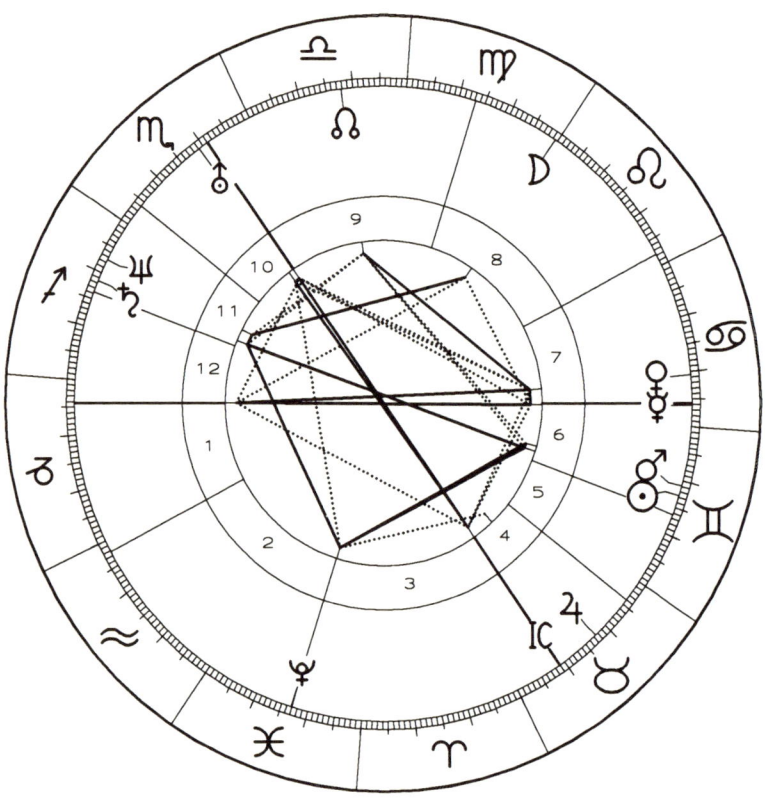

Robert Schumann	
Zwickau	8. 6.1810
12°30' 0"O 50°43' 0"N	20:30: 0 GMT

GOH		♄ᴿ:11°36' ♐
AC : 4°15' ♑	☉ :17°18' ♊	♅ᴿ:10°52' ♏
2 : 2°12' ♒	☽ : 0°31' ♍	♆ᴿ: 7°24' ♐
3:16°49' ♓	☿ : 3°52' ♋	♇ᴿ:16°58' ♓
MC : 8°57' ♏	♀ : 9°24' ♋	☊ᴿ:12°14' ♎
11:25°54' ♏	♂ :19° 8' ♊	ICᴿ: 8°57' ♉
12:13°43' ♐	♃ :17°26' ♉	

156

Robert Schumann – Merkur im 7. Haus Krebs

Robert Schumann wurde am 8. Juni 1810 um 20.30 GMT in Zwik-kau[*] als Sohn eines Buchhändlers geboren. Durch ihn wurde er schon früh mit literarischen Werken, insbesondere der Romantik, bekannt gemacht. Sein Vater war es auch, der Schumanns Interesse an der Musik weckte, als dieser mit neun Jahren ein Konzert besuchen durfte.

In Schumanns Geburts-Horoskop befinden sich die meisten Planeten auf der westlichen Hälfte: Sonne und Mars bilden eine Konjunktion im 6. Haus der Arbeit und Gesundheit, die durch die Opposition mit Saturn und das Quadrat mit Pluto spannungsreich im Zeichen Zwillinge aspektiert ist.

Der aktive, willensstarke Lebenskern, angezeigt durch Sonne Konjunktion Mars, der seine ganze Energie für die Arbeit einsetzte, wird durch das Quadrat von Sonne und Pluto als Herrscher vom MC Skorpion noch verstärkt und bewirkte Schumanns ungestüme,

[*] Hans-Hinrich Taeger: Internationales Horoskope-Lexikon, S. 1363

zu Aggressionen neigende Wesensart, sein ständiges Streben nach Macht und Anerkennung, das durch die Sonne-Saturn-Opposition gehemmt wurde: Seine Arbeitskraft konnte nicht uneingeschränkt zum Ausdruck kommen, sondern unterlag starken Einschränkungen, die unter anderem durch mangelndes Selbstvertrauen oder durch Krankheit bedingt waren, da dieser Aspekt wenig Vitalität verleiht und die persönlichen Ausdrucksmöglichkeiten blockiert.

Außerdem weist diese Opposition auf schwierige Beziehungen zu den Eltern hin, die zur Strenge neigten und eine schwere Verpflichtung bedeuten könnten.

Um diesen Aspekt überwinden zu können, hätte Robert Schumann eine optimistische Lebenseinstellung und Sinn für Humor entwickeln müssen, was ihm jedoch nie gelungen ist, denn er war ständig hin- und hergerissen zwischen Optimismus und Pessimismus, zwischen Glück und Melancholie, zwischen Dichtung und Musik.

Sein Vater starb, als Schumann sechzehn Jahre alt war und vor der Frage stand, ob er Dichter und Musiker werden sollte. Mit ihm verlor Robert Schumann seinen besten Freund und Berater, der ihm bei dieser Frage eine große Hilfe hätte sein können.

Als Schumann achtzehn war, traf seine Mutter für ihn die Entscheidung, in Leipzig Jura zu studieren. Er fügte sich aus Unentschlossenheit, litt aber schon nach kurzer Zeit darunter, daß ihn die »Jurisprudenz langweilte«.

Nun begriff Schumann die Folgen seiner Unentschlossenheit und begann, sich immer mehr der Musik zuzuwenden, ohne jedoch das Studium aufzugeben. Eine klare Entscheidung traf er erst 1830.

»Mein ganzes Leben war ein zwanzigjähriger Kampf zwischen Poesie und Prosa, oder nenn es Musik und Jus… In Leipzig hab' ich unbekümmert um einen Lebensplan so hingelebt, geträumt und geschlendert und im Grunde nichts rechtes zusammengebracht; hier habe ich mehr gearbeitet, aber dort und hier immer innig und inniger an der Kunst gegangen.

Jetzt stehe ich am Kreuzwege, und ich erschrecke bei der Frage: wohin? folg ich meinem Genius, so weist er mich zur Kunst, und ich glaube, zum rechten Weg. Aber eigentlich – nimm mir's nicht übel, und ich sage es Dir nur liebend und leise – war mir's als verträtest Du mir den Weg dazu ...«*

Die künstlerische Begabung kommt durch die Merkur-Venus-Konjunktion im 7. Haus Krebs und deren Aspekte zum Ausdruck, wobei sich Merkur direkt am Krebs-Deszendenten befindet.

Sie zeigt sich in Form von literarisch-dichterischen und schriftstellerischen Fähigkeiten, die zwar starken Stimmungsschwankungen aufgrund hoher Sensibilität unterliegen (Krebs), aber zu Popularität (7. Haus) führen können. Diese Konjunktion ist harmonisch aspektiert. Das Sextil zum Mond im 8. Haus Jungfrau verleiht Einfühlungsvermögen und gesunden Menschenverstand, schöpferische Phantasie und künstlerische Begabung.

Die Merkur-Venus-Konjunktion im Trigon zu Uranus im Skorpion am MC zeigt einerseits Schumanns liberale Lebenseinstellung und andererseits seine geniale Begabung, die einen ganz persönlichen Stil aufweist, seine blitzartige Intuition und seine Aufgeschlossenheit für naturwissenschaftliche und okkulte Studien, mit denen er leicht Zugang zum Universellen Gesetz gefunden haben dürfte.

Das Trigon von Merkur und Venus zum MC gibt einen entscheidenden Hinweis auf die plötzliche Berühmtheit Schumanns als darstellender Künstler, seine eigentliche Berufung.

Schon früh beschäftigte sich Robert Schumann mit der romantischen Literatur. Goethe und Schiller begeisterten ihn; Jean Paul wurde zu seinem Idol. Mit dessen Auffassung der romantischen Geisteshaltung identifizierte sich Schumann am meisten, denn Jean Paul bekannte sich dazu, daß er nicht nach Worten, sondern nach Tönen suche, um seinen überschwenglichen Gefühlen Ausdruck zu verleihen – genau wie Schumann.

Merkur am Deszendenten in Konjunktion mit Venus macht auch Schumanns Wunsch nach Glück und Erfüllung in der Ehe, sein Bedürfnis nach einer liebevollen gleichgesinnten Partnerin deutlich, die Verständnis für seine Interessen aufbringen sollte, mit der er gemeinsame Ziele verfolgen kann. Diese Partnerin fand er in der neun Jahre jüngeren Clara Wieck, einer begabten Pianistin, bei

---

* André Boucourechliev: Robert Schumann, Reinbek 1993, Brief an seine Mutter 30.7.1830, S. 31/32

159

deren Vater Schumann Unterricht nahm. Schumann komponierte die Stücke, die Clara später in ihren Konzerten spielte.

1835 entdeckte Schumann seine Liebe für Clara und löste daraufhin seine Verlobung mit Ernestine von Fricken. Die Eheschließung mit Clara erfolgte jedoch erst 1840, da deren Vater mit allen Mitteln versuchte, die beiden auseinanderzubringen. Deshalb war ein Gerichtsbeschluß zur Anerkennung der Ehe gegen Wieck erforderlich. Saturn Opposition Sonne gibt den Hinweis darauf, daß eine Ehe gar nicht oder erst sehr spät zustande kommt, und Venus im 7. Haus zeigt gerichtliche Angelegenheiten mit gutem Ausgang an.

In dem Mond-Neptun-Quadrat wird Robert Schumanns Verwirrung, seine Neigung zum Wunschdenken, zu Illusionen und sich von Phantasien hinreißen zu lassen, deutlich, was den Verlust von Schumanns Realitätsbezug zur Folge hatte. Die Ursache für seine Psychosen, die schon in frühester Jugend auftraten und sich mit dem Tod des Vaters verstärkten, sind in diesem Aspekt zu suchen, zumal der Mond als Herrscher des Deszendenten das gefühlsmäßige Empfinden des Gegenübers erheblich steigert und Neptun, Herrscher des 3. Hauses und Mitherrscher des 2. Hauses, die realistische Vorstellung von Kommunikation und Selbstwertgefühl stark verschleiert. Obwohl der Mond ein Trigon zum Aszendenten bildet, was darauf schließen läßt, daß Schumann sensibel auf das Verhalten seiner Mitmenschen reagierte, dürfte die Neptun-Saturn-Konjunktion seine Neigung zu Depressionen aufgrund selbstzerstörerischer Tendenzen noch verstärkt haben.

Schumann war ein unbeschwertes, sorgloses Kind mit einer lebhaften Phantasie und wurde von seiner Mutter als »Lichtpunkt« bezeichnet. In der Pubertät, kurz bevor sein Vater starb, wurde Schumann seine Doppelbegabung bewußt, und die andere Seite seiner Persönlichkeit meldete sich: Sein Wesen wurde zum erstenmal von Schwermut und Gleichgültigkeit erfaßt, und Schumann spürte die Sehnsüchte der Romantiker, mit denen er sich sein Leben lang vollkommen identifizierte. Eine weitere seelische Krise folgte 1834, nachdem Schumann als Pianist seinem Vorbild Paganini so sehr nacheiferte, daß er auf die Idee kam, sich den dritten Finger der rechten Hand festzubinden, um den vierten besser zu trainieren. Nach kurzer Zeit war seine Hand gelähmt, und seine Karriere als Pianist war beendet.

Saturn befindet sich an der Spitze des 12. Hauses und deutet Schumanns Internierung in eine Heilanstalt an, die auf eigenen Wunsch erfolgte, als Schumann 1854 begriff, daß er wahnsinnig war, und sein Selbstmordversuch, sich im Rhein zu ertränken, scheiterte.

Saturn bildet ebenfalls ein Quadrat mit Pluto an der Spitze des 3. Hauses Fische. Abgesehen davon, daß dieses Quadrat ein Generationsaspekt ist, unterstreicht es Schumanns Neigung zu Schwermut und seinen Hang zum Geheimnisvollen, der einerseits keine vertrauensvollen Freundschaften entstehen ließ, und andererseits ganz bezeichnend für die Zeit der Romantik ist, in der eine Flucht aus dem Alltag, aus dem politischen Leben und aus der Realiät angesagt war. Die Sehnsucht nach einer geheimnisvollen, mystischen Welt, in der das Seelische, das Übernatürliche an erster Stelle stand, und das Verlangen nach dem unendlichen All kamen bei allen Vertretern der Romantik deutlich zum Ausdruck.

Robert Schumann starb am 29. Juli 1856 nach zwei Jahren Internierung in einer Heilanstalt in Endenich bei Bonn. Er hat sein wahres Ich-Bewußtsein laut Auskunft des Arztes nie verloren, doch seine Schwermut hat ihn bis in den Tod verfolgt. Mit ihm starb einer der Hauptvertreter der Romantik, vielleicht der romantischste Musiker der romantischen Geistesbewegung, dessen vielschichtiges Wesen in seiner Musik besonders deutlich wurde.

Merkur im 8. Haus

Das 8. Haus entspricht dem Zeichen Skorpion. Sein Herrscher ist Pluto, sein Mitherrscher ist Mars, der als antiker Planet Herrscher des Zeichens Skorpion war, bevor Pluto entdeckt wurde.

Das 8. Haus wird auch »**Haus des Todes**« genannt, weil es einerseits Hinweise auf alle Bereiche gibt, die mit dem körperlichen Tod in Zusammenhang stehen, wie Erbschaften und Nachlaßverwaltung. Andererseits sagt es etwas über die Rückkehr der Seele auf höherer Ebene aus, über das Interesse an Parapsychologie, Okkultismus und Kommunikation mit Verstorbenen sowie an höherer Mathematik und Atomphysik und über Sexualität aus. Da das **8. Haus das 2. Haus des Partners** ist, erfahren wir hier auch etwas über gemeinsamen Besitz, Steuern und Versicherungen, sowie über Erbschaften und Verwaltung von Nachlässen.

Neugier und Wissensdrang zeichnen die Horokop-Eigner mit Merkur im 8. Haus aus. Sie möchten alles erforschen, haben starkes Interesse an Okkultismus und setzen sich gedanklich intensiv mit Leben und Tod auseinander. Möglicherweise haben sie mediale Neigungen und könnten als Medium fungieren, denn sie sind für Kommunikation mit Verstorbenen und Spiritismus recht aufgeschlossen. Der Tod von Geschwistern und Verwandten kann eine tiefe Bedeutung für sie haben.

Horoskop-Eigner mit dieser Merkurposition lesen gern, insbesondere Krimis, und lieben das Rätselhafte, Geheimnisvolle, denn mit ihrem Forscherdrang möchten sie den Dingen auf den Grund gehen und die Beweggründe für menschliches Verhalten erkunden.

Da sie tiefe Gefühle besitzen und Sexualität eine wichtige Rolle für sie spielt, reagieren sie oftmals sehr emotional.

Bei *spannungsreicher Aspektierung* besteht die Gefahr, nachtragend zu sein, denn persönliche Kränkungen werden nicht vergessen. Statt dessen werden Rachepläne geschmiedet, die bei passender Gelegenheit ausgeführt werden. Diese Horoskop-Eigner sollten sich von spiritistischen Sitzungen fern halten.

Elemente an der Spitze des 8. Hauses mit Merkur im 8. Haus

Wasser (Skorpion – Fische – Krebs) oder Konjunktion Pluto:
Diese Horoskop-Eigner reagieren emotional empfindlich auf Todesfälle; sie haben eine intuitive bis paranormale Begabung.

Feuer (Schütze – Widder – Löwe):
Persönliche Krisen können mit Energie bewältigt werden. Diese Horoskop-Eigner empfinden den Tod im Sinne von »stirb und werde« als normal, denn sie beschäftigen sich geistig intensiv mit Tod und Wiedergeburt.

Erde (Steinbock – Stier – Jungfrau):
Mit ihrer realistischen Einstellung zu persönlichen Krisen, zum Tod und zur Sexualität gelingt es diesen Horoskop-Eignern, ihr Schicksal mit Vernunft zu bewältigen.

Luft (Wassermann – Zwillinge – Waage):
Leben und Tod werden aus geistiger Sicht betrachtet. Diese Horoskop-Eigner versuchen, alle Themen des 8. Hauses auf geistiger Ebene über den Verstand zu bewältigen.

Bekannte Persönlichkeiten mit Merkur im 8. Haus

Claus von Amsberg	Diplomat	6.09.1926	Jungfrau
Ursula Andress	Schauspielerin	19.03.1936	Fische
Andrew von England	Prinz	19.02.1960	Fische
Hermann Bauer	Verleger	12.02.1906	Wassermann
Hans Baumgartner	Astrologe	7.06.1906	Zwillinge
Max Beckmann	Maler	12.02.1884	Steinbock
Ludwig van Beethoven	Komponist	16.12.1770	Schütze
Otto von Bismarck	Politiker	1.04.1815	Fische
Hans Dietrich Genscher	Politiker	21.03.1927	Fische
E.T.A. Hoffmann	Dichter	24.01.1776	Wassermann
Elton John	Musiker	25.03.1947	Fische
John F. Kennedy	*Politiker*	*29.05.1917*	*Stier**

---

* Horoskop-Analyse auf den folgenden Seiten

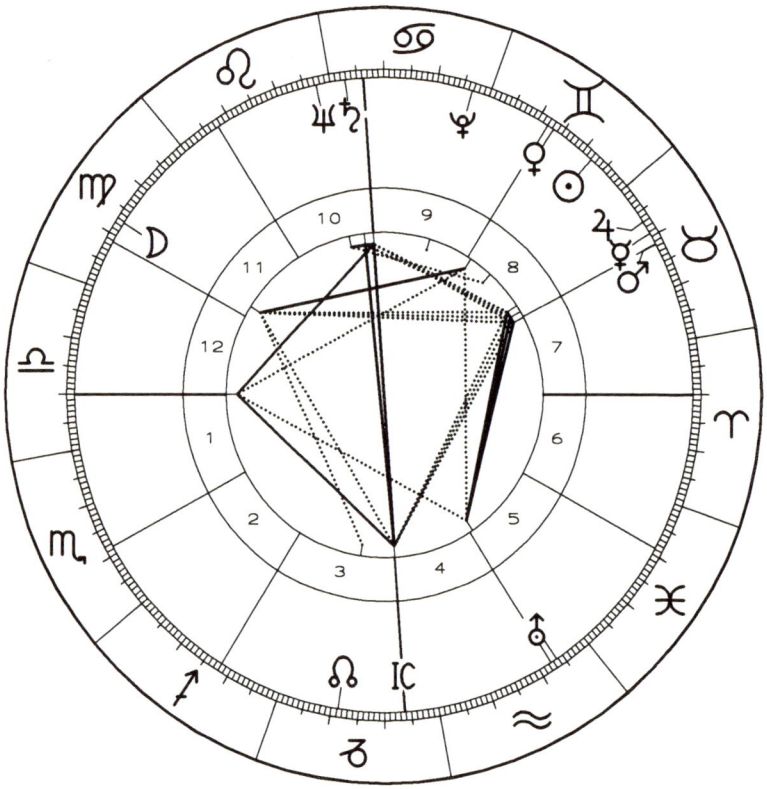

GOH		♄ :27° 9' ♋
ĀC :20° 0' ♎	☉ : 7°51' ♊	♯ R :23°43' ≈
2:18°32' ♏	☽ :17°12' ♍	♃ R: 2°40' ♌
3:17°58' ♐	☿ :20°36' ♉	♅ : 3°16' ♋
M̄C :23°46' ♋	♀ :16°45' ♊	☊ :11°14' ♉
11:22°31' ♌	♂ :18°26' ♉	IC :23°46' ♋
12:21°10' ♍	♃ :23° 2' ♉	

John F. Kennedy – Merkur im 8. Haus Stier

John F. Kennedy wurde laut Aussage der Mutter am 29. Mai 1917 um 20.00 GMT (selbst korrigiert auf 19.58 GMT) in Brookline/ Massachusetts* geboren.

Bei der Betrachtung seines Radix-Horoskops fällt sofort die Betonung des 3. Quadranten, insbesondere die starke Besetzung des 8.Hauses ins Auge: Sonne im Zeichen Zwillinge und **Merkur, Mars und Jupiter als Stellium im Stier in Konjunktion mit der 8. Häuserspitze.**

Diese Planetenverteilung weist darauf hin, daß sich John F. Kennedy mit gemeinsamen Gütern, (geerbten) Finanzen sowie mit Tod und Zerstörung, aber auch mit der Sexualität auseinanderzusetzen hatte, denn durch die Stellung der Sonne werden unter anderem auch Lebensaufgabe und -thema angezeigt. Tatsächlich spielten all diese Bereiche in Kennedys Leben eine entscheidende Rolle.

Die harmonisch aspektierte Zwillinge-Sonne zeigt Kennedys

---

* Michael Roscher: Das Buch der Horoskope, München 1990, S. 312

aufgeschlossenen, intellektuellen, wißbegierigen, reisefreudigen, aber auch abwechslungsbedürftigen, etwas oberflächlichen und zwiespältigen Lebenskern an, für den Sprache und Kommunikation von besonderer Bedeutung waren. Sie dienten ihm als Rahmen für seine Unternehmungen.

Das Sextil von Sonne zu Neptun im 10. Haus verleiht John F. Kennedy neben einer guten bildhaften Vorstellungskraft Inspiration und die Fähigkeit, seine Ideen praktisch umzusetzen, indem er Geld und Macht, beziehungsweise eine einflußreiche gesellschaftliche Stellung erwirbt (Neptun Konjunktion Saturn im 10. Haus) sowie geistigen Tiefblick beweist. Bei seiner Berufswahl dürften intuitive Faktoren eine Rolle gespielt haben (Neptun im 10. Haus).

Der harmonisch aspektierte Saturn als Herrscher vom IC am MC Krebs zeigt neben den sicheren beruflichen Aufstiegschancen auch den häuslichen Einfluß, insbesondere des Vaters (Saturn), auf Kennedys berufliche Laufbahn, der durch Mars Sextil MC Trigon IC noch verstärkt wird: Das Zuhause dient als Ausgangsbasis der Berufstätigkeit. **Das Sextil von Saturn zu Jupiter und Merkur sorgt für seinen unermüdlichen Ehrgeiz, eine angesehene Stellung erreichen zu wollen, in der er seine (politischen) Richtlinien in konservativer Weise verfolgen und seinen Verpflichtungen verantwortungsbewußt nachkommen kann. Jupiter im exakten Sextil zum MC verspricht beruflichen Erfolg, öffentliches Ansehen, einen ausgezeichneten Ruf und große Beliebtheit.**

Durch das Stellium von Merkur, Mars und Jupiter im Trigon zum Mond in der Jungfrau in Konjunktion mit der 12. Häuserspitze wird »der gute Draht« zum Volk (Mond) offensichtlich. Jupiter Trigon Mond zeigt an, daß sich Kennedy für eine gute Sache einsetzen wollte, **gesunden Menschenverstand (Merkur Trigon Mond) besaß** und zu Reichtum (Mond Trigon Jupiter) kommen sollte.

Die Merkur-Mars-Konjunktion läßt auf einen scharfen Verstand und enorme geistige Energie schließen, die in Debatten und in der Freude am Wettstreit freigesetzt wird, sich aber vorwiegend auf praktische Gesichtspunkte (Betonung des Erd-Elementes) konzentriert, was in seinen Reden deutlich wurde.

Kennedys persönlicher Wunsch war es niemals, in die Politik zu gehen. Er wäre lieber Schriftsteller geblieben. Doch als sein älterer

Bruder Joseph 1944 bei der Explosion seines amerikanischen Bombers vor der französischen Küste ums Leben kam – **Merkur Konjunktion Mars an der 8. Häuserspitze Quadrat Uranus weist auf den plötzlichen bedeutsamen Tod von Geschwistern hin** – war John F. Kennedys Schicksal besiegelt, denn sein Vater Joseph Patrick Kennedy hatte sich in den Kopf gesetzt, daß sein ältester Sohn, und an diese Stelle war nun John gerückt, eine politische Laufbahn einschlagen sollte.

In der Zeitschrift »McCalls« sagte Kennedy 1957: »Aus meiner Familie war mein Bruder Joe die logische Wahl für eine politische Karriere, und wenn er gelebt hätte, so wäre ich weiterhin Schriftsteller geblieben... Wenn ich sterben sollte, würde mein Bruder Bob Senator werden wollen, und wenn ihm etwas zustoßen sollte, würde mein Bruder Teddy an unserer Stelle kandidieren.«[*]

Die Äußerung spiegelt nicht nur Kennedys äußere Anpassungsfähigkeit wider, mit der er durch den Waage-Aszendenten Entscheidungen gern anderen – in diesem Fall seinem dominanten Vater – überläßt, sondern macht auch dessen starken Einfluß durch Saturn deutlich: Nicht das Individuum, sondern die Gesamtheit der Familie zählte. **Da Merkur, Mars und Jupiter im Trigon zum IC für gute Beziehungen zur Familie stehen, wollte John F. Kennedy sicher im Sinne der Erwartungen seiner Familienangehörigen handeln und ließ sich auf seinen Weg führen.** Außerdem könnte man in dieser Bemerkung Kennedys Intuition und seine Ahnungen (Neptun Sextil Sonne), **die Beschäftigung mit Leben und Tod vermuten** sowie seine Akzeptanz von »Stirb und Werde« erkennen (**Merkur als Mitherrscher vom 8. Haus im 8. Haus stark gestellt**).

Sein Leben lang litt John F. Kennedy unter dem ständigen Kampf mit seinem Bruder Joe (Merkur-Mars-Konjunktion: Auseinandersetzungen mit Geschwistern), der während der Abwesenheit des vielbeschäftigten Vaters die Verantwortung für die jüngeren Geschwister übernahm und vom alten Kennedy zu deren Vorbild erkoren wurde.

Mit Aszendent Waage und MC Krebs war Kennedy sicher kein robuster Typ, zumal sowohl die beiden Achsen als auch deren Herrscher Venus und Mond im Quadrat zueinander stehen.

---

[*] Alan Posener: John F. Kennedy, Reinbek 1991, S. 8

Einerseits weist diese Konstellation darauf hin, daß er Probleme bei der Berufswahl gehabt haben dürfte; andererseits sind durch das Quadrat von Mond und Venus seelische und gefühlsmäßige Labilität, emotionale Spannungen, ein Gefühl des Unglücklichseins sowie soziale Schwierigkeiten im häuslichen Bereich angezeigt.

Es gelang Kennedy nur ein einziges Mal, aus dem Schatten seines Vaters und seines älteren Bruders herauszutreten, nämlich 1940, als er sein Studium mit Auszeichnung beendete und seine Abschlußarbeit als Buch »Why England Slept« veröffentlichte, das ein Bestseller wurde.

Der stark aspektierte Merkur zeigte seine Wirkung auch in den anderen Bereichen des 8. Hauses: Als John F. Kennedy für kriegsuntauglich erklärt wurde, ließ sein Vater seine Beziehungen spielen und verschaffte seinem Sohn einen **Posten beim Nachrichtendienst der Marine (Merkur-Mars-Jupiter-Konjunktion im 8. Haus)** – in dem Glauben, dort könne er eine »ruhige Kugel schieben«. Aufgrund seines Verhältnisses mit einer dänischen Journalistin, die dubiose Beziehungen zu den Nazis unterhielt, galt John F. Kennedy bald als Sicherheitsrisiko, wurde versetzt und später – wieder mit Hilfe der Beziehungen seines Vaters – Kommandant eines Torpedobootes.

In dieser Position begegnete er zum ersten Mal dem Tod, als sein Boot bei der Abfangaktion von japanischen Zerstörern gerammt wurde. **Merkur Konjunktion Mars, im 8. Haus stark gestellt, im Quadrat zum Uranus im 5. Haus deutet unter anderem einen plötzlichen, gewaltsamen Tod durch Krieg oder andere Konflikte an.**

Merkur als Herrscher des 12. Hauses im Quadrat zu Uranus läßt auf Heimlichkeiten vor der Öffentlichkeit schließen: Kennedy war nie der jugendlich-gesunde Mann, den er als Präsident verkörperte, sondern von Kindheit an kränklich und unsportlich. Doch beide Tatsachen wurden bewußt ignoriert, denn Krankheit und Schwäche paßten nicht in die Erfolgsphilosophie der Kennedys; in dieser Familie durfte es keine Verlierer geben.

Laut Joseph Kennedy war alles zu erreichen, wenn man es nur richtig anstellte. Aber wenn man sich eine Schwäche eingestehen mußte, so durfte diese auf keinen Fall gezeigt werden: »Denk dran, es kommt nicht darauf an, was du bist, sondern wofür dich die Leute halten.«*

Diese anerzogene, selbstbetrügerische Einstellung – angezeigt durch Neptun im 10. Haus: Verschleierung der Tatsachen vor der Gesellschaft – verfehlte ihre Wirkung auf John F. Kennedy nicht: Obwohl er unter einer angeborenen Rückenschwäche litt, die in der Öffentlichkeit als Folge eines Football-Unfalls heruntergespielt wurde, die Addison-Krankheit hatte, zu Allergien und Asthma neigte, glaubte er selbst fest daran, »ein starker, gesunder Mann zu sein, der nur öfter krank war als andere«.**

Mit Hilfe seines Trigons zwischen Venus, Mitherrscherin des 12. Hauses, und Aszendent fiel es John F. Kennedy nicht schwer, dies auch seiner Umgebung und der Öffentlichkeit weiszumachen. Er zeigte sich immer als freundlicher, zuversichtlicher Mann, der sich nie etwas von seinen Qualen anmerken ließ, trieb Sport und verfolgte hartnäckig sein vom Vater gestecktes Ziel. Neptun, Symbol für schleichende Krankheiten, befindet sich als Herrscher vom 6. Haus im 10. Haus in Konjunktion mit dem starkgestellten Saturn, der auch dem Rücken (Wirbelsäule) und den Knochen zugeordnet wird. Außerdem steht der nicht aspektierte Pluto auf der Halbsumme von Sonne und Neptun und weist auf Belastungen durch seelisches oder körperliches Leid, hochgradige Empfindlichkeit und tragische Täuschung hin.

Laut eigener Aussage Kennedys waren die Ärzte der Meinung, »er könne bis 45 durchhalten«. Er selbst zitierte oft das Gedicht von Alan Seeger »Ich hab ein Rendez-vous mit dem Tod«.

Kennedy gab jedoch nicht auf. Im Alter von 43 Jahren wurde er der 35. Präsident der Vereinigten Staaten von Amerika. Seine Amtszeit sollte kaum mehr als 1000 Tage dauern.

Der stark aspektierte Merkur im 8. Haus Stier bewirkte ebenfalls eine geistige Auseinandersetzung mit den gemeinsamen Finanzen: An seinem 21. Geburtstag bekam Kennedy von seinem Vater ein Treuhandvermögen von 1 Million Dollar geschenkt. Mond Trigon Jupiter im 8. Haus zeigt Wohlstand durch Erbschaft an. John F. Kennedy nutzte seinen Reichtum nicht, um ein finanziell unabhän-

---

* Alan Posener: John F. Kennedy, S. 18
** Alan Posener: John F. Kennedy, S. 20

giges, unbeschwertes Leben zu führen. Mit der Zwillinge-Sonne im 8. Haus und dessen starker Besetzung wäre das auch nicht ohne weiteres möglich gewesen, da mit dieser Planetenstellung das Erwerben grundlegender Erfahrungen notwendig ist. **Dennoch betrachtete Kennedy seinen Reichtum als sicheren Hintergrund für seine Vorhaben und traf seine Entscheidungen vorwiegend nach praktischen und finanziellen Gesichtspunkten – Jupiter in Konjunktion mit Merkur und Mars im 8. Haus. Das Sextil dieses Stelliums zu der Saturn-Neptun-Konjunktion im 10. Haus bestätigt, daß der Vater seinen Einfluß immer wieder geltend machte und die gesamte politische Karriere seines Sohnes mit seinem Vermögen manipulierte, indem er die Wahlpropaganda finanzierte und Stimmen kaufte.**

Auch in der Ehe spielten materielle Werte eine gravierende Rolle: 1953 heiratete Kennedy Jacqueline Bouvier, die für ihn aufgrund ihrer Herkunft einen sozialen Aufstieg bedeutete – Mond Trigon Mars weist darauf hin, daß Kennedy eine Partnerin wählt, die gut für ihn ist, und **Jupiter in Konjunktion mit Merkur im 8. Haus zeigt Vorteile durch eine wohlüberlegte Heirat an.**

Das 8. Haus entspricht dem Zeichen Skorpion mit den Regenten Pluto und Mars. Bei John F. Kennedy befindet sich der Mars im Stier, das heißt, er dürfte sich intensiv mit Sexualität und Sinnlichkeit beschäftigt haben. **Mars bildet eine Konjunktion mit Merkur, Jupiter und der 8. Häuserspitze, die seine Begierden sowie den ausgeprägten Sexualtrieb verstärkt.** Mars Quadrat Uranus (Herrscher des 5. Hauses an der Spitze des 5. Hauses/Wassermann) verdeutlicht die leichte Erregbarkeit, die Suche nach Abwechslung und Abenteuern sowie die Risikobereitschaft in Liebesbeziehungen. Uranus in Konjunktion mit der 5. Häuserspitze bedeutet, daß er Schwierigkeiten gehabt haben dürfte, Verantwortung in Liebesangelegenheiten zu tragen, **da er seine Freiheit liebte und seine heimlichen Affären mit Merkur als Herrscher des 12. Hauses Quadrat Uranus genauso schnell beendet haben dürfte, wie er sie anknüpfte.** Seine Affären endeten auch nach seiner Heirat nicht. Am 22. November 1963 fiel John F. Kennedy im Alter von 46 Jahren einem heimtückischen Attentat in Dallas/Texas zum Opfer. Bis heute sind dessen Ursachen und Hintergründe nicht geklärt – die wahren Mörder nicht gefaßt. Die Wahrheit über John F. Kennedys Tod wird bewußt vertuscht, die Öffentlichkeit weiterhin getäuscht – wie zu Lebzeiten Kennedys.

Merkur im 9. Haus

Das 9. Haus entspricht dem Zeichen Schütze. Sein Herrscher ist Jupiter.

Das 9. Haus ist das »**Haus der Reisen und der höheren Bildung**«. Es sagt etwas über Philosophie, Religion, Jura und Horizonterweiterung durch Reisen in fremde Länder aus. Da das **9. Haus das 3. Haus des Partners** ist, erfahren wir hier auch etwas über gemeinsame Interessen, Urlaub und angeheiratete Verwandte.

Horoskop-Eigner mit dieser Merkurstellung haben ein reges Interesse an geistiger Horizonterweiterung. Eine gute (Aus)Bildung ist als Basis für den Erwerb eines akademischen Titels sehr wichtig für sie. Da sie Freude daran haben, ihr Wissen weiterzugeben, eignen sie sich gut zum Lehrer, insbesondere in der Erwachsenenbildung, beispielsweise an Universitäten, Fachhochschulen oder Volkshochschulen. Mitunter neigen sie jedoch dazu, anderen ihr Wissen aufzudrängen, denn sie besitzen ein gesundes Selbstvertrauen und eine ausgesprochene rhetorische Begabung, mit der sie geistig auf ihre Schüler einwirken. Ihr Denken und Handeln wird von ethisch-moralischen Grundsätzen bestimmt. Sie brauchen viele interessante Eindrücke und suchen Abwechslung, die sie auf Reisen finden, wenn sie fremde Kulturen erforschen. Juristen, Historiker und Reiseleiter haben oftmals Merkur im 9. Haus.

Bei *spannungsreicher Aspektierung* besteht die Gefahr, zu schulmeisterlich auf andere einzuwirken. Intellektueller Hochmut und ein übersteigertes Selbstbewußtsein machen sich bemerkbar. Man versucht immer wieder, seine Ansichten durchzusetzen.

Elemente an der Spitze des 9. Hauses mit Merkur im 9. Haus

Feuer (Schütze – Widder – Löwe) oder Konjunktion Jupiter:
Diese Horoskop-Eigner reisen gern und investieren viel Energie in ihre Weiterbildung, die zu ihrer Horizonterweiterung beiträgt und sie ihren Lebenszielen näherbringt.

Erde (Steinbock – Stier – Jungfrau):
Reisen und Weiterbildung sollten praktischen Nutzen für diese Horoskop-Eigner haben, der sich in Form von finanziellem Erfolg niederschlägt.

Luft (Wassermann – Zwillinge – Waage):
Ausgeprägter Wissensdrang, geistige Aufgeschlossenheit für alles Neue, Interesse an Philosophie, Rechtswissenschaften, Esoterik und höherer Bildung zeichnet diese Horoskop-Eigner aus.

Wasser (Fische – Krebs – Skorpion):
Diese Horoskop-Eigner sind sehr sensibel und lernen intuitiv, indem sie mit »Leib und Seele« in ihren Interessensbereichen aufgehen. Sie fühlen sich gefühlsmäßig zu den Länder hingezogen, in denen sie ihren Urlaub verbringen.

Bekannte Persönlichkeiten mit Merkur im 9. Haus

Honoré de Balzac	Schriftsteller	20.05.1799	Stier
André Barbault	Astrologe	1.10.1921	Skorpion
Béla Bartók	Komponist	25.03.1881	Fische
Norbert Blüm	Politiker	21.07.1935	Krebs
Enrico Caruso	Tenor	25.02.1873	Fische
Marc Chagall	Maler	7.07.1887	Löwe
Coco Chanel	Modeschöpferin	19.08.1883	Jungfrau
Sean Connery	*Schauspieler*	*25.08.1930*	*Jungfrau**
Lovis Corinth	Maler	21.07.1858	Löwe
Erich von Däniken	Schriftsteller	14.04.1935	Widder
Henry Ford	Industrieller	30.07.1863	Löwe
Johannes Paul II.	Papst	18.05.1920	Stier

---

* Horoskop-Analyse auf den folgenden Seiten

Sean Connery – Merkur im 9. Haus Jungfrau

Sean Connery wurde am 25. August 1930 um 17.05 GMT in Edinburgh (Fountainbridge) als Thomas Connery geboren*. Der Name Sean, den er sich erst sehr viel später zulegte, stammt aus seinem Lieblingsfilm, dem Western »Mein großer Freund Shane« (1955).

Sean Connerys Geburtshoroskop zeigt den starkgestellten Saturn am Aszendenten Steinbock, der eine zuverlässige, verantwortungsbewußte Persönlichkeit erwarten läßt, die auf ihre Mitmenschen distanziert, nüchtern und verschlossen wirkt. Diese Konstellation weist ebenfalls auf eine strenge Erziehung, Schwierigkeiten in der Kindheit und mit der Umwelt hin.

Sean Connery wuchs in ärmlichen Verhältnissen auf. Sein Vater war Arbeiter und lebte mit seiner Familie im einem schäbigen Mietshaus. Connery wurde durch seine Umgebung stark geprägt, denn er mußte schon in der Kindheit wichtige Lebenserfahrungen machen, wobei er sich als hart gegen sich selbst erwies. Bereits als

---

* Michael Roscher: Das Buch der Horoskope, S. 140

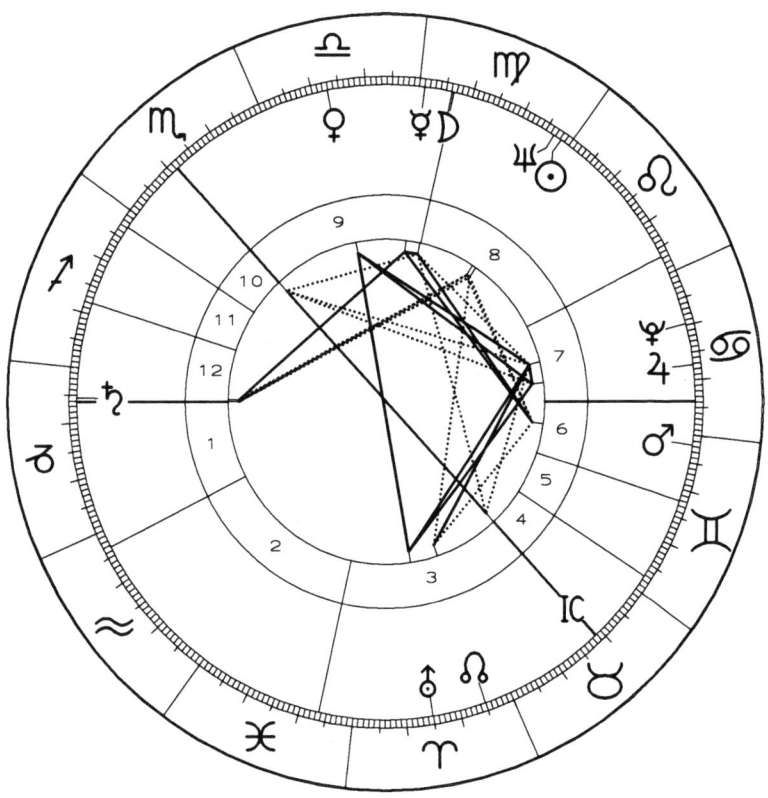

Sean Connery	
Edinburgh	25. 8.1930
3°11' 0"W 55°57' 0"N	18: 5: 0 MEZ

GOH		♄ : 5°27' ♉
AC : 6° 9' ♏	☉ : 1°45' ♍	♅R :14°54' ♈
2 : 3°21' ≈	☽ :23°53' ♍	♆R : 3°16' ♍
3 :23°32' ♓	☿ :29° 0' ♍	♇ :20°15' ♋
MC :18°46' ♏	♀ :17° 4' ♎	☊ :24°56' ♈
11 : 2°45' ♐	♂ :28°15' ♊	ICR :18°46' ♉
12 :17°54' ♐	♃ :12°43' ♋	

174

Achtjähriger suchte er sich seinen ersten Job, sparte jeden Pfenning seines Lohnes und konnte es laut eigener Aussage gar nicht abwarten, selbst zu arbeiten.

Saturn steht am Aszendenten im Trigon zu der Sonne-Neptun-Konjunktion im 8. Haus Jungfrau und im Quadrat zu Merkur im 9. Haus Jungfrau. Das Trigon zeigt das Bedürfnis nach Vervollkommnung der eigenen Persönlichkeit und die Suche nach einer höheren geistigen Wirklichkeit an. Die Lebensausgabe besteht mit Sonne im 8. Haus darin, grundlegende Erfahrungen als Basis für eine höhere geistige Entwicklung zu machen, die mit Beharrlichkeit und Intuition verfolgt wird. Dabei dürfte die Auseinandersetzung mit gemeinsamen Finanzen, Steuern und Versicherungen genauso wichtig wie die gedankliche Beschäftigung mit der Frage nach dem Sinn des Lebens, die erst im fortgeschrittenen Alter auftreten mag und mit der Jungfraufärbung auf rationaler Ebene bewältigt werden könnte.

Seit seiner Kindheit spielten die Finanzen für Sean Connery eine entscheidende Rolle, denn aufgrund seiner Herkunft aus ärmlichen Verhältnissen begriff er sehr schnell, daß man Geld braucht, wenn man weiterkommen will. Deshalb verließ er mit dreizehn Jahren die Schule und suchte sich lieber einen Job als aufs Gymnasium zu gehen, zumal er auch kein besonders guter und ehrgeiziger Schüler war. **Durch Saturn Quadrat Merkur, der wiederum ein Quadrat mit Mars bildet, ist Connerys Neigung zu spontanen Entschlüssen, die sich als Fehlentscheidung entpuppen können, angezeigt.** Seine zweite gravierende Erfahrung machte er bei der Marine, indem ihm bewußt wurde, daß »man als Sohn eines einfachen schottischen Arbeiters nicht viel zählte, zumindest nicht bei der Marine.«[*] Um von Zuhause wegzukommen, verpflichtete er sich für sieben Jahre, wurde aber nach zwei Jahren »mit einem Magengeschwür und einer heftigen Abneigung gegen den militärischen Befehlsgehorsam-«[**]wieder entlassen. Dieses Erlebnis hat er wohl nie vergessen, denn Jahre später sagte er: »Es ist lächerlich zu behaupten, daß es in einem Land keine Klassenschranken gebe. Ich versuche mittler-

---

[*] Peter Strotmann: Sean Connery. Vom Superspion zum Charakterdarsteller, Bergisch Gladbach 1991, S. 13
[**] Peter Strotmann: Sean Connery, S. 13

weile, nicht mehr über Klassen nachzudenken. Aber es hat Jahre gegeben, da konnte ich nicht anders.«*

Neptun im Sextil zu Mars und im Trigon zu Saturn zeigen Connerys Neigung zu militärischen Aktionen sowie seine Begabung als Militärstratege, die auch in vielen späteren Filmrollen immer wieder zum Ausdruck kommt.

Durch das Quadrat von Mond und Merkur zu Mars wird Sean Connerys Neigung zu psychosomatischen (Magen-)Krankheiten deutlich, deren Ursache in aufgestautem Ärger und starken emotionalen Reaktionen begründet (Mond Konjunktion Merkur) ist.

Die Sonne-Neptun-Konjunktion macht einerseits Connerys künstlerische Begabung und seine große Inspiration deutlich, mit der es ihm gelingen dürfte, seine Ideen geschickt zum Ausdruck zu bringen. Andererseits wird durch diese Konstellation auch sein Hang zum Wunschdenken angezeigt, der durch die Jungfraubetonung jedoch nicht unbedingt zum Tragen kommen muß. Sonne Konjunktion Neptun im Sextil zu Mars im 6. Haus Zwillinge verleiht Sean Connery Mut, Kraft und Unternehmungsgeist, schöpferische und schauspielerische Begabung und sorgt für eine magnetische Ausstrahlung, die insbesondere durch das Trigon dieser Konjunktion zum Aszendenten verstärkt wird, denn sie läßt auf eine ungewöhnliche, geheimnisvolle Erscheinung mit faszinierenden Augen schließen.

Sonne Trigon Saturn fördert die praktischen Anlagen der Persönlichkeit, die Organisationstalent und Konzentrationskraft besitzt und ihre hochgesteckten Ziele dank harter Arbeit durch Selbstdisziplin und Ausdauer erreicht. Obwohl keines des festen Zeichen besetzt ist, läßt die Betonung des Erdelements auf Beharrlichkeit und Hartnäckigkeit schließen.

Nach seiner Krankheit machte Sean Connery Bodybuilding und gewann in London bei der Wahl des Mister Universum nicht nur den zweiten Platz, sondern erhielt auch seine erste Rolle in dem Musical »South Pacific« – als Matrose. Mit dem Trigon der Sonne-Neptun-Konjunktion zum Aszendenten, das für Selbstvertrauen, Optimismus und Intuition, Willenskraft und Energie spricht, hatte er den Regisseur durch die **dreiste Art seines Auftretens, durch**

---

* Peter Strotmann: Sean Connery, S. 13

seine Schlagfertigkeit (Merkur Konjunktion Mond Quadrat Mars), mit der er intuitiv auf unbekannte Situationen reagierte, vollkommen überzeugt, obwohl er für die Rolle als Sänger eigentlich gar nicht geeignet schien. »Das war es. Ich konnte an keine andere Arbeit mehr denken als an das Showgeschäft. Ich hatte angebissen.«[*]

Der erste Durchbruch als Schauspieler gelang Sean Connery 1957 mit einer Fernsehrolle als Boxchampion. Nicht nur die Zuschauer waren beeindruckt, auch die Presse lobte die Leistung des unbekannten Schauspielers und zahlreiche Produzenten nahmen Kontakt mit ihm auf. Connery schloß einen 7-Jahres-Vertrag mit 20th Century Fox ab und erhielt zum erstenmal ein festes Einkommen.

Von nun an ging's bergauf; denn Jupiter und Pluto im 7. Haus Krebs, beide im Trigon zum MC, deuten beruflichen und gesellschaftlichen Ehrgeiz, starken Erfolgswillen und Überzeugungskraft an (Pluto Trigon MC). Jupiter Trigon MC ist ein Erfolgsaspekt. Durch Ehrlichkeit, Bescheidenheit und eine gute Arbeitsmoral stellt sich beruflicher Erfolg ein, man wird von Personen in einflußreichen Positionen sowie von Geschäftspartnern gefördert und kann sich einen guten finanziellen Hintergrund schaffen.

Das Sextil vom Mond zum MC fördert das Einvernehmen mit Vorgesetzten und die Zusammenarbeit mit Kollegen, denn es verleiht Zuverlässigkeit und die Fähigkeit, sich Routinearbeiten anpassen zu können. 1961 erhält Sean Connery seine erste Rolle beim Film als Geheimagent James Bond (»007 jagt Dr. No«), die ihn als Schauspieler weltberühmt werden läßt. Trotz des Ruhms und seiner hohen Gagen ist Sean Connery ein Schauspieler ohne Starallüren geblieben, der immer bereit war, sich den Anweisungen der Regisseure anzupassen und durch deren Rat sein Können zu erweitern. Er gewöhnte sich sogar seinen schottischen Akzent ab, um erfolgreicher zu sein, las literarische Werke und bildete sich intensiv weiter. **Mit Merkur im 9. Haus Jungfrau eignete sich Sean Connery spezielles Fachwissen an, das nicht nur zu seiner Horizonterweiterung beitrug, sondern auch seine finanzielle Situation verbesserte.**

Merkur als Herrscher vom 5., 6. und 9. Haus im Zeichen Jungfrau ist im 9. Haus spannungsreich aspektiert: Geistige Regsamkeit, gute

---

[*] Peter Strotmann: Sean Connery, S. 16

Ausdrucksmöglichkeiten, Begabung in Wort und Schrift sowie ein analytischer Verstand kommen hier zum Ausdruck. Außerdem besteht eine reges Interesse an Auslandsreisen.

Die Konjunktion mit dem Mond im Quadrat zu Mars im 7. Haus und Saturn am Aszendenten weist neben gesundem Menschenverstand, der durch starke emotionale Reaktionen beeinträchtigt wird, auch auf die Tendenz zu kleinlichem, konservativem, an Traditionen gebundenem Denken (Connery besitzt ein ausgeprägtes Nationalbewußtsein, denn er legt großen Wert darauf, daß er Schotte und nicht Engländer ist) und Schwierigkeiten bei Vertragsabschlüssen (Merkur Quadrat Saturn) hin. Sein aktiver, impulsiver Verstand mit der Neigung zu Temperamentsausbrüchen und einer voreiligen Meinungsbildung, der es an Objektivität mangelt, kommt durch Merkur Quadrat Mars immer wieder zum Ausdruck. Sean Connery war ständig im Ausland unterwegs, er verlegte sogar seinen Wohnsitz nach Spanien, als er die Ehe mit seiner zweiten Frau, der Französin Micheline Roquebrune, einging (Venus 9. Haus Waage).

Sein beruflicher Ehrgeiz, der sich erst entwickelte, als Connery ins Showgeschäft einstieg, zeitigte immer größere Erfolge. Sean Connery war nicht nur der Gründer seiner eigenen Bank und einer Filmgesellschaft, sondern engagierte sich in den Sechziger Jahren auch stark im politischen und sozialen Bereich (Jupiter und Pluto Trigon MC) und steigerte seine Leistungen als Schauspieler im Laufe der Jahre so beachtlich, daß er über sich selbst hinauswuchs.

Nach »James Bond« folgten Filme von Alfred Hitchcock (»Marnie«), Agatha Christie (»Mord im Orient-Expreß«) und zahlreichen anderen. In den siebziger Jahren brach eine sehr künstlerische Periode für ihn an. In den achtziger Jahren gab er sein Debüt als Charakterdarsteller in der Verfilmung von Umberto Ecos Roman »Der Name der Rose«. Er ist als Schauspieler nicht nur bei Frauen begehrt (Venus Opposition Uranus sorgt für Kontaktfreudigkeit, die nicht von langer Dauer ist, Venus Quadrat Pluto zeugt von großer Anziehungskraft), sondern auch bei Regisseuren. Er spielt die Hauptrolle in zahlreichen Filmen, wie »Die Unbestechlichen«, »Presidio«, »Jagd auf Roter Oktober«, »Das Rußlandhaus« u. a. Der Oscar-Preisträger Sean Connery ist »einer der letzten echten Hollywood-Stars« (Steven Spielberg).

Merkur im 10. Haus

Das 10. Haus entspricht dem Zeichen Steinbock. Sein Herrscher ist Saturn.

Das 10. Haus ist das »**Haus der Berufung**«. Es gibt Auskunft über unsere gesellschaftliche Stellung, über unseren Ruf in der Öffentlichkeit, über unsere berufliche Karriere sowie über unseren Umgang mit Autoritätspersonen und (politischer) Macht. Da das **10. Haus das 4. Haus des Partners** ist, erfahren wir hier auch etwas über gemeinsame gesellschaftliche Aktivitäten. Im Gegensatz zum 4. Haus, das die soziale Umgebung anzeigt, in die wir hineingeboren wurden, gibt das 10. Haus Aufschluß darüber, ob wir unser Niveau steigern und unsere Pflichten der Gesellschaft gegenüber erfüllen.

Horoskop-Eigner mit Merkur im 10. Haus planen ihre berufliche Zukunft wohlüberlegt und brauchen als Grundlage eine gute Ausbildung sowie fundierte Kenntnisse, um mit ihrem hoch entwickelten Ehrgeiz ihre Lebensziele zu erreichen. Sie besitzen Organisationstalent und gute Umgangsformen, die ihnen den Kontakt mit Menschen in einflußreichen Positionen erleichtern. Deshalb eignen sie sich hervorragend als Geschäftsführer oder (politischer) Redner. Talent im Umgang mit Kommunikationsmedien kristallisiert sich bei dieser Merkurposition heraus: Alle Bereiche, die Schreiben, Vortragen oder Verlegen umfassen, sind begünstigt, unter anderem Kontakter einer Werbeagentur. Darüber hinaus besteht eine enge Beziehung zu Regierungsgeschäften und der Öffentlichkeit, dem Publikum.

Bei *spannungsreicher Aspektierung* dürften sich diese Horoskop-Eigner eher rücksichtslos verhalten und egoistisch handeln, um ihren beruflichen Ehrgeiz zu befriedigen. Intrigen, Unaufrichtigkeit und Selbstsucht stehen im Vordergrund ihrer Motivationen.

Elemente an der Spitze des 10. Hauses mit Merkur im 10. Haus

Erde (Steinbock – Stier – Jungfrau) oder MC Konjunktion Saturn: Die Lebensziele werden mit Ausdauer und Geduld verfolgt. Diese Horoskop-Eigner klettern langsam, aber sicher, mit Ausdauer und großem Arbeitseinsatz auf der Karriereleiter empor.

Luft (Wassermann – Zwillinge – Waage):
Diese Horoskop-Eigner sind kontaktfreudig, aufgeschlossen und anpassungsfähig. Sie wählen ihr Lebensziel hauptsächlich nach geistigen Gesichtspunkten.

Wasser (Fische – Krebs – Skorpion):
Horoskop-Eigner mit Betonung des Wasserelementes erreichen intuitiv ihre Lebensziele und finden unbewußt ihre Stellung in der Gesellschaft. Sie handeln gefühlsorientiert statt berechnend.

Feuer (Widder – Löwe – Schütze):
Als aktive Persönlichkeit mit sehr viel Eigeninitiative nehmen diese Horoskop-Eigner alles selbst in die Hand. Mit großem Energieeinsatz verfolgen sie ihre beruflichen Ziele und streben eine angesehene Stellung in der Gesellschaft an.

Bekannte Persönlichkeiten mit Merkur im 10. Haus

Ernst Albrecht	Politiker	9.06.1930	Zwillinge
Uwe Barschel	Politiker	13.05.1944	Stier
Beatrix von Holland	Königin	31.01.1938	Steinbock
Wernher von Braun	Physiker	23.03.1912	Widder
David Cassidy	Popstar	12.04.1950	Stier
Albert Einstein	Physiker	14.03.1879	Widder
Johannes XXIII.	Papst	25.11.1881	Skorpion
Thomas Mann	Schriftsteller	6.06.1875	Krebs
Marilyn Monroe	Schauspielerin	1.06.1926	Zwillinge
Cat Stevens	Popstar	1.07.1948	Zwillinge
Jules Verne	*Schriftsteller*	*8.02.1828*	*Wassermann***
Günter Wallraff	Journalist	1.10.1942	Waage

---

* Horoskop-Analyse auf den folgenden Seiten

Jules Verne – Merkur im 10. Haus Wassermann

Jules Verne wurde am 8. Februar 1828 um 12.06 GMT in Nantes als Sohn eines Rechtsanwaltes geboren.*

Bei der Betrachtung seines Geburts-Horoskops fällt sofort die Merkur-Sonne-Konjunktion im 10. Haus Wassermann auf. Merkur als Herrscher vom Aszendenten Zwillinge und vom 5. Haus der Kreativität ist hier spannungsreich aspektiert. Der Zwillinge-Aszendent zeigt die geistige Aufgeschlossenheit und die intellektuellen Fähigkeiten Jules Vernes, der im Denken originell und fortschrittlich war, Intuition besaß und sich für neue Ideen, Technik und Wissenschaft interessiert haben dürfte (Merkur in Wassermann). In Konjunktion mit der Sonne, die sich direkt am MC Wassermann befindet, wurden diese Eigenschaften noch verstärkt. Der Aspekt läßt zwar auf Kreativität schließen, schränkt gleichzeitig aber eine objektive Selbsteinschätzung ein, da der Merkur einen Orbis von 4 Grad zur Sonne hat und somit noch als »verbrannt«

---

* Michael Roscher: Das Buch der Horoskope, S. 560

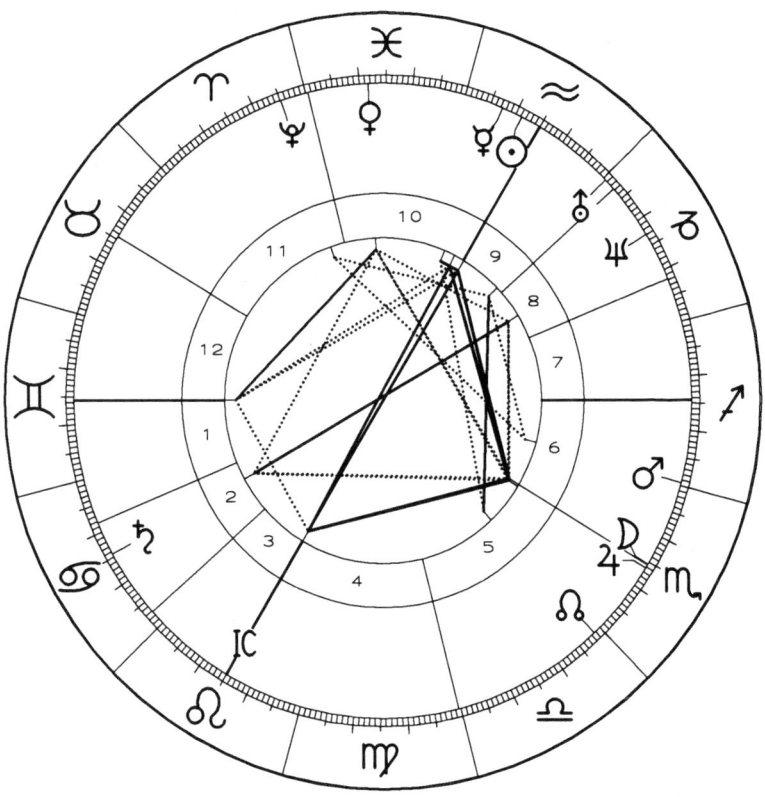

GOH		
AC : 15°37' ♊	☉ : 18°46' ≈	♄R : 14°26' ♋
2 : 8°14' ♋	☽ : 14°35' ♏	♅R : 29°26' ♐
3 : 27°16' ♋	☿ : 22°44' ≈	♆ : 17° 4' ♐
MC : 15° 2' ≈	♀ : 18°21' ♓	Ψ : 4°51' ♈
11 : 29°39' ♓	♂ : 0°33' ♐	☊R : 28°37' ♎
12 : 14°25' ♉	♃ : 13°45' ♏	IC R : 15° 2' ♌

gilt: Der Geist identifiziert sich zu stark mit der Persönlichkeit. Da Merkur und Sonne im 10. Haus spannungsreich aspektiert sind, dürfte Jules Verne bei der Planung seiner beruflichen Karriere immer wieder auf Schwierigkeiten gestoßen sein. Er entwickelte zwar beruflichen Ehrgeiz und erwarb die notwendigen Kenntnisse und Fähigkeiten für eine erfolgreiche Karriere (Merkur im 10. Haus als Herr vom Aszendenten), die er mit seinem Drang nach öffentlicher Anerkennung und seinem starken Erfolgswillen anstrebte, doch diese verlief längst nicht so, wie sie ursprünglich von Vater und Sohn geplant war.

Jules Verne wurde in eine Juristenfamilie hineingeboren, die über Generationen hinweg öffentliches Ansehen genoß und finanziell gut gestellt war (Sonne im 10. Haus als Herrscherin vom IC). Er studierte Rechtswissenschaften in Nantes und Jura in Paris, denn für die Familie war es selbstverständlich, daß er als ältester Sohn die Anwaltskanzlei des Vaters übernehmen würde. Während des Studiums beschäftigte sich Jules Verne intensiv mit Literatur und verfaßte seine ersten Werke. Am 12. Juni 1850 fand die Uraufführung seines ersten Stückes »*Les Pailles rompues*« statt. 1851 beendete Jules Verne sein Studium, ohne sich als Anwalt einzutragen oder niederzulassen. Statt dessen entschied er sich für ein Leben als Künstler: »Die Literatur über alles, denn hier allein kann ich es zu etwas bringen, weil mein Geist unabänderlich auf diesen Punkt fixiert ist.«[*]

Merkur als Herrscher des Zwillinge-Aszendenten steht im 10. Haus und schafft ideale Voraussetzungen für eine berufliche Tätigkeit im kommunikativen Bereich, als Schriftsteller, Verleger oder Redner. Aber die Konjunktion von Merkur und Sonne im Quadrat zum Mond macht den Zwiespalt zwischen dem bewußten Wollen und den anerzogenen Verhaltensmustern deutlich, die bei Jules Verne mangelnde Ausgeglichenheit und gefühlsmäßige Unsicherheit hervorriefen. Diese konnte er geschickt durch das Trigon von der Sonne zum Aszendenten überspielen, indem er eine optimistische Lebenseinstellung, Selbstvertrauen und Willenskraft entwickelte. Als Künstler setzte er enorme Energien und Aktivitäten ein, um Verbindungen anzuknüpfen. Schon 1849 hatte er Alex-

---

[*] Volker Dehs: Jules Verne, Reinbek 1993, S. 28

andre Dumas in Paris kennengelernt, der ihm 1852 den Posten als Sekretär des Theaterdirektors am »Théâtre Lyrique« vermittelte. Hier bekam er wiederum Kontakt zu anderen Direktoren, Journalisten und Autoren.

Mit dem Zwillinge-Aszendenten bewies Jules Verne Geschick im Umgang mit der Öffentlichkeit und hatte mit Sonne Konjunktion Merkur im 10. Haus gute Kontakte zu einflußreichen Personen. Die Spannungsaspekte von Sonne, Merkur und MC zu der Mond-Jupiter-Konjunktion an der 6. Häuserspitze wiesen auf Jules Vernes gesundheitlichen Schwierigkeiten hin, die sich auf sein Berufsleben auswirkten:

Er besaß eine nervöse Veranlagung, sein gesundheitlicher Zustand schwankte (Merkur Quadrat Mond) und wurde durch seinen verantwortungsvollen Posten so sehr beeinträchtigt, daß der Streß chronisches Magenleiden, Krämpfe und Gesichtslähmungen zur Folge hatte.

Aufgrund dieser Beschwerden verzichtete Jules Verne darauf, die Leitung des Theaters zu übernehmen und versuchte, seine finanzielle Situation durch Nebeneinkünfte zu verbessern, wobei er von seiner Familie, an die er eine enge Bindung hatte, immer wieder unterstützt wurde. Mond als Herrscher des 2. Hauses in Konjunktion mit Jupiter im festen Wasserzeichen Skorpion deutet auf eine wohlhabende Familie hin. Saturn im 2. Haus in Opposition zu Neptun im 8. Haus bestätigt, das Jules Verne sein Geld immer mit harter Arbeit verdienen mußte und möglicherweise übervorteilt wurde. So bezahlte sein Vater auch den Berufswechsel, als sich Jules Verne nach seiner Heirat 1857 dazu entschloß, als Börsenmakler tätig zu sein, um für den Lebensunterhalt seiner Familie zu sorgen, obwohl der Vater nicht gerade von der Idee seines Sohnes begeistert war.

Dieses Zugeständnis machte Jules Verne aus rein rationalen Überlegungen, **da er auf diese Weise seine literarische Tätigkeit als Ausdruck seiner Kreativität (Merkur als Herrscher vom 5. Haus) fortsetzen konnte.** Zugleich erhoffte er sich neue Kontakte, die jedoch nicht zustande kamen.

Der große Durchbruch als Schriftsteller gelang Jules Verne erst 1863 mit dem Roman »Fünf Wochen im Ballon«. Neben seiner reichen Phantasie, seinem Interesse an Reisen und Abenteuer verstand es Jules Verne hervorragend, Wissenschaft und Literatur überzeugend in Einklang zu bringen. Mars im 6. Haus Schütze im Sextil zu Uranus im 9. Haus als Herr vom MC Wassermann weist auf sein technisches Verständnis, sein Interesse für Maschinen, Elektronik und Flugwesen hin. Uranus im 9. Haus sorgt für zukunftsorientierte Ideen und plötzliche Eingebungen – verstärkt durch Uranus Sextil Pluto. Mars Trigon Pluto setzt tiefgreifende Einsichten und spirituelle Kräfte frei, die Jules Verne mit Mond (Herrscher des 3. Hauses) Sextil Neptun intuitiv gespürt und in seine Erzählungen integriert haben dürfte, **wobei der Anstoß vorrangig von der zukunftsorientierten Sonne-Merkur-Konjunktion im Wassermann ausgegangen sein müßte, die für universelles Wissen sorgte und darauf schließen läßt, daß Jules Verne seiner Zeit oftmals geistig weit vorauseilte.**

Jules Verne war der Verfasser zahlreicher bekannter, zu seiner Zeit fast utopischer Romane, wie »Fünf Wochen im Ballon«, »Reise zum Mittelpunkt der Erde«, »20000 Meilen unter den Meeren« und viele mehr. Obwohl er als »Vater der Science-fiction« gilt, hat er sich selbst nie so empfunden, was er in einem Interview 1902 zum Ausdruck brachte: »Vielleicht werden Sie überrascht sein zu erfahren, daß ich nicht besonders hochmütig geworden bin, über Auto, U-Boot und lenkbares Luftschiff geschrieben zu haben, bevor sie in das Reich der wissenschaftlichen Wirklichkeit eingetreten sind. Als ich in meinen Schriften von ihnen wie von tatsächlichen Dingen gesprochen habe, da waren sie zur Hälfte schon erfunden. Ich habe lediglich eine Fiktion aus dem entwickelt, was in der Folge zur Tatsache werden mußte, und so ist meine Absicht mit diesem Verfahren auch nicht das Prophetisieren gewesen, sondern geographisches Wissen unter der Jugend zu verbreiten, indem ich es auf größtmögliche Weise anziehend gestalte.«[*]

---

[*] Volker Dehs: Jules Verne, S. 69

Merkur im 11. Haus

Das 11. Haus entspricht dem Zeichen Wassermann. Sein Herrscher ist Uranus; sein Mitherrscher ist der antike Planet Saturn, der das Zeichen Wassermann beherrschte, bevor Uranus entdeckt wurde.

Das 11. Haus wird als »**Haus der Freundschaften und Gruppenaktivitäten**« bezeichnet. Es zeigt unsere Veranlagung zur schöpferischen Selbstdarstellung innerhalb einer Gruppe, gibt Aufschluß über Freundschaften, soziale Aktivitäten und Gedankenaustausch auf einer höheren geistigen Ebene und sagt etwas über unsere Wünsche und Hoffnungen aus.

Das 11. Haus ist das 5. Haus des Partners. Hier geht es nicht mehr um den persönlichen Selbstausdruck wie im 5. Haus, sondern um die Realisation gemeinsamer Ziele. Die schöpferische Verwirklichung innerhalb einer Gruppe vollzieht sich intuitiv und frei von egoistischen Gefühlen. Dadurch wird ein Maß an echter geistiger Freiheit geschaffen.

Horoskop-Eigner mit dieser Merkurstellung brauchen freundschaftliche Kontakte, um sich geistig entfalten zu können, denn Gedanken- und Ideenaustausch auf allen Ebenen ist für sie sehr wichtig. Der gesellschaftliche Status eines Menschen ist für sie dagegen absolut bedeutungslos. Unabhängig von Rang und Namen sind sie zu jedem auf unpersönliche Weise freundlich und ehrlich und um eine objektive Meinungsbildung bemüht. Sie versuchen, sich von Vorurteilen freizumachen und gerecht zu handeln. Ihr Denken ist originell; für neue Ideen sind sie immer aufgeschlossen. Ihre Offenheit und ihr Interesse für Wissenschaft, Technik, Astrologie und höhere geistige Bildung tragen zu ihrer Horizonterweiterung bei. Sie beanspruchen geistige und gedankliche Freiheit und besitzen ein großes Bedürfnis nach Unabhängigkeit.

Bei *spannungsreicher Aspektierung* besteht die Gefahr, daß sich unrealistische Vorstellungen und Gedanken breitmachen, die andere kaum nachvollziehen können. Die geistigen Ideale dieser Horoskop-Eigner dürften zu hochgesteckt, mitunter utopisch sein. Es besteht die Gefahr, daß sie ihre Freunde ausnutzen oder selbst von ihnen ausgenutzt werden, was sie möglicherweise nicht einmal bemerken. Einzelgängertum oder Eigenbrötelei können die Folge mangelnder Kooperationsbereitschaft sein.

Elemente an der Spitze des 11. Hauses mit Merkur im 11. Haus

Luft (Wassermann–Zwillinge–Waage) oder Konjunktion Uranus:
Freundschaften und Gruppenaktivitäten unterliegen Schwankungen und wechseln öfter; der geistige Aspekt spielt eine vorrangige Rolle, Intellekt soll zum Wohl der Menschheit beitragen.

Wasser (Fische – Krebs – Skorpion):
Diese Horoskop-Eigner suchen gefühlsmäßige Übereinstimmung mit Freunden. Sie spüren die Stimmung anderer und reagieren sehr feinfühlig darauf. Die Wahrheit finden sie ganz intuitiv.

Feuer (Widder – Löwe – Schütze):
Diese Horoskop-Eigner gestalten Freundschaften nach ihren ganz persönlichen Vorstellungen, sind nicht sehr anpassungsfähig, sondern möchten gern als Anführer einer Gruppe fungieren.

Erde (Stier – Jungfrau – Steinbock):
Für diese Horoskop-Eigner sollen Freundschaften und Gruppenunternehmungen einen praktischen Nutzen haben. Sie stellen realistische Erwartungen an Freunde und Bekannte und betrachten Beziehungen oftmals als Mittel zum Zweck.

Bekannte Persönlichkeiten mit Merkur im 11. Haus

Konrad Adenauer	Politiker	5.01.1876	Steinbock
Hans Albers	Schauspieler	22.09.1891	Jungfrau
Harry Belafonte	Sänger	1.03.1927	Fische
Cheiro (Louis Hamon)	*Numerologe*	*1.11.1866*	*Skorpion**
Salvador Dali	Maler	11.05.1904	Stier
Arthur Conan Doyle	Schriftsteller	22.05.1859	Stier
Paul Gauguin	Maler	7.06.1848	Krebs
Gustaf Gründgens	Schauspieler	22.12.1899	Schütze
Franz Kafka	Dichter	3.07.1883	Zwillinge
Käthe Kollwitz	Grafikerin	8.07.1867	Löwe
Norman Mailer	Schriftsteller	31.01.1923	Wassermann
Walter Scheel	Politiker	8.07.1919	Löwe

---

* Horoskop-Analyse auf den folgenden Seiten

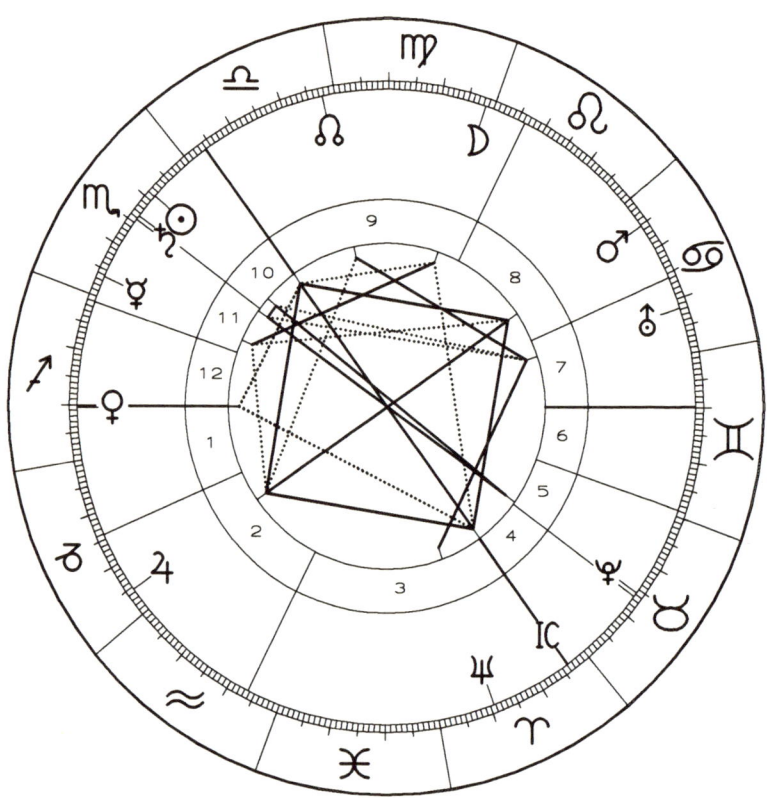

"Cheiro" Louis Hamon	
Dublin 6°18' 0"W 53°20' 0"N	1.11.1866 11:20: 0 GMT

GOH				♄	:14°17'♏
AC :20° 9'♐	⊙	: 8°50'♏	⚷R	: 8°15'♋	
2:14°12'♑	D	: 1°32'♍	♅R	:10°41'♈	
3:23°37'≈	☿	:26°14'♏	♆R	:14°16'♉	
MC :26° 7'♎	♀	:20°29'♐	☊R	: 2°20'♎	
11:13°26'♏	♂	:24°50'♋	IC	:26° 7'♈	
12: 1° 2'♐	♃	:25°22'♑			

Cheiro (Louis Hamon) – Merkur im 11. Haus Skorpion

Cheiro wurde am 1. November 1866 um 11.20 GMT in Dublin[*] geboren. Er war ein bekannter Okkultist, Hellseher, Numerologe und Chirologe. Seine wahre Identität – Count Louis Hamon – gab der normannische Edelmann erst preis, als er mit Sonne im 10. Haus Skorpion – unter dem Namen Cheiro zu Ansehen gekommen war. Der Mond im 9. Haus als Herrscher vom 8. Haus und **Mars im 8. Haus Krebs im Trigon zu Merkur zeigen an, daß Cheiro schon früh in ferne (östliche) Länder reiste, um sich dort mit den Weisheiten und mystischen Lehren anderer Völker vertraut zu machen.** Tief beeindruckt soll er nach Europa zurückgekehrt und sein Wissen zum Wohl der Menschheit genutzt haben. Schon nach kurzer Zeit sei er in drei Kontinenten bekannt gewesen.

Von vielen Menschen, hauptsächlich von Landesoberhäuptern und Industriellen, wurde er beauftragt, diese mit astrologischen, chirologischen oder numerologischen Ratschlägen zu unterstützen. Cheiro beherrschte die Kunst der Handliniendeutung perfekt, kam aber auch mit Hilfe der Astrologie und der Numerologie zu erstaunlichen Ergebnissen.

Er setzte seine Erkenntnisse und Begabungen für alle Menschen ein, die Rat und Hilfe brauchten – unabhängig von Rang und Namen – denn für ihn stand ausschließlich das Helfen im Vordergrund. Es war seine tiefe innere Berufung, dem Gesamtgebiet der okkulten Forschung zu dienen. Um dieses kundzutun, hielt er in vielen bedeutenden europäischen Städten Vorträge über seine Erkenntnisse, demonstrierte seinem kritischen Publikum seine praktischen okkulten Methoden, die es zu beweisen galt, und überzeugte seine skeptischen Zuhörer auf diese Weise von seinem Können.

Cheiro sagte beispielsweise den Tod der englischen Königin Victoria voraus, prophezeite den Todesmonat des englischen Königs Edward VII und das schreckliche Ende der russischen Zarenfamilie. Er sagte dem Journalisten und Spiritualisten Stead seinen Tod auf der 1912 versunkenen Titanic voraus. Solche Ereignisse prophezeite er jedoch nur dann, wenn er darum gebeten wurde und

---

[*] Hans-Hinrich Taeger: Internationales Horoskope-Lexikon , S. 292

189

verantworten konnte, daß seine Gesprächspartner in der Lage waren, diese Vorhersagen zu verkraften. **Cheiro besaß neben seinem parapsychologischen Wissen auch eine enorme Beobachtungsgabe und Urteilskraft, die durch den Skorpion-Merkur im Sextil zu Jupiter im 2. Haus Steinbock – als Herrscher vom Schütze-Aszendenten – zum Ausdruck kommen.**

Die Skorpion-Sonne im 10. Haus, Herrin des 9. Hauses Löwe, weist einerseits auf Cheiros Herkunft aus einer angesehenen Familie hin. Andererseits zeigt sie seine Begabung auf den Gebieten der Forschung, der Wissenschaft und bei der Untersuchung okkulter Phänomene. **Verstärkt durch den Merkur im Skorpion hatte Cheiro den Wunsch, den Dingen auf den Grund zu gehen, um den Kern einer Sache zu erfassen.** Diese Eigenschaften setzte er im Sinne des 10. Hauses verantwortungsbewußt ein. Saturn an der Spitze des 11. Hauses in Konjunktion mit der Sonne fördert diese Anlagen: Er dürfte nicht nur der Gesellschaft, sondern auch Freunden und Gruppenmitgliedern gegenüber Verantwortungsbewußtsein bewiesen haben und der Einstellung »gleiches Recht für alle« gefolgt sein. Diese Konjunktion weist auch auf Erfolg durch harte, ausdauernde Arbeit im Bereich des 11. Hauses hin, die durch Rückschläge, Minderwertigkeitsgefühle oder Frustration immer wieder beeinträchtigt worden sein könnte, zumal Saturn in exakter Opposition zu Pluto im 5. Haus Stier steht.

Die Sonne-Saturn-Konjunktion bildet aber auch ein Trigon mit Uranus im 7. Haus Krebs. Daran erkennen wir Cheiros humanitäre Einstellung, seine intuitiven und spirituellen Einsichten in das Wirken des Universellen Gesetzes und sein Interesse an okkulten Studien. Mit großer Ausdauer dürfte er auf neuen Erfahrungsgebieten experimentiert haben. Dieser Aspekt ist sehr günstig für begabte Astrologen und Okkultisten, aber auch für Mathematiker und Naturwissenschaftler.

Der Mond, Herrscher vom 8. Haus Krebs, befindet sich im 9. Haus Jungfrau und bildet ein Sextil mit Sonne und Uranus. Diese Position bestätigt Cheiros ethisch-moralische Einstellung, seine seelische Verbundenheit mit fernen Ländern und seine Reiselust, die zur geistigen Horizonterweiterung beigetragen haben dürfte. Die Mond-Aspekte mit Uranus und Sonne zeigen einerseits seine Fähigkeit, Chancen im Leben intuitiv zu erkennen und zu nutzen und andererseits seine Kontaktfreudigkeit und Beliebtheit, insbesondere beim Volk und bei Frauen (Mond).

Betrachten wir den Merkur im 11. Haus Skorpion, sehen wir, daß er sich genau zwischen dem Waage-MC und dem Schütze-Aszendenten befindet, was darauf hinweist, daß Cheiro sein Wissen aus innerer Berufung anderen Menschen, insbesondere Gruppen, vermittelt haben dürfte.

Charubel deutet den 20. Grad des Aufgangszeichens Schütze als: »Ein Mann, der unter einer Volksmenge Zettel verteilt«. Damit deutet er »eine Person mit ruheloser Disposition an; einen stark begeisterten Parteigänger, einen Reformer im kleinen Stil.«*

Merkur als Herrscher des 7. Hauses und Mitherrscher des 9. Hauses bildet ein Quadrat zum Mond und ein Sextil zum Jupiter im 2. Haus Steinbock. Interesse an Kommunikation und Gedankenaustausch mit Freunden und Gruppen kommen hier zum Ausdruck. Cheiro dürfte sich zu Menschen hingezogen gefühlt haben, die sein Denken stimulierten, von denen er neue Anregungen und Ideen bekam, die aber auch von ihm selbst etwas lernen konnten, indem er ihnen sein Wissen auf seinen Spezialgebieten Okkultismus und Astrologie vermittelte, das er im Sinne der Humanität einsetzte. Seine Offenheit allen Menschen gegenüber dürfte ihm tiefgründige Einsichten in soziale Angelegenheiten vermittelt haben. Merkur Sextil Jupiter als Herrscher des Schütze-Aszendenten bescheinigt Intuition und seine Fähigkeit zu abstraktem Denken, aber auch seine soziale geistige Einstellung und den Wunsch, Menschen, die in Not geraten sind, zu helfen. Dieses Sextil weist auf Cheiros hohe Lernfähigkeit durch Selbsterkenntnis hin.

Auch seine Begabung, Vorträge zu verfassen, zu halten, sich in Rede und Schrift gut auszudrücken, kommen mit dieser Konstellation zum Ausdruck und geben einen Hinweis auf seine geistige Entfaltung und seine schöpferische Intelligenz, die sein Selbstwertgefühl entscheidend beeinflußt haben dürften (Jupiter im 2. Haus Steinbock als Herr vom Aszendenten). Merkur bildet ebenfalls ein Quadrat mit dem Mond: Unbewußte Denkmuster dürften das Denken Cheiros stark beeinflußt, seine Objektivität und seinen gesunden Menschenverstand beeinträchtigt haben.

---

* Charubel: Die Grade des Zodiak, Berlin o. J., S. 60

Dieser Aspekt kann auch auf Launenhaftigkeit, Sentimentalität, Störungen im Nervensystem oder Verständigungsschwierigkeiten mit Familienmitgliedern und Frauen hinweisen, worüber jedoch nichts näheres bekannt ist.

Als Schlußbetrachtung in »Das Buch der Zahlen« heißt es: »Wir glauben, daß Cheiro eine echte innere Berufung in sich spürte, dem Gesamtgebiet der okkulten Forschung zu dienen. Diese Sehnsucht kann man nicht lernen. Graf Louis Hamon oder Cheiro jedoch empfand diese Sehnsucht, und darin liegt das eigentliche Kennzeichen, daß seine Berufung eben nicht nur subjektiv aufgefaßt werden kann, sondern eine objektive Berufung war. Kurzum: Als Forscher gehörte er zu den wenigen Gottgesandten.«[*]

---

[*] Cheiro: Das Buch der Zahlen, Freiburg 1994, S. 190

Merkur im 12. Haus

Das 12. Haus entspricht dem Zeichen Fische. Sein Herrscher ist Neptun; sein Mitherrscher ist der antike Planet Jupiter, der dem Zeichen Fische zugeordnet wurde, bevor man Neptun entdeckte.

Das 12. Haus wird auch »**Haus der geheimen Feinde**« genannt. Es gibt Aufschluß über unser Unterbewußtsein, unsere unbewußten Gewohnheiten und Reaktionen. Hier werden wir mit uns selbst konfrontiert und können aufgrund irrationalen Verhaltens zu unserem größten Widersacher werden, denn das 12. Haus sagt auch etwas über geheime Feinde und den Bereich aus, in dem wir am leichtesten zu täuschen sind. Der Hinweis auf Selbsttäuschung, Flucht in eine Phantsiewelt und Selbstauflösung ist hier genauso zu finden wie der Zugang zu unserer Vergangenheit, zum Karma, und zu höheren geistigen Bewußtseinsstufen. **Das 12. Haus ist das 6. Haus des Partners.** Im Gegensatz zum 6. Haus – körperliche Gesundheit – gibt es Aufschluß über unser seelisches Wohlbefinden.

Darüber hinaus ist am 12. Haus der Bezug zu großen Institutionen, Krankenhäusern, Anstalten und Gefängnissen, aber auch zu Einsamkeit und Isolation zu erkennen.

Das Denken der Horoskop-Eigner mit dieser Merkurstellung ist stark von unbewußten Gefühlsmustern geprägt. Ihre Entscheidungen basieren auf intuitiven und gefühlsorientierten Motiven. Sie besitzen zwar eine lebhafte Phantasie, sind aber sehr zurückhaltend in Gesprächen und geben ihre Geheimnisse selten preis.

Bei *harmonischer Aspektierung* sind sie zu großen geistigen Leistungen fähig, können Weisheit und Verständnis für die höheren Bereiche des Lebens entwickeln. Sie finden ihre geistige Erfüllung hinter den Kulissen großer Institutionen und sind oftmals die »Graue Eminenz«, der Drahtzieher, der bescheiden im Hintergrund bleibt, während andere seine Ideen der Öffentlichkeit präsentieren.

Bei *spannungsreicher Aspektierung* besteht die Gefahr von Neurosen und Lernschwierigkeiten, da sich diese Horoskop-Eigner gern in ihre geistige Traumwelt zurückziehen. Minderwertigkeitsgefühle, Intrigen oder Selbstbetrug sind nicht auszuschließen.

Elemente an der Spitze des 12. Hauses mit Merkur im 12. Haus

Wasser (Fische – Krebs – Skorpion) oder Konjunktion Neptun:
Diese Horoskop-Eigner sind gefühlsorientiert, neigen zur Verdrängung der Realität, wollen oder können sich nicht objektiv einschätzen und haben idealistische bis unrealistische Vorstellungen und Ziele.

Feuer (Widder – Löwe – Schütze):
Diese Horoskop-Eigner setzen ihre Energie häufig gegen sich selbst, gegen ihr Unterbewußtsein ein, entwickeln aber auch große Aktivität in der Abgeschiedenheit oder in großen Institutionen.

Erde (Stier – Jungfrau – Steinbock):
Diese Horoskop-Eigner versuchen, ihr ausgeprägtes Bedürfnis nach gefühlsmäßiger und materieller Sicherheit in großen Institutionen oder in der Abgeschiedenheit zu verwirklichen.

Luft (Wassermann – Zwillinge – Waage):
Diese Horoskop-Eigner sind sehr anpassungsfähig, denn es fällt ihnen schwer, mit sich allein zu sein. Sie brauchen geistige Anregungen und Gedankenaustausch mit interessanten Menschen.

Bekannte Persönlichkeiten mit Merkur im 12. Haus

Alois Alzheimer	Neurologe	14.06.1864	Zwillinge
Giulio Andreotti	Politiker	14.01.1919	Steinbock
Giorgio Armani	Modeschöpfer	11.07.1934	Krebs
Alice Bailey	Theosophin	16.06.1880	Krebs
Boris Becker	Tennisprofi	22.11.1967	Skorpion
Wilhelm Busch	Schriftsteller	15.04.1832	Stier
Lyonel Feininger	*Maler*	*17.07.1871*	*Löwe**
Mahatma Gandhi	Politiker	2.10.1869	Skorpion
Steffi Graf	Tennisprofi	14.06.1969	Zwillinge
Dieter Hildebrandt	Kabarettist	23.05.1927	Zwillinge
Alan Leo	Astrologe	7.08.1869	Löwe
Friedrich von Schiller	Dichter	10.11.1759	Skorpion

---

* Horoskop-Analyse auf den folgenden Seiten

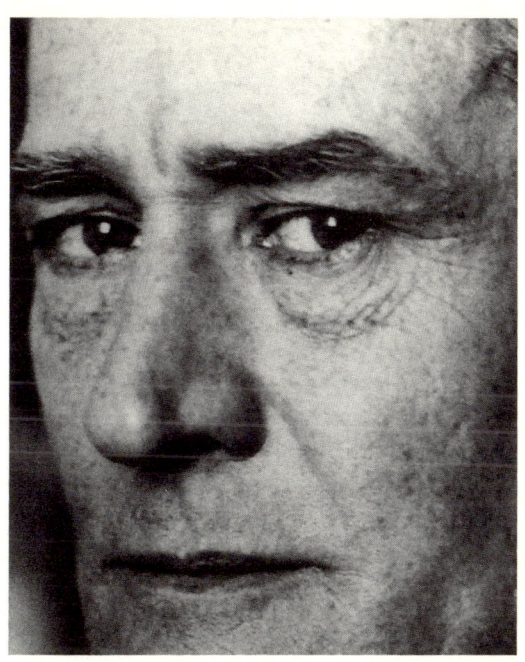

Lyonel Feininger – Merkur im 12. Haus Löwe

Am 17. Juli 1871 wurde Lyonel Feininger um 11.04 GMT in New York* als Sohn deutsch-amerikanischer Eltern geboren. Sein Vater, Charles Feininger, war ein bekannter Geiger und Komponist, seine Mutter Elisabeth, geborene Lutz, war Sängerin und Pianistin. So wuchs Feininger in einer sehr musikalischen Umgebung auf, die ihn faszinierte und seine Persönlichkeit entscheidend prägte.

Schon sehr früh kristallisierte sich sein musisches Talent, angezeigt durch Venus Trigon Saturn, heraus: Im Alter von neun Jahren erhielt Lyonel seinen ersten Geigenunterricht, und als Zwölfjähriger trat er bereits in Konzerten auf. Im Alter von sechszehn Jahren reiste Lyonel Feininger 1887 zu seinen Eltern, die sich auf ihrer Europa-Tournee befanden, nach Berlin und lernte Deutschland kennen. Er beschloß, in der Heimat seiner Vorfahren zu bleiben, um in Leipzig sein Violinstudium fortzusetzen.

Feininger entschloß sich jedoch ganz überraschend, sein Musik-

---

* Hans-Hinrich Taeger: Internationales Horoskope-Lexikon, S. 537

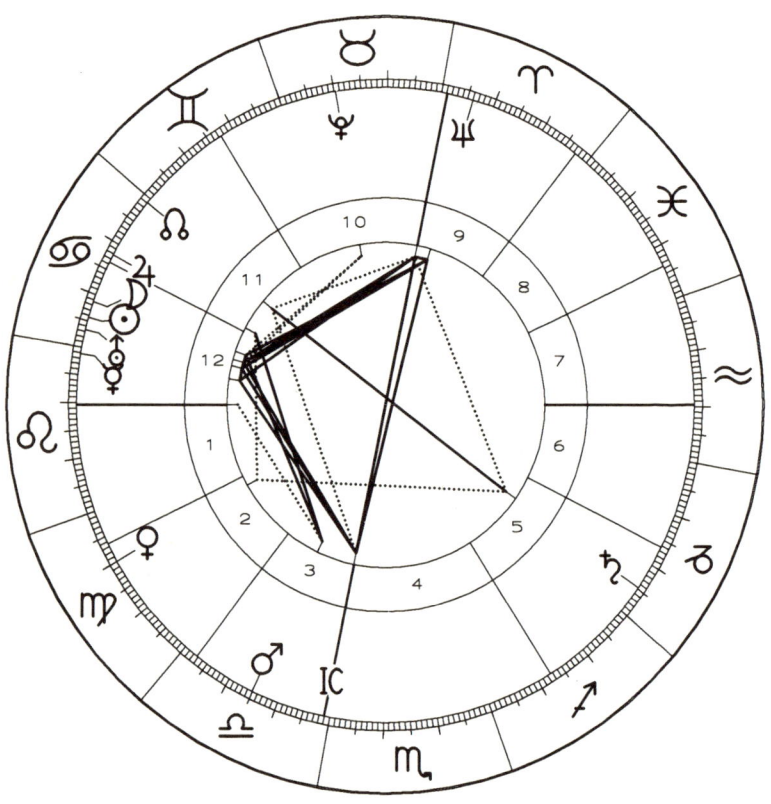

Lyonel Feininger	
New York	17. 7.1871
73°57'30"W 40°48'35"N	11: 4: 0 GMT

GOH		♄R : 5°15' ♑
AC : 10°22' ♌	☉ : 24°22' ♋	♂ : 26°42' ♋
2 : 6°23' ♍	☽ : 21°24' ♋	♅ : 24° 3' ♈
3 : 2°41' ♎	☿ : 1°14' ♌	♆ : 19°42' ♉
MC : 28°55' ♈	♀ : 9°57' ♍	☊R : 0°49' ♋
11 : 12°36' ♊	♂ : 14°54' ♎	IC : 28°55' ♎
12 : 13°41' ♋	♃ : 12° 9' ♋	

196

studium – nicht aber die Musik – aufzugeben und Maler zu werden; Neptun am MC Widder: unklares Berufsziel aufgrund falscher Vorstellungen. **Sonne, Uranus und Merkur im Quadrat zum MC geben einen Hinweis auf seinen plötzlichen, scheinbar unbegründeten oder unerklärlichen intuitiven Berufswechsel.** Venus Sextil Jupiter im Krebs: künstlerischer Erfolg durch starkes Farbempfinden und einen ausgeprägten Formensinn.

Feiningers Eltern zeigten Verständnis für den plötzlichen Wandel ihres Sohnes und ermöglichten ihm den Besuch der Kunstgewerbeschule in Hamburg. Damit legten sie den Grundstein für seine Karriere als Maler.

»Ich male nicht, um Kunst zu schaffen; es ist ein tief schmerzliches menschliches Verlangen nach Gestaltung innerer Erlebnisse, nach Heraushebung aus der Vergangenheit.

Vielleicht ganz falsch: aber in der Gegenwart ist nur das Schaffen, die Arbeit selbst [...] der Antrieb liegt doch in der Sehnsucht nach vergangenem Glück.«*

Mit dieser Aussage bestätigt Feininger seinen Hang zur Vergangenheit und seine Verwurzelung in tieferen Schichten des Bewußtseins, die durch die starke Besetzung des 12. Hauses seines Horokops mit den fünf Gestirnen Sonne, Mond, Merkur, Jupiter und Uranus deutlich wird.

Das 12. Haus hat eine enge Beziehung zum Karma. Es entspricht dem Zeichen Fische mit Neptun und Jupiter als Regenten. Das Symbol dieses Zeichens/Hauses – zwei in entgegengesetzte Richtungen schwimmende Fische – zeigt den existenziellen Widerspruch des Menschen, den Zwiespalt zwischen dem Streben nach dem vollkommenen Glück, dem Aufgehen in etwas Größerem durch Herz und Seele und der Auflösung des individuellen Ichs. Es weist auf eine Tätigkeit in großen Institutionen, auf eine Arbeit hinter den Kulissen hin und gibt Aufschluß über die geheimen Feinde.

Bei Lyonel Feininger befindet sich Jupiter an der Spitze des 12. Hauses Krebs: Intuitiv dürfte Feininger in der Abgeschiedenheit nach der Wahrheit und dem Sinn des Lebens gesucht haben.

Sonne, Mond und Uranus bilden eine enge Konjunktion im

---

* Felicitas Tobien: Lyonel Feininger, Velbert, S. 7

Krebs. **Merkur im Zeichen Löwe bildet ebenfalls eine Konjunktion mit der Sonne und mit Uranus.**

Das Stellium von Sonne, Mond und Uranus zeigt die Macht seines Unterbewußtseins und Feiningers Bezug zur karmischen Vergangenheit sowie sein Verständnis für das Universelle Gesetz.

Seine schöpferischen Fähigkeiten, verbunden mit einer originellen Phantasie, kommen hier genauso zum Ausdruck wie seine exzentrische Lebenseinstellung, sein Wunsch nach innerer Unabhängigkeit und Zurückgezogenheit. **Durch die Merkur-Uranus-Konjunktion werden Feiningers genialen geistigen Anlagen, seine Originalität und sein blitzschnell funktionierender Verstand, der ihm Einsichten in metaphysische Zusammenhänge vermittelt haben dürfte, noch verstärkt. Der spannungsreich aspektierte Merkur zeigt Feiningers neurotische Tendenz, die ihn zu seinem eigenen Widersacher werden ließ und Selbstzweifel an seiner Arbeit hervorrief.**

Feininger konnte schon früh jede Situation richtig erfassen und zu seinen Gunsten nutzen (Sonne-Mond-Uranus Sextil Pluto). Diese Eigenschaft ermöglichte ihm auch, seine ungewöhnliche zeichnerische Begabung zu jeder Zeit seiner Entwicklung erfolgreich und gewinnbringend einzusetzen. Venus als Mitherrscherin vom 10. Haus in Haus 2 steht im Sextil zu Jupiter als Herr vom 5. Haus und im Trigon zum starkgestellten Saturn im 5. Haus Steinbock. Dieser Künstleraspekt bescheinigt Feininger Begabung für bildende Kunst und Musik. Der harmonisch aspektierte Pluto im 10. Haus verhalf ihm Dank seines Weitblicks dazu, sich zu einer erfolgreichen Persönlichkeit zu entwickeln und sorgte immer wieder für Begegnungen mit einflußreichen Menschen, die ihn gesellschaftlich förderten.

Der Einzelgänger und Idealist (starkgestellter Neptun am MC) Feininger folgte stets seiner Intuition und eignete sich, inspiriert durch seine zweite Frau Julia Berg, alle künstlerischen Ausdrucksmöglichkeiten an – von der Karikatur über Ölgemälde, Holzschnitt und Radierung zu Lithographie, Aquarell und Fotografie – bevor er sich ganz für die Malerei entschied, sein eigentliches Ziel, das er fast 15 Jahre – sogar vor sich selbst – verleugnete. Neben seinem zeichnerischen Talent besaß Feininger auch technisches Verständnis für Maschinenwesen und Schiffahrt. Mit seinem Hang zum Meer wäre er gern Marinemaler geworden. Die Sonne-Mond-Konjunktion im Sextil zum Pluto verlieh ihm außer geballter Energie auch die unbewußte Gewißheit, daß er alles erreichen konnte, wenn er die notwendigen Kenntnisse dafür erwarb.

Er suchte oft die Einsamkeit, um in Ruhe arbeiten und seiner Experimentierfreude freien Lauf lassen zu können. »Ich kann Ihnen nicht verhehlen, dass mein Unbekanntsein bis jetzt ein selbstgewählter Zustand war, um in Ruhe und strenger Conséquenz an meiner Entwicklung zu arbeiten. Ich bin durchaus nicht am Ende meines Weges«, schrieb Feininger 1913 an Franz Marc.[*]

Feininger mußte gezwungenermaßen oftmals Zugeständnisse bezüglich seiner Arbeit machen: Er war zum zweitenmal verheiratet, hatte insgesamt fünf Kinder – zwei Töchter aus erster und drei Söhne aus zweiter Ehe – und die Pflicht, seine Familie zu versorgen. Aber er blieb seinen Grundsätzen treu, indem er seine zeichnerische Begabung immer zum Wohl der Allgemeinheit einsetzte. Er selbst sagte einmal, daß es für ihn die ständige Notwendigkeit bedeute, als Diener seines Werkes hinter das Werk zurückzutreten.

Mit Merkur Konjunktion Uranus machte sich seine geniale zeichnerische Begabung mit humoristischer Note schnell bemerkbar und bestimmte für die nächste Zeit seine Stilrichtung: Feininger wurde Karikaturist und entwickelte sich in Berlin schnell zum Karikaturisten höchsten Ranges. Bereits 1889/90 erhielt er Aufträge von namhaften Zeitungen wie »Humoristische Blätter« und »Berliner Blätter« zum Illustrieren von Kurzgeschichten, bevor er vorübergehend das Jesuitenkolleg St. Gervais in Lüttich (**Merkur im 12. Haus: geistige Tätigkeit in der Abgeschiedenheit**) besuchte, um Französisch zu lernen. Als er 1891 nach Berlin zurückkehrte, riß man sich bereits um seine Zeichnungen.

Die Jupiter-Saturn-Opposition vom 12. zum 5. Haus der Kreativität zeigt an, daß Feininger, um berufliche Erfüllung zu finden, seine Ideale zurückstecken und sich Routinearbeiten unterziehen mußte. **Mit Merkur als Herrscher des 2. Hauses betrachtete er dieses Zugeständnis als Notwendigkeit und paßte sich den Anforderungen seiner Auftraggeber scheinbar an, indem er seine Arbeit**

---

[*] Felicitas Tobien: Lyonel Feininger, S. 12

pflichtbewußt erledigte. Und das schlug sich auch finanziell nieder. Aber die Konjunktion von Sonne-Mond-Uranus im Quadrat zum Neptun am MC Widder zeigt auch seine Tendenz zur Selbsttäuschung: Feininger war in der Lage, die Realität, in diesem Fall seinen Wunsch zu malen, vorerst aus praktischen Gründen zu verdrängen. **Die Quadrate von Sonne, Uranus und Merkur auf die Achsen MC/IC ließen ihn jedoch im tiefsten Inneren gegen Routine und Autorität rebellieren und stellten ihm viele Hindernisse bei der Verwirklichung seines Lebenszieles in den Weg.** Feininger bemerkte rückblickend einmal, er habe »zwangsweise, um zu leben, als Illustrator gearbeitet« und sich immer schrecklich quälen müssen, um einigermaßen den Ansprüchen der Verleger zu genügen«.*

Mit der starken Krebsbesetzung – Sonne, Mond und Uranus zeigt sein unkonventionelles Naturell sowie seinen Dang nach Selbstverwirklichung – war Feininger trotz seines Löwe-Aszendenten keine Kämpfernatur, sondern eher ein gefühlsbetonter, bescheidener, auf Sicherheit bedachter Individualist. Das Auf und Ab seiner Gefühle (Mond-Uranus Quadrat Mars) war für Feininger genauso charakteristisch wie sein eiserner Wille (Sonne Sextil Pluto), der nie zum Stillstand kam. **Merkur im Löwen bewirkt zusätzlich willensstarkes, zielstrebiges Denken, das sich auf eine Sache konzentrieren kann.** So verlor Feininger sein Ziel, Maler zu werden, nie aus den Augen. Bis dahin brachte ihm seine Tätigkeit als Karikaturist nicht nur Erfolg, sondern bildete auch eine gute finanzielle Grundlage für seine zukünftige Entwicklung. Er benutzte seine finanziellen Mittel nicht nur, um seine Familie zu ernähren, sondern auch um die Möglichkeit zu nutzen, sich diverse grafische Techniken anzueignen und sich weiterzubilden. Venus im 2. Haus als Mitherrscherin vom 10. Haus bestätigt, daß Feininger mit Kunst Geld verdienen und sich einen guten Namen in der Gesellschaft machen konnte – verstärkt durch das Sextil zu Jupiter im 12. Haus und durch das Trigon zu Saturn im 5. Haus. Neben der außerordentlichen Begabung für Rhythmus, funktionelle Ästhetik und feinen Ausdrucksstil weisen diese Aspekte auf Geschäftssinn und ein Gefühl für die praktische Realität hin. So versuchte Feininger immer, seinen Wunsch nach freier Entfaltung in der Malerei mit

---

* Felicitas Tobien: Lyonel Feininger, S. 12

seinem Bedürfnis nach finanzieller Sicherheit zu vereinbaren, ohne sich selbst aufzugeben.

Nach seinem Durchbruch als Zeichner (1906) wagte der 36jährige Feininger 1907 den Neubeginn als Maler. Eine neue Schaffensperiode begann. **Lyonel Feininger war eine ruhelose Persönlichkeit, die sich mit Merkur Konjunktion Uranus und Mars Quadrat Jupiter und Mond nur schwer entspannen konnte.** Er neigte aufgrund seines unausgeglichenen Gefühlslebens zu Launen und **war mit dem Stellium von Sonne, Mond, Uranus und Merkur ständig auf der Suche nach neuen Erfahrungen und ungewöhnlichen Anregungen, die mit vielen Reisen und Umzügen verbunden waren,** da die Konjunktion von Mond, Sonne und Uranus ein Quadrat zu MC/IC bildet. Mit dieser Konstellation wurde Feininger oft für exzentrisch gehalten, da er an seine Arbeit auf völlig neue und für andere ungewohnte Weise (Sonne-Mond-Uranus Sextil Pluto) heranging, um sein Ziel mit der nötigen Selbstkritik zu verwirklichen. Dabei stellte er, je berühmter er wurde, immer höhere Anforderungen an sich und seine Arbeit. 1911 lernte Feininger die Arbeiten der französischen Kubisten im Rahmen einer Ausstellung in Paris kennen, an der auch er mit sechs Bildern teilnahm. »Ich fand die Welt vom Kubismus erregt, wovon ich noch nie etwas gehört hatte, wonach ich, ganz intuitiv, seit Jahren gesucht hatte…«[*]

Erst 1917 wurden Feiningers künstlerischen Vorstellungen immer konkreter, denn er hatte seinen Weg gefunden, mit den Problemen umzugehen, die sich aus der Kombination von Raum, Proportion, Farbe und Perspektive ergeben hatten.

Kurz nach dem Ersten Weltkrieg gründete der Architekt Walter Gropius 1919 in Weimar das »Bauhaus« mit dem Ziel des Zusammenwirkens von Kunst, Industrie und Handwerk. Er verpflichtete Feininger als Meister der Form am »Bauhaus« und übertrug ihm die Verantwortung für die Druckwerkstätten. Hier konnte Feininger die starke Besetzung seines 12. Hauses ausleben, indem er seine Talente hinter den Kulissen einer großen Institution entfaltete und **sein Können, und Wissen mit Sonne Konjunktion Merkur an Schüler weitergab. Merkur Konjunktion Sonne Sextil Pluto befähigten Feininger dazu, seine Gedanken leicht verständlich zu vermitteln,**

---

[*] Felicitas Tobien: Lyonel Feininger, S. 11

verliehen ihm ein gutes Gespür für die Befähigungen anderer und ließen ihn Verständnis für die Jugend aufbringen. Seine Autorität wurde akzeptiert und respektiert, da er durch Mond Konjunktion Sonne Wärme und Güte ausstrahlte und Heranwachsende in ihrer Unabhängigkeit bestärkte.

Die Zeit, in der Feininger am Bauhaus tätig war, gilt als seine Periode fruchtbaren Schaffens. Er entwickelte künstlerische Reife, indem er seine Talente entfaltete und seine Erfahrungen vertiefte – und er konnte der Gesellschaft nützlich sein, was ihm immer sehr am Herzen lag (Sonne-Mond und Jupiter Sextil Pluto).

Inzwischen hatte sich aber die politische Situation durch die Weltwirtschaftskrise und die Machtergreifung der Nationalsozialisten so sehr zugespitzt, daß auch Feininger die Konsequenzen der neuen Diktatur zu spüren bekam. Deshalb kehrte Feininger 1937 im Alter von 66 Jahren endgültig nach Amerika zurück, wo er sich einsam und heimatlos fühlte. Obwohl er sich seelisch, geistig und wirtschaftlich nur schwer zurechtfinden konnte, gelang ihm sein zweiter großer Durchbruch, als amerikanischer Maler erst 1942, als Feininger für sein Werk »Gelmeroda XIII« den Ausstellungspreis erhielt. Er hatte mit seinem Stil nicht nur die Aufmerksamkeit der Kritiker gewonnen, sondern auch den Geschmack der amerikanischen Gesellschaft getroffen. Feininger gewann viele Kunstpreise; ihm wurden etliche Auszeichnungen zuteil, die Gesellschaft würdigte ihn und akzeptierte den deutschen Maler als einen der ihren. Feininger fühlte sich endlich wieder heimisch und wurde zu neuem Schaffen inspiriert. Dank seines harmonisch aspektierten Plutos im 10. Haus und des Mondknotens im 11. Haus hatte sich Feiningers Kunst auch in Amerika durchgesetzt und seine Berühmtheit gefördert.

Am 13. Januar 1956 starb Feininger nach einem erfüllten Künstlerleben in seiner Geburtsstadt New York. Im Gegensatz zu vielen anderen Malern durfte Lyonel Feininger die Früchte seiner Arbeiten, die hauptsächlich zum »lyrischen Kubismus« zu rechnen sind, noch zu Lebzeiten ernten. Er war einer der vielseitigsten und erfolgreichsten Künstler seiner Zeit und ist dennoch bis heute vielen unbekannt geblieben.

Die karmische Bedeutung des Merkur

Was bedeutet Karma?

Das Wort Karma (auch Karman) stammt aus dem Sanskrit, der Sprache der Gelehrten Indiens, und bedeutet im Buddhismus soviel wie »Tat«, weil vom Handeln eines Menschen sein Schicksal abhängt, das ihm im Laufe seiner Wiedergeburt (Re-Inkarnation) beschert ist. Die Summe der Taten eines Menschen bestimmt nach der buddhistischen Wiedergeburtslehre sein derzeitiges Schicksal. Die Folgen seiner Handlungen wirken sich auf sein jetziges Leben aus, denn das Bedürfnis der menschlichen Seele nach Erleuchtung setzt nach der Karmatheorie genau da ein, wo es in der letzten Inkarnation aufgehört hat. Da die Seele unsterblich ist, re-inkarniert sie sich so lange bis der Mensch seine kosmischen Lektionen gelernt und die nötige Reife für das ewige geistige Leben erreicht hat.

Nicht nur im Buddhismus, auch im Christentum, in der Bibel, im Alten sowie im Neuen Testament, findet man den Gedanken an die Reinkarnation in Form der Auferstehung, die im Grunde nur ein anderer Begriff für die Wiederverkörperung ist.

Im Alten Testament heißt es: »Ich will die Sünden der Väter heimsuchen an den Kindern bis ins dritte und vierte Glied.« Betrachtet man dieses Zitat im übertragenen Sinne aus esoterischer Sicht und setzt Kinder nicht mit leiblichen Nachkommen, sondern mit nachfolgenden Verkörperungen der Seele, Inkarnationen, gleich, so bekommt dieser Bibelspruch einen ganz anderen Stellenwert: Er weist darauf hin, daß jeder Mensch der Nachkomme seiner Vergangenheit und der Vater seiner Zukunft ist.

Auch im Neuen Testament ist der Gedanke an Wiedergeburt verankert. Im Johannes-Evangelium heißt es: »Meister, wer hat gesündigt, daß dieser blind geboren ist, er oder seine Eltern?« Hier wird deutlich, daß es für den Jünger Jesu selbstverständlich war, daß der Blindgeborene schon einmal gelebt und gesündigt haben könnte. An anderer Stelle fragt Jesus seine Jünger: »Was sagen die Leute, daß ich sei?« Sie antworteten: »Etliche sagen, du seist Elias, andere du seist Jeremias oder der Propheten einer.« Auch dem Volk

Israels scheint der Gedanke an die Wiedergeburt vertraut gewesen zu sein.

Im Matthäus-Evangelium sagt Jesus: »Ich sage euch, Elias ist schon gekommen, und sie haben ihn nicht erkannt.« Und: »Ehe denn Abraham war, war ich. Ich bin bei euch alle Tage bis ans Ende der Welt. Sagt aber niemand bis ich wiederkommen werde.«

Die Vorstellung von der Wiederverkörperung der Seele zieht sich ebenso durch die verschiedenen Literaturepochen: »Jedes neugeborene Wesen tritt frisch und freudig in das neue Dasein und genießt es als ein geschenktes, aber es gibt und kann kein geschenktes geben; sein frisches Dasein ist bezahlt durch Alter und Tod eines abgelebten, welches untergegangen ist, aber den unzerstörbaren Keim enthielt, aus dem dieses neue entstanden ist; sie sind ein Wesen.« (Schopenhauer)[*]

»Ach warum könnte jeder einzelne Mensch nicht mehr als einmal auf dieser Welt vorhanden gewesen sein? Ist diese Hypothese darum lächerlich, weil sie die älteste ist? Weil der menschliche Verstand, ehe ihn die Sophisterei der Schule zerstreut und geschwächt hatte, sogleich darauf verfiel? – Warum sollte ich nicht so oft wiederkommen, als ich neue Kenntnisse, neue Fähigkeiten zu erlangen geschickt bin? Wohl mir, daß ich es vergesse! Die Erinnerung meiner vorigen Zustände würde mir nur einen schlechten Gebrauch des gegenwärtigen zu machen erlauben.« (Lessing)[**]

Schon Goethe stellte 1781 in einem Brief an Charlotte von Stein fest, wie gut es sei, daß der Mensch stirbt, nur um die Eindrücke auszulöschen und um gebadet wiederzukommen. Er glaubte, schon in früheren Zeiten mit ihr als seiner Schwester oder seiner Frau verbunden gewesen zu sein, war sich sicher, schon tausendmal dagewesen zu sein und hoffte, noch tausendmal wiederzukommen.

In Novalis' Fragmenten wird hinterfragt, ob es nicht auch drüben einen Tod geben haben könnte, dessen Resultat irdische Geburt gewesen wäre. Und Tolstoi stellt die These auf: »Wie wir Träume in diesem Leben tausende durchleben, so ist auch dieses

---

[*] Johannes Fährmann: Großer Theosophischer Katechismus, Bd. 2, Buenos Aires 1954, S. 14
[**] Johannes Fährmann: Großer Theosophischer Katechismus, Bd. 2, S. 15

Leben eins von Tausenden der Leben, in die wir aus dem wirklicheren, realeren, wahreren Leben eintreten, aus dem wir beim Eintritt in dieses Leben kommen und in das wir sterbend zurückkehren. Unser Leben ist einer von den Träumen eines wirklichen Lebens und so weiter in die Unendlichkeit, bis zu einem letzten wahren Leben – dem Leben Gottes.«*

Karma ist das Gesetz von »Ursache und Wirkung«. Diese Theorie basiert auf dem physikalischen Gesetz von Isaak Newton: »Auf jede Aktion muß eine entsprechende und gegensätzliche Reaktion folgen.« Das heißt, entweder handeln – *agieren* – wir und andere *re-agieren* auf unsere Aktionen oder wir *re-agieren* auf die Aktionen anderer. Insofern stehen wir durch unsere Aktionen und Reaktionen immer in einer Wechselbeziehung mit unserer Umwelt: Wir geben und nehmen, empfangen. Das eine, wenn wir andere unterstützen, ihnen helfen oder freundlich zu ihnen sind; das andere, wenn wir ebenfalls Unterstützung und Hilfe von anderen bekommen oder würdevoll behandelt werden.

Auf unser Verhalten folgt also immer eine Reaktion. Wir bekommen das zurück, was wir geben – nach dem Motto: »Was man sät, das erntet man.« Aber es sind nicht nur unsere Handlungen, die Folgen haben, denn unseren Aktionen – ob geplant oder spontan – gehen immer unsere Gedanken voraus.

Deshalb wird unser Karma schon durch die Art unseres Denkens beeinflußt: »Du bist, was du denkst, und du bist zu dem geworden, was du dachtest«, stellte schon Gautama Buddha fest.

Unsere Gedanken – im Horoskop durch den Planeten Merkur symbolisiert – bestimmen also unser Schicksal. Das heißt, wir können unser Leben durch die Kraft unserer Gedanken, durch unsere geistige Einstellung, beeinflussen und verändern, denn auch unsere Gedanken unterliegen ständigen Veränderungen. Wir handeln zwar nicht ununterbrochen, aber wir denken ständig, sind geistig immer aktiv, indem wir grübeln, plötzliche Einfälle haben oder in Erinnerungen schwelgen. Es fällt uns schwer, abzuschalten und ein paar Minuten an gar nichts zu denken. Deshalb ziehen wir Situationen an, die wir gedanklich durchleben und lassen Befürchtungen oder Wünsche Wirklichkeit werden. Unsere äußeren Le-

---

* Johannes Fährmann: Großer Theosophischer Katechismus, Bd. 2, S. 15

bensumstände sind nichts anderes als der Spiegel unserer Gedanken, unseres Innenlebens. Unser Verhalten – und damit auch unser Schicksal – resultiert also aus unseren Gedankengängen.

Der Anthroposoph Rudolf Steiner war der Meinung, daß sich das Schicksal aus zwei Tatsachengestaltungen zusammensetzt, die im Menschenleben zu einer Einheit zusammenwachsen. Die eine entströmt dem Drang der Seele von innen heraus; die andere tritt von der Außenwelt her an den Menschen heran. In seinen erkenntnistheoretischen Schriften heißt es, daß die Seele Vermittler zwischen Vergangenheit und Gegenwart ist. Er war der Meinung, daß die Seele durch die Erinnerung das Gestern bewahrt und daß sie durch die Handlung das Morgen vorbereitet. Steiner betrachtete den Menschen als Dreiheit von Körper, Seele und Geist, der durch seinen Leib der Welt angehört, die er auch mit seinem Leibe wahrnimmt; der sich durch seine Seele seine eigene Welt aufbaut und durch dessen Geist sich ihm eine Welt offenbart, die über die beiden anderen erhaben ist.

Nach Steiner unterliegt der Leib dem Gesetz der Vererbung und die Seele dem selbstgeschaffenen Schicksal. Er sagt in seinen Schriften, daß man dieses von dem Menschen geschaffene Schicksal mit einem alten Ausdruck als sein Karma bezeichnet. Der Geist stände unter dem Gesetz der Wiederverkörperung, der wiederholten Erdenleben.

In dem Aufsatz »Reinkarnation und Karma, vom Standpunkte der modernen Wissenschaft notwendige Vorstellungen« ist dargelegt worden, daß »die gegenwärtige naturwissenschaftliche Vorstellungsart, wenn sie sich nur wirklich selbst versteht, zu der uralten Lehre von der Entwicklung des ewigen Menschgeistes durch viele Leben hindurch führt. Notwendig schließt sich an diese Erkenntnis die Frage: Wie hängen diese mannigfaltigen Leben miteinander zusammen? In welchem Sinne ist das Leben eines Menschen die Wirkung seiner früheren Verkörperungen, und wie wird es zur Ursache der späteren? Ein Bild des Zusammenhanges von Ursache und Wirkung auf diesem Felde gibt das Gleichnis vom Schlafe. Ich stehe eines Morgens auf. Meine fortlaufende Tätigkeit wurde unterbrochen. Ich kann diese Tätigkeit des Morgens nicht in beliebiger Weise wieder aufnehmen, wenn Regel und Zusammenhang in meinem Leben sein soll. Mit dem, was ich gestern getan habe, sind die Vorbedingungen geschaffen für das, was ich heute zu tun habe. Ich muß an das Ergebnis meines Wirkens von gestern anknüpfen: In vollem Sinne des Wortes gilt es: Meine Taten von gestern sind mein Schicksal von heute. Ich habe mir selbst die Ursachen geformt, zu denen ich die Wirkungen hinzufügen muß. Und ich finde die Ursachen vor, nachdem ich mich eine Weile von ihnen zurückgezogen habe. Sie gehören zu mir, auch wenn ich einige Zeit von ihnen getrennt war.

Noch in einem anderen Sinne gehören die Wirkungen meiner Erlebnisse von gestern zu mir. Ich bin selbst wohl durch sie verändert worden. Man nehme an, ich habe etwas unternommen, das mir nur halb gelungen ist. Ich habe nachgedacht, warum dies teilweise Mißlingen mich getroffen hat. Wenn ich etwas Ähnliches wieder zu verrichten habe, so vermeide ich die erkannten Fehler. Also habe ich mir eine neue Fähigkeit angeeignet. Dadurch sind meine Erlebnisse von gestern die Ursachen meiner Fähigkeiten von heute. Meine Vergangenheit bleibt mit mir verbunden; sie lebt in meiner Gegenwart weiter; und sie wird mir in meine Zukunft hinein folgen. Ich habe mir durch meine Vergangenheit die Lage geschaffen, in der ich gegenwärtig mich befinde. Und der Sinn des Lebens verlangt, daß ich mit dieser Lage verknüpft bleibe. Sinnlos wäre es doch, wenn ich unter regelmäßigen Verhältnissen ein Haus, das ich mir habe bauen lassen, nicht beziehen würde.«*

Die Handlungsweise Edgar Cayces, der vielen Menschen mit seinen visionären Fähigkeiten zu einer harmonischeren Lebensweise verholfen hat, basierte fast ausschließlich auf dem Karmagesetz. Cayce setzte Karma mit »Selbstfindung« gleich. Selbstfindung setzt jedoch eine objektive Selbsteinschätzung, beziehungsweise eine realistische Sichtweise der eigenen Persönlichkeit voraus. Nun ist die Frage, inwieweit können wir uns selbst tatsächlich realistisch einschätzen?

Die meisten Menschen messen ihr Selbstwertgefühl an der Beurteilung und den Erwartungen anderer an ihre Person. Sie streben nach Anerkennung und einem guten Ruf, freuen sich über Lob und ärgern sich über Kritik. Lob und Tadel wirken sich also fördernd oder zerstörerisch auf das Selbstbewußtsein der eigenen Persön-

---

* Walter Kugler: Rudolf Steiner und die Anthroposophie, Köln 1991, S. 74 f.

lichkeit aus und sind die Ursache für weitere Aktionen oder Reaktionen.

Statt ein gesundes Selbstwertgefühl zu entwickeln, das innerer Zufriedenheit und einer realistischen Selbsteinschätzung entspringt, stellen wir unser Denken und Handeln oftmals auf die Forderungen unserer Mitmenschen ein, und wir verändern uns, um deren Ansprüchen und Erwartungen gerecht zu werden. Wir ordnen unsere eigene Persönlichkeit mit ihren Bedürfnissen und Wünschen den Erwartungen anderer unter. Damit stehen wir uns und unserer Weiterentwicklung selbst im Wege.

Deshalb ist es umso wichtiger, daß jeder Mensch sich selbst und sein Schicksal annimmt und sein Leben mit allen Höhen und Tiefen als Aufgabe begreift, die er verantwortungsbewußt zu erfüllen hat, indem er sein Dasein sinnvoll gestaltet und aus seinen Erfahrungen lernt. Karma heißt also, einsichtig zu werden, aus den eigenen, wiederkehrenden Fehlern zu lernen und sein Verhalten dementsprechend zu ändern. Karma heißt nicht, die »Schuld« für sein Schicksal bei anderen zu suchen oder »unglückliche« Umstände, sogenannte »Zufälle«, dafür verantwortlich zu machen. Sollten wir in diesem Irrglauben verhaftet sein, stagniert unsere Entwicklung, denn wir haben nicht begriffen, daß alles, was uns widerfährt auch von uns ausgeht, und daß die Ursache für die Ereignisse bei beziehungsweise in uns liegt.

Wenn wir uns Ziele setzen oder von Vergangenheit, Gegenwart und Zukunft sprechen, sollten wir uns bewußt machen, daß der Zeitbegriff lediglich auf unserer Wahrnehmung basiert. Zeit ist eine lineare Dimension, die in Maßeinheiten wie Sekunden, Minuten, Stunden, Tagen, Wochen, Monaten und Jahren chronologisch in eine Richtung voranschreitet. Der Faktor Zeit spielt heute eine sehr wichtige Rolle, denn niemand hat mehr Zeit, alle sind in großer Eile, haben Streß und Mühe, die Anforderungen des täglichen Lebens zu erfüllen. Nur wenn wir begreifen, daß es eigentlich keine Zeit gibt, außer der, von der wir jetzt, gegenwärtig, Gebrauch machen, lernen wir zu verstehen, daß alle Gedanken, die auf Erinnerungen oder auf zukünftige Handlungen ausgerichtet sind, etwas Irreales haben und in Verbindung mit einer Zeit stehen, die es in der Gegenwart gar nicht gibt. Obwohl wir mit Hilfe unserer Vorstellungskraft in der Lage sind, in Gedanken zu verschiedenen Zeiten an verschiedenen Orten zu sein, leben wir trotzdem immer hier und jetzt, in der Gegenwart und an einem bestimmten Ort.

Haben wir diese Einsichten erst einmal verinnerlicht, besteht für uns eine echte Chance, unser Karma leichter zu begreifen und den Sinn unseres Lebens schneller zu finden, indem wir uns von vergangenen Ereignissen lösen und nicht zu intensiv über die Zukunft nachdenken, sondern bewußt in der Gegenwart leben und alles auf uns zukommen lassen.

Karma im Horoskop

Das gesamte Horoskop spiegelt unseren Charakter und unser Karma wider. Denn: »Charakter ist Schicksal«.

Martin Schulman schreibt: »Astrologie ist eine Sprache. Sie ist einer von vielen Wegen für den Menschen, Gott zu erkennen. Es ist schon immer ein großes Problem gewesen, daß ein zu großer Teil der Menschheit Gott als eine Macht ansieht, die außerhalb vom Menschen ist. Infolgedessen suchen die Menschen Gott in Dingen, Umständen, Menschen und Ereignissen, die außerhalb von ihnen selbst liegen. Wenn sie das tun, verlassen sie das Zentrum ihres Seins und verlieren den wahren Kern des Hier und Jetzt – die lebendige Wirklichkeit, die einen der innere Gott erfahren lassen will.«*

An den Positionen der Planeten im Geburts-Horoskop in Zeichen und Häusern erkennen wir, in welchen Bereichen wir unsere Lebensaufgaben auf welche Weise zu lösen haben. Die Planeten symbolisieren Kräfte bzw. Energien. Die Zeichen, in denen sie stehen, zeigen an, wie diese Kräfte gefärbt sind, welche Eigenschaften sie haben. Die Position in den Häusern gibt Aufschluß darüber, in welchen Lebensbereichen diese Kräfte zum Tragen kommen.

An dem Stand der Sonne (entsprechend Leib, Körper, Wesen) erkennen wir auch, in welchem Bereich wir unsere Kreativität entfalten können und wo wir unsere Lebensaufgabe finden. Eine ganz besondere Bedeutung spielt jedoch der Mond. Er symbolisiert die Seele, das Gefühl. Da es die Seele ist, die sich reinkarniert, ist der Mond der erste Schlüssel zu unserem Karma. Wir selbst (Sonne),

---

* Martin Schulman: Karmische Astrologie, Neuhausen 1990, Bd. 4, S. 43 f.

unsere Seele (Mond) und unser Geist (Merkur) legen unser Schicksal also schon vor der Geburt fest. Unsere Seele wählt die Eltern und Geschwister, die Umgebung, die sie zur Erfüllung ihres Karmas braucht, denn eine Geburt erfolgt erst dann, wenn die kosmischen Konstellationen mit dem gewählten Schicksal übereinstimmen. Dabei spielt es keine Rolle, ob die Geburt eingeleitet wird, durch einen Kaiserschnitt oder auf natürliche Weise erfolgt.

Bei unserer Karmafindung sollten wir nicht nur dem Mond große Bedeutung beimessen, sondern auch seinem Aszendenten, dem aufsteigenden Mondknoten. Die Mondknoten sind zwei Schnittpunkte, an denen der Mond auf seinem Umlauf um die Erde die Ekliptik – die scheinbare Umlaufbahn der Erde um die Sonne – kreuzt. Der obere Schnittpunkt dieser beiden gedachten Bahnen ist der nördliche oder aufsteigende Mondknoten, auch Drachenkopf genannt. Ihm gegenüber liegt der südliche oder absteigende Mondknoten, auch Drachenschwanz genannt. Der nördliche Mondknoten ist der Aszendent des Mondes, der südliche der Deszendent. Über die Mondknotenachse finden wir den Weg aus der Vergangenheit, aus früheren Inkarnationen, in die Gegenwart zu unserem jetzigen Leben.

Da der Mond symbolisch mit der Seele identisch ist, dürfte die Inkarnation unbewußt erfolgen. Wenn sich die Seele jedoch den Körper sucht, den sie zur Erfüllung ihres Karmas braucht, hat es eher den Anschein als würde die Inkarnation bewußt erfolgen. Da unsere Gedanken gleichzeitig unser Schicksal bestimmen, spielt außer dem Mond der Intelligenzplanet Merkur eine sehr bedeutsame Rolle. Er gibt Aufschluß über unsere geistigen Anlagen, über die Art, Wissen und Informationen zu verarbeiten oder zu vermitteln.

Der neutrale Merkur ist der Planet der Gedanken. Indem wir sie anderen mitgeteilt haben, gehören sie nicht mehr uns, sondern der Vergangenheit an und geben unseren Gesprächspartnern Denkanstöße. Merkur ist der Planet des Handelns. Sobald unsere Handlung ausgeführt worden ist, gehört auch sie der Vergangenheit an. Setzen wir unseren Geist bewußt in dieser Form ein, schaffen wir immer wieder neuen Freiraum für neue Gedanken und Taten. Auf diese Weise können wir neue Fähigkeiten entwickeln und lernen, unser Denken intensiver auf den Augenblick, auf die Gegenwart, zu konzentrieren.

Die Stellung der rückläufigen Planeten in den Zeichen und Häusern gibt Hinweise auf Schwierigkeiten, die aus früheren Inkarnationen resultieren könnten. Wir können an der Aspektierung erkennen, in welchen Bereichen wir an uns arbeiten müssen.

Steht Merkur, direkt- oder rückläufig, in einem der karmischen Häuser 4 (Herkunft, Familie, Lebensabend), 8 (Leben nach dem Tode, Wiedergeburt, Sexualität) oder 12 (Bilanz) analog den Wasser-Zeichen Krebs, Skorpion und Fische, verstärkt sich seine karmische Bedeutung. Da dem 12. Haus analog dem Zeichen Fische das 6. Haus Jungfrau gegenüberliegt, sollten wir das 6. Haus für unser jetziges Karma unbedingt berücksichtigen. Da Merkur Herrscher des Zeichens Jungfrau und somit auch des 6. Hauses ist, nimmt er eine besonders bedeutsame bzw. starke Stellung in diesem Haus ein. Mit Hilfe des Planeten Merkur, also über den Geist, den Verstand und durch unsere Gedanken können wir bewußt Zugang zu unserem Karma, zu unserer Lebensaufgabe finden und herausfinden, welchen Weg wir wählen können, denn: »Unsere Gedanken bestimmen unser Schicksal.«

Die Rückläufigkeit des Merkur und seine karmische Bedeutung

Merkur ist – neben Venus und Mars – als schnell laufender Planet nur für kurze Zeit rückläufig. Während dieser Periode kann er dem Horoskop-Eigner jedoch im geistigen Bereich Einschränkungen auferlegen. So sollten während eines rückläufigen Merkur-Transits Verträge gar nicht oder nur nach Absicherung und eingehender Prüfung der Informationen unterzeichnet werden.

Im Geburtshoroskop gibt der rückläufige Merkur einen Hinweis auf das geistige Karma des Horoskop-Eigners, auf seine geistige Aufgabe in diesem Leben. Wenn Merkur wieder direktläufig wird, vollzieht sich ein Wendepunkt in seinem Leben. Dieser Zeitpunkt kann anhand der Ephemeriden mit Hilfe der progressiven Sekundär-Direktionen (Progressionen: 1 Tag = 1 Jahr) errechnet werden.

Wird der Merkur zum Beispiel 20 Tage nach der Geburt wieder direktläufig, kann die karmische Konstellation mit dem 21. Lebensjahr überwunden werden.

Der rückläufige Merkur gibt uns einen entscheidenden Hinweis auf die geistige Bewältigung unserer karmischen Aufgabe. Da er Herrscher des 3. und 6. Hauses ist, steht er für Geschwister, insbesondere Brüder, Cousins, Mitschüler, Nachbarn, Kinder und die Jugend, aber auch den Hausarzt.

Ist der rückläufige Merkur in diesen Häusern *spannungsreich aspektiert*, sind Kommunikationsprobleme, Schwierigkeiten im Alltag und mit der Gesundheit angezeigt, deren Ursachen oftmals Nervosität und Labilität sind, da man dazu neigt, sich zu schnell aus der Ruhe bringen zu lassen und den Drang verspürt, ständig in Bewegung sein zu müssen. Es ist wichtig, bei diesen Merkurpositionen mehr Ruhe und Ordnung in sein Leben zu bringen, Disziplin zu üben und sich klare Ziele zu setzen, die konsequent verfolgt werden sollten.

Der rückläufige Merkur in Zeichen, Häusern und Aspekten gibt einen entscheidenden Hinweis auf die Schwierigkeiten bei der geistigen Bewältigung des Karmas.

Merkur und seine Aspekte zu anderen Gestirnen

Die Symbolik der Gestirne und ihre Bedeutung

Die Gestirne setzen sich aus den Lichtern Sonne und Mond und den Planeten Merkur, Venus, Mars, Jupiter und Saturn zusammen, die als antike Planeten bezeichnet werden. Später, als die Transsaturnier Uranus, Neptun und Pluto entdeckt wurden, kamen diese drei Planeten noch dazu, und jedes Sternzeichen erhielt seinen eigenen Herrscher.

Man unterscheidet zwischen den inneren Gestirnen, den äußeren Planeten und den transsaturnischen Planeten. Zu den inneren Gestirnen zählen Mond, Merkur und Venus. Sie sind schnellaufend und bewegen sich zwischen der Erde und der Sonne. Die äußeren Planeten Mars, Jupiter und Saturn sind langsamlaufend und ziehen ihren Bahnen um die Sonne und um die Erde. Die Transsaturnier Uranus, Neptun und Pluto bewegen sich äußerst langsam außerhalb der Umlaufbahn von Saturn und werden deshalb als transsaturnische Planeten bezeichnet.

Den Gestirnen werden – genau wie den Sternzeichen und Häusern – symbolische Bedeutungen zugeordnet. Die Planeten sind Kräfte, die in den Häusern (Interessensphäre) zum Ausdruck kommen, aktiviert werden und durch die Stellung in den Zeichen gefärbt werden, das heißt, die Planetenkräfte werden durch die Eigenschaften der Zeichen geprägt. Befindet sich der Merkur im Zeichen Stier, ist das Denken erdhaft, ausdauernd und an konkrete Ziele gebunden. Im Gegensatz zu der Stellung in den eigenen Zeichen Zwillinge oder Jungfrau verändert sich die geistige Einstellung gemäß dem Zeichen, in dem sich Merkur befindet.

Jedes Gestirn hat einen Orbis, der bei den schnellaufenden Gestirnen größer ist als bei den langsamlaufenden. Es gibt jedoch keine festgelegten Werte für die Orben. Die hier angegebenen Gradzahlen gelten als Richtwerte.

Sonne

Schnellaufendes Gestirn, Orbis 10 Grad.
Regentin des Zeichens Löwe und des 5. Hauses.
Starke Wirkung im Geburts-Horoskop.
Steht symbolisch für:
Persönlichkeit, Wesenskern, Individualität,
Lebensaufgabe, Lebenskraft,
Energie, Kreativität, Vitalität und Macht,
Durchsetzungsvermögen, Autorität und Erfolg.
Ehemann, Vater, Autoritätspersonen, Vorgesetzte
und Regierungsmitglieder.

Mond

Schnellaufendes Gestirn, Orbis 10 Grad.
Herrscher des Zeichens Krebs und des 4. Hauses.
Starke Wirkung im Geburts-Horoskop.
Steht symbolisch für:
Seele und Unterbewußtsein, Gefühle und Empfindungen,
Hingabe, Veränderlichkeit, Beeinflußbarkeit, Fruchtbarkeit,
Fortpflanzung, Erbanlagen.
Mutter, Ehefrau, Familie, Volk, Publikum,
Wohnort (Heimat), Herkunft.

Venus

Schnellaufender Planet, Orbis 8 Grad.
Herrscher der Zeichen Stier und Waage, des 2. und des 7. Hauses.
Mittlere Wirkung im Geburts-Horoskop.
Steht symbolisch für:
Liebe, Sinnlichkeit, Erotik, Hingabebereitschaft, Heirat,
guten Geschmack, Sinn für Schönheit und Ästhetik,
Schmuck, Kleidung.
Kunst, Musik, Schönheit, Vergnügungen.
Mädchen, Geliebte, Künstler.

Mars

Langsamlaufender Planet, Orbis 8 Grad.
Herrscher des Zeichens Widder und des 1. Hauses, Mitherrscher
des Zeichens Skorpion und des 8. Hauses.
Mittlere Wirkung im Geburts-Horoskop.

Steht symbolisch für:
Energie, (An-)Trieb, Wille, Tatkraft, Mut,
Unternehmungs- und Kampfgeist,
Sexualität und Leidenschaft,
Konfliktbereitschaft, Streben nach Selbständigkeit.
Kämpfer, Sportler, Handwerker, Chirurg.

Jupiter

Langsamlaufender Planet, Orbis 7 Grad.
Herrscher des Zeichens Schütze und des 9. Hauses,
Mitherrscher des Zeichens Fische und des 12. Hauses.
Mittlere Wirkung im Geburts-Horoskop.
Steht symbolisch für:
Entfaltungs- und Expansionsdrang,
Glück und Harmonie,
Gesetz, Religion, edle Gesinnung, Ethik und Moral,
Ehren, Reichtum, sozialer Aufstieg,
Weisheit durch Erkenntnis, Menschlichkeit.
Wohlhabende, moralische Menschen, Beamte, Behörden, Justiz,
Kirche, Geldinstitute.

Saturn

Langsamlaufender Planet, Orbis 6 Grad.
Herrscher des Zeichens Steinbock und des 10. Hauses,
Mitherrscher des Zeichens Wassermann und des 11. Hauses.
Mittlere Wirkung im Geburts-Horoskop.
Steht symbolisch für:
Konzentration, Hemmung, Einschränkung, Bindung,
Grenzen, Aufgaben, Verpflichtungen,
Widerstand, Einsamkeit, Probleme,
Selbstbescheidenheit, Verinnerlichung, Reife.
Großeltern, schwer arbeitende Menschen, Weise.
Landwirtschaft, Bergbau, Haus- und Grundbesitz.

Uranus

Langsamlaufender Planet, Orbis 5 Grad.
Herrscher des Zeichens Wassermann und des 11. Hauses.
Schwache Wirkung im Geburts-Horoskop.
Steht symbolisch für:

Intuition, Originalität, plötzliche Ereignisse,
Umbruch, Veränderungen, Sprunghaftigkeit,
plötzlicher Energieeinsatz, Freiheitsdrang, Rebellion, Neubeginn.
Reformer, Erfinder, Revolutionäre, Astrologen,
Technik (EDV), Forschung.

Neptun
Langsamlaufender Planet, Orbis 5 Grad.
Herrscher des Zeichens Fische und des 12. Hauses.
Schwache Wirkung im Geburts-Horoskop.
Steht symbolisch für:
Inspiration, Instinkt, Einfühlungsvermögen,
(Ent-)Täuschung, Illusionen,
Empfänglichkeit, Beeindruckbarkeit,
Hang zur Mystik, Neigung zu Vorahnungen,
Opferbereitschaft.
Labile, manipulierbare Personen, Medien,
Zauberer, Betrüger.

Pluto
Langsamlaufender Planet, Orbis 5 Grad.
Herrscher des Zeichens Skorpion und des 8. Hauses.
Schwache Wirkung im Geburts-Horoskop.
Steht symbolisch für:
Masse, unsichtbare Macht, höhere Gewalt,
Fügung, Massenschicksal, Kollektivbewußtsein,
Zwang, Gewalt und Zerstörung.
Einflußreiche Personen wie Politiker, Werbefachleute,
Schauspieler, Demagogen.

Die Bedeutung der Aspekte

Planeten bilden Aspekte, wenn sie im Horoskop in einem bestimmten Winkel zueinander stehen. Wir wollen hier nur auf die Hauptaspekte der klassischen Astrologie in bezug auf den Planeten Merkur eingehen. Bei allen Aspekten ist bei der Deutung zu berücksichtigen, ob es sich um einen zu- oder ablaufenden Aspekt handelt. Bei einem zulaufenden Aspekt, einer Applikation, bewegt sich der schneller laufende Planet auf den langsam laufenden Planeten zu und verstärkt die Wirkung dieses Aspektes. Bei einem ablaufenden Aspekt, der Separation, bewegen sich zwei Planeten voneinander weg, das heißt, der schneller laufende Planet steht vor dem langsamlaufenden und entfernt sich immer weiter von ihm. Dementsprechend schwächer kann die Wirkung dieses Aspektes sein. Beispiel: Steht Merkur auf 25 Grad Zwillinge, Mars auf 29 Grad Zwillinge, bewegt sich Merkur, da er schneller läuft als der Mars, auf den Mars zu. Hierbei handelt es sich um einen Applikationsaspekt. Steht Merkur aber auf 29 Grad Zwillinge und Mars auf 25 Grad, dann entfernt sich Merkur vom Mars. Diese Konjunktion wird als Separationsaspekt bezeichnet.

Außerdem ist zu beachten, ob es sich um sogenannte »echte« Aspekte handelt. Eine echte Konjunktion befindet sich immer im gleichen Zeichen; es kann aber auch vorkommen, daß sich ein Planet in den letzten Graden des einen Zeichens befindet, und der andere Planet in den ersten Graden des nächsten Zeichens steht. Das gleiche gilt auch für die Sextile, Quadrate, Trigone und Oppositionen.

Beim Orbis der Aspektfiguren gilt das gleiche wie bei den Planeten. Auch hier gibt es keine festen Werte, deshalb sollten diese Orben ebenfalls nur als Richtwerte betrachtet werden. Es empfiehlt sich, den Orbis anhand der Durchschnittswerte bei den Planeten zu wählen. Die Sonne hat beispielsweise einen Orbis von 10 Grad, Saturn hat einen Orbis von 6 Grad. Bilden Sonne und Saturn einen Aspekt, kann man die Orben zusammenzählen und durch zwei teilen. Auf diese Weise erhält man den ungefähren Orbis für die Aspekte, der in diesem Fall 8 Grad betragen würde.

Die Konjunktion: 0 Grad, Basisaspekt

Die Konjunktion hat einen **Orbis von 0 bis 7 Grad bei den Planeten und 0 bis 10 Grad bei den Lichtern Sonne und Mond.** Die Konjunktion wird als Basisaspekt bezeichnet, da mindestens zwei Planeten in die gleiche Richtung wirken. Die Konjunktion ist ein dynamischer Aspekt, der sich sowohl fördernd (Sonne, Mond, Merkur, Venus, Jupiter) als auch einschränkend (Mars, Saturn, Uranus, Neptun, Pluto) auswirken kann, je nachdem, welche Planeten an der Konjunktion beteiligt sind.

Merkur-Konjunktionen weisen auf ausgeprägte geistige Anlagen, gute Urteilskraft und starkes Interesse an Kommunikation hin.

Merkur paßt seine Eigenschaften dem Gestirn an, mit der eine Konjunktion bildet. Diese Konjunktion wird wiederum durch die Eigenschaften des Zeichens gefärbt, in dem sie sich befindet. Ihre Wirkung kommt in dem Bereich zum Ausdruck, der durch das Haus symbolisiert wird, in dem sie steht.

Das Sextil: 60 Grad, Bewegungsaspekt
Beim Sextil beträgt der **Orbis 0 bis 6 Grad**. Sextile sind schwache harmonische Aspekte, die Bewegung ins Leben bringen. Da sie etwas bewirken, werden sie auch als Bewegungsaspekt bezeichnet. Sie zeigen Möglichkeiten für die Verwirklichung persönlicher Ziele an.

Sextile mit Merkur weisen auf geistiges Wachstum in den Bereichen hin, die durch die Häuser symbolisiert werden, in denen sich die beiden Planeten befinden. Auf diesen Gebieten kristallisiert sich ein gutes Denk- und Urteilsvermögen sowie Gewandtheit in allen Bereichen der Kommunikation heraus. Dieser Aspekt fördert die Kontaktfreude.

Das Quadrat: 90 Grad, Spannungsaspekt
Der **Orbis** beträgt beim Quadrat **0 bis 7 Grad**. Quadrate zeigen an, welche Schwierigkeiten wir in welchen Bereichen zu bewältigen haben. Sie verlangen immer eine Eigenentwicklung, einen Lernprozeß, der mit großem Energieeinsatz verbunden ist. Spannungsaspekte sind notwendig, denn ohne Quadrate gibt es keine Entwicklung.

Quadrate mit Merkur zeigen Schwierigkeiten und Blockaden beim Lernen und im Umgang mit anderen Menschen an. Obwohl Intelligenz und geistige Aktivität vorhanden sind, besteht die Neigung zu einseitigem Denken und zu Vorurteilen, wodurch verhindert wird, daß die Fähigkeiten richtig eingesetzt werden. Die Tendenz zu geistigem Hochmut zeichnet sich ab. An den Zeichen und Häusern, in denen sich Merkur und der Planet befindet, der an dem Quadrat beteiligt ist, erkennen wir, wo und wie sich diese Schwierigkeiten äußern.

Das Trigon: 120 Grad, Gleichklang

Starker harmonischer Aspekt mit 0 bis 7 Grad Orbis, der zwar gute Anlagen anzeigt, jedoch wenig bewirkt, wenn das Trigon nicht durch andere Aspekte aktiviert wird. Da ein Gleichklang zwischen den Elementen besteht, neigen wir dazu, uns auf unseren Anlagen auszuruhen, sie hinzunehmen, statt sie zu aktivieren und weiterzuentwickeln.

Trigone mit Merkur lassen auf eine schnelle Auffassungsgabe, einen schöpferischen Geist und logisches Denken schließen. Eine gute Ausbildung ist für die geistige Entfaltung und den beruflichen Erfolg erforderlich, der sich einstellt, weil der Verstand zielgerichtet eingesetzt wird. An den Zeichen und Häusern, in denen sich Merkur und der Planet befindet, der an dem Trigon beteiligt ist, läßt sich erkennen, auf welchen Gebieten man erfolgreich sein kann.

Die Opposition: 180 Grad, Gegenschein

Der **Orbis** beträgt bei der Opposition 0 bis 6 Grad. Sie ist ein Spannungsaspekt, der auch als Gegenschein bezeichnet wird, da sich bei diesem Aspekt zwei Planeten gegenüberstehen und ihre Energien gegeneinander gerichtet sind.

Steht Merkur einem anderen Planeten direkt gegenüber – also in Opposition – wird der eigene Standpunkt beharrlich vertreten und die Meinung anderer kaum gelten gelassen. Dadurch entstehen Kommunikationsschwierigkeiten, die nur zu überwinden sind, wenn man die Energie des Merkur mit der des anderen Planeten in Einklang bringt, einen Mittelweg findet. Anhand der Position in Zeichen und Häusern können wir erkennen, wie sich die beiden Planetenkräfte einander nähern können.

Außer den Hauptaspekten gibt es noch folgende Nebenaspekte, die hier nicht weiter berücksichtigt werden:

Das Halbsextil	30 Grad
Das Halbquadrat	45 Grad
Das Anderthalbquadrat	135 Grad
Das Quincunx	150 Grad

Merkur/Sonne: Intellekt und Persönlichkeit

Thomas Ring: Logik und Standpunkt
»Je nach Einstellung zum Leben bleibt der Logos, auch in seinen Sondertouren, stets irgendwie im Dienst des zentralen Standpunktes.«

Ring sagt, daß die Sonne sonstwie stark aspektiert und Merkur isoliert stehen kann, oder umgekehrt, daß eines der beiden Gestirne eine gewisse Dominanz über das andere gewinnen kann, woraus sich »Herz in Klammern des Verstandes oder Urteil und Überlegung vom Lebensimpuls fortgerissen«* ableiten ließe.

Die Sonne symbolisiert unsere Persönlichkeit, unser Wesen. Sie gibt Hinweise auf unseren Lebenskern und unsere Lebensaufgabe. Die Position der Sonne, Herrscherin des 5. Hauses Löwe, in Zeichen und Haus gibt Aufschluß über die Entfaltungsmöglichkeiten unseres wahren Ichs. In diesem Bereich finden wir Lebenskraft. Hier können wir unsere Kreativität zum Ausdruck bringen.

Außer der Konjunktion und dem Halbsextil mit 2 Grad Orbis können Merkur und Sonne keinen weiteren Apekt bilden, da sich Merkur maximal 28 Grad von der Sonne enfernen kann. Hat die Konjunktion einen Orbis von 0 bis 4 Grad, spricht man von einem »verbrannten« Merkur, da die Geisteskraft durch die Sonnenenergie eingeschränkt wird und die Persönlichkeit in den Vordergrund tritt. Geistige Überforderung, Konzentrations- und Kommunikationsschwierigkeiten sowie der Wunsch, abzuschalten, machen sich bemerkbar. Mit dieser Konstellation ist die objektive, bzw. realistische Selbsteinschätzung der eigenen Persönlichkeit eingeschränkt, da das Selbsturteil zu stark auf spontane Überzeugungen fixiert ist.

Ist Merkur jedoch weiter als 4 Grad von der Sonne entfernt, oder befindet er sich sogar in einem anderen Zeichen, spricht das für geistige Kraft, kreative Ideen, die in die Tat umgesetzt werden, und für einen gut entwickelten Intellekt. Horoskop-Eigner mit dieser Konstellation haben keine Schwierigkeiten, Geist und Wesen zu trennen, denn es gelingt ihnen, eine natürliche Distanz zwischen Verstand und Persönlichkeit zu schaffen.

---

* Thomas Ring: Astrologische Menschenkunde, Bd. 3, S. 257 f.

> Merkur-Sonne-Aspekte:
>
> + gut entwickelter Verstand
> + Kreativität und Sprachbegabung
> + Trennung zwischen Geist und Wesen
> + gutes Gedächtnis, geistige Konzentration
> + günstig für Studien, Erziehung und Wissenschaft
> - keine objektive Selbsteinschätzung
> - Neigung zu geistiger Überforderung
> - Konzentrationsmangel

Merkur/Mond: Geist und Seele

Thomas Ring: Beobachtung und Gefühl

»Mit Mond und Merkur gerät der Gemütswert der Dinge in Verhältnis zu ihrem Begriff und ihrer Zweckdienlichkeit. Der Logos stattet die Bilder der Wahrnehmung und Phantasie mit einzelnen beobachtenden Merkmalen aus. Der Gefühlsstrom geht normalerweise der zerlegenden und verknüpfenden Tätigkeit des Verstandes parallel, kann sich aber auch verselbständigen.«[*]

Thomas Ring schreibt weiter, daß bei dieser Planetenverbindung die bildhafte Erscheinung und das Erinnerungsvermögen des Mondes mit der begrifflichen Abstraktion und der logischen Handhabung des Merkur in Beziehung stehen. Er bezeichnet Mond und Merkur als die Reiseplaneten der astrologischen Tradition, durch die Beweglichkeit und Veränderungen angezeigt werden.

Der Mond symbolisiert unser Seelen- und Gefühlsleben, die Weiblichkeit, die Mutter, beim Mann die Ehefrau und die Lebenspartnerin. Als Herrscher des 4. Hauses Krebs gibt der Mond auch Aufschluß über unsere Herkunft und unseren Lebensabend, über unsere Heimat und unsere Familie. Er steht in Beziehung zur Fruchtbarkeit und zu den Erbanlagen, zum Publikum und zum Volk.

Bilden Merkur und Mond einen Aspekt, korrespondieren Geist, Denken und Vernunft mit Seele, Gefühl und Gemütsreaktionen.

---

[*] Thomas Ring: Astrologische Menschenkunde, Bd. 3, S. 276

Gefühlsbetontes Denken und intuitive Wahrnehmung sind hier in Form von einem gesunden Menschenverstand bei harmonischer Aspektierung stark ausgeprägt.

Merkur-Mond-Aspekte:

+ starker aktiver Verstand
+ günstig für alle intellektuellen Tätigkeiten
+ Interesse an allen kommunikativen Bereichen
+ berufliche Begabung als
  Sekretär/in, Schriftsteller/in,
  Handlungsreisende/r, Redner/in
+ Wunsch nach Bewegung und Veränderungen
- Ablehnung von Kontrolle
- ungeordnete, gefühlsbetonte Gedanken stoßen auf Kritik
  und Widerspruch
- Schwierigkeiten beim Abschluß von Verträgen
- kein kontinuierliches Lernen oder Studieren

Bei der **Konjunktion** stehen Bewußtsein und Unterbewußtsein miteinander in Einklang. Diese Konstellation weist auf geistige Regsamkeit, gute Auffassungsgabe und Sprachtalent hin. Diese Horoskop-Eigner sind in der Lage, ihre Gefühle mitzuteilen und können anderen Freude bereiten, denn sie sind anpassungsfähig und können gut zuhören. Ist die *Konjunktion* jedoch *durch Spannungsaspekte »verletzt«*, besteht die Tendenz, daß sie besonders empfindlich auf das Verhalten ihrer Mitmenschen reagieren, weil ihre Gefühlsregungen stark angesprochen werden.

Beim **Sextil** herrscht Harmonie zwischen Verstand und Gefühl. Diese Horoskop-Eigner haben ein gutes Gedächtnis, sind geschäftstüchtig und können ihre Ideen gewinnbringend in die Tat umsetzen. Intuitiv nehmen sie die Gedanken ihrer Mitmenschen wahr. Sie können sich in Wort und Schrift gewandt ausdrücken und eignen sich besonders gut als Redner oder Schriftsteller. Sie sind für alle Unternehmungen, die mit Kommunikationsmedien (Presse, Funk und Fernsehen, Telefon) zu tun haben, prädestiniert und können in diesen Bereichen sehr viel leisten.

Das **Trigon** sorgt darüber hinaus für einen gesunden Menschenverstand und gutes Urteilsvermögen. Große Kontaktbereitschaft und Freude an der Unterhaltung mit anderen Menschen, denen Verständnis und Wohlwollen entgegengebracht wird, zeichnet diese Horoskop-Eigner aus. Sie können schwierige Alltagsprobleme spielend bewältigen, denn sie regeln alle Angelegenheiten mit Vernunft und Bedacht. Besonders gut verstehen sie sich mit Frauen.

Das **Quadrat** bewirkt als Spannungsaspekt innere Unruhe, Nervosität und Launenhaftigkeit. Möglicherweise sind diese Horoskop-Eigner in Gedanken oft mit der Vergangenheit beschäftigt und leben in den Erinnerungen daran. Sie neigen dazu, sich zu große Sorgen zu machen und können aufgrund übertriebener Sentimentalität keine klaren Gedanken fassen.

Wahrscheinlich haben sie eine schwierige Mutterbeziehung, Probleme mit Frauen oder Familienangehörigen, weil sie sich zu sehr in familiäre Angelegenheiten hineinsteigern und diese zerreden, statt zu einer effektiven Lösung beizutragen. Obwohl sie sehr mitfühlend sind und anderen helfen möchten, werden ihre Absichten oftmals mißverstanden. Sie sollten lernen, sich von der Vergangenheit zu lösen, indem sie sich stärker auf konkrete gegenwärtige Ereignisse konzentrieren. Auf diese Weise könnten nervöse Störungen und Verdauungsschwierigkeiten verhindert werden.

Bei der **Opposition** sind aufgrund gefühlsmäßiger Verwirrung gesellschaftliche und familiäre Schwierigkeiten zu erwarten, denn Verstand und Gefühl stehen nicht in Einklang miteinander. Der Mond steht dem Merkur genau gegenüber. Beide müssen sich auf halbem Wege entgegenkommen, einen Kompromiß zwischen Gefühl und Vernunft finden, was sicher nicht leicht ist. Einerseits nehmen Horoskop-Eigner mit dieser Konstellation Kritik zu persönlich und fühlen sich schnell verletzt; andererseits neigen sie dazu, andere durch ihr unaufhörliches Gerede über Belanglosigkeiten zu vergraulen. Sie sollten lernen, objektiver zu denken und sich anderen etwas dezenter mitzuteilen. Man sollte nicht zu sehr auf Äußerlichkeiten achten und für diese nicht zuviel Geld ausgegeben. Eine ausgewogene, gesunde Ernährungsweise bildet die Grundlage für das körperliche Wohlbefinden.

Merkur/Venus: Verstand und Gefühl

Thomas Ring: Intelligenz und Gleichgewicht
»Auffassung und Urteilskraft des Verstandes tritt in Beziehung zur Sinnesempfindung sowie dem Organ für Maß, Proportion, Symmetrie in der Erscheinungswelt.«[*]
Thomas Ring schreibt, daß Logos und Eros in sehr engem Zusammenhang stehen und nicht in Konflikt geraten, da Merkur und Venus nur durch harmonische Aspekte miteinander verbunden sein können. Er betrachtet jede Verständigung als eine begriffliche Mitteilung oder urteilende Selbstvermittlung von Empfindungen, die nach logischen Regeln verknüpft wird. Merkur und Venus geben das Verhältnis zwischen Kunst*verstand* und Kunst*empfinden* an. Das eigentliche Problem dieser Aspekte besteht für Ring darin, »wieweit die formalästhetische Seite des Denkens nicht nur zur gefälligen Darbietung, sondern zum Gleichgewicht in einem abgeschlossenen System führt, wieweit andererseits bewußtes Erfassen der Wirklichkeit das Lust-Unlust-Verhalten beeinflußt.«[**]
Venus symbolisiert unser Liebes- und Gefühlsleben, unser Bedürfnis nach Erotik, Harmonie, Schönheit, Ästhetik und Kunst. Sie steht für die Mutter in der frühen Kindheit, für das Mädchen, und beim Mann für die Geliebte.
Bei Merkur und Venus vereinen sich Denken, Verstand und Vernunft mit Gefühl, Liebe und Schönheit zu Schönheitssinn, Liebesgedanken und gefühlsorientiertem Denken, zu Heiterkeit und Frohsinn.

Merkur-Venus-Aspekte:

+ gemütlich, heiter, gesellig
+ guter Geschmack
+ Begabung für Kunst, Musik und Gestaltung
+ Schriftstellerische und literarische Fähigkeiten
+ gute Beziehung zu Geschwistern und Verwandten

---

[*] Thomas Ring: Astrologische Menschenkunde, Bd. 3, S. 299
[**] Thomas Ring: Astrologische Menschenkunde, Bd. 3, S. 299

Diese beiden Planeten können nur eine Konjunktion und ein Sextil bilden, da sie nicht weiter als 76 Grad voneinander entfernt stehen können.

Horoskop-Eigner mit der **Konjunktion** dürften eine angenehme, melodische Stimme sowie eine sympathische, charmante Ausstrahlung haben und diplomatisches Geschick im Umgang mit ihren Mitmenschen beweisen. Sie sind sensibel, kontaktfreudig und gesellig. Mit ihrer harmonischen Ausstrahlung ziehen sie wohlwollende Menschen an. Sie legen großen Wert auf gute Umgangsformen, auf geistige Liebe und Gefühle, die von gegenseitigem Verständnis füreinander geprägt sind.

Horoskop-Eigner mit dieser Konstellation haben die Fähigkeit, Zusammenhänge zu erfassen und sollten mit ihrer literarisch-künstlerischen Begabung und ihrer Redegewandtheit einen Beruf aus dem kommunikativen Sektor wählen, der Teamwork erfordert. Da ihre Gedanken auf ästhetische Ziele gerichtet sind, eignen sie sich gut für Öffentlichkeitsarbeit oder für eine Tätigkeit in der Werbebranche, zum Beispiel als Designer. Allerdings haben sie eine Abneigung gegen Konkurrenz und Auseinandersetzungen. Befindet sich die Konjunktion im 1. Haus, kristallisiert sich eine Begabung für kreative oder künstlerische Selbstdarstellung heraus.

Für das **Sextil** gilt ähnliches wie für die Konjunktion: Diese Horoskop-Eigner wirken ausgeglichen und freundlich und haben ein großes Bedürfnis nach Harmonie. Ihr gewandter sprachlicher Ausdruck, ihre literarischen und musischen Fähigkeiten begünstigen eine Tätigkeit als Schriftsteller, Künstler oder Kunsthistoriker, Restaurator, Komponist oder Sänger – je nachdem, in welchen Häusern die beiden Planeten stehen.

Merkur/Mars: Verstand und Willen

Thomas Ring: Urteilskraft und Aktivität
»Bei diesem Zusammentreffen dreht es sich darum, etwas dem Verstande Zuhandenes praktisch in den Griff zu bekommen und mit ihm eine zweckhafte Absicht zu verwirklichen. Dies beginnt bereits mit dem Richten der Aufmerksamkeit auf ein nützliches Ziel und der Bereitschaft, tatkräftig anzupacken, das aktive Getrie-

bensein wirkt wieder anfeuernd auf die Verstandestätigkeit zurück.«*

Bei diesen Aspekten geht es laut Thomas Ring vorwiegend um technische Fertigkeiten und um die Motorik des Handelns. Ring sagt, daß bei Mars die Schärfe des Einsatzes im entscheidenden Punkt und bei Merkur die Schärfe im Beurteilen der jeweiligen Situation, der Umstände und der Bedingungen zum Erreichen des Zieles mit den einfachsten Mitteln beiträgt. Hier vereinen sich Feststellung und gefälltes Urteil mit führender Hand und »die bündige Klarheit der vertretenen Thesen wird zur wendigen Situationsbeherrrschung.«**

Merkur-Mars-Aspekte:

+ geistige Aktivität, schnelle Auffassungsgabe
+ Begabung für Wissenschaft (Chemie), Medizin (Chirurgie), Ingenieurswesen, Bildhauerei
+ originelles, positives Denken
+ denkt und handelt schnell
+ liebt geistige Herausforderungen und Konkurrenzdenken
- geistige Unruhe führt zu Auseinandersetzungen
- Neigung zu Übertreibungen und Aufregung
- Gereiztheit führt zu Überarbeitung, Kopfschmerzen und Nervenleiden
- mangelndes Taktgefühl
- Neigung zur Selbstüberschätzung

Mars symbolisiert Energie, Antriebskraft, Willensstärke, Mut, Entschlossenheit und kämpferisches Durchsetzungsvermögen. Er steht für den Soldaten, das Militär, für den Handwerker, Maschinisten, Mechaniker und Techniker genauso wie für den Chirurgen und den Sportler. Bei der Verbindung von Merkur und Mars vereinen sich Geist, Gedanken und Vernunft mit Energie, Antriebskraft und Willensstärke zu geistiger Schaffensfreude und Aktivität.

---

* Thomas Ring: Astrologische Menschenkunde, Bd. 3, S. 301
** Thomas Ring: Astrologische Menschenkunde, Bd. 3, S. 299

Die **Konjunktion** – in diesem Fall ein Spannungsaspekt – verleiht einen scharfen Verstand, Schlagfertigkeit und Freude an Diskussionen, die aufgrund einer aggressiven Ausdrucksweise Streitigkeiten auslösen können. Diese Horoskop-Eigner »nehmen kein Blatt vor den Mund«, sondern sagen, was sie denken, auch wenn es taktlos ist. Sie wollen immer über alles informiert sein, denn sie sind sehr wißbegierig. Da sie den Wettbewerb und Konkurrenzkampf brauchen, sind sie in der Lage, schnelle und klare Entscheidungen zu treffen. Mit diesen Fähigkeiten eignen sie sich zum Journalisten oder Reporter, denn sie können gut reden, haben spontane Einfälle und Interesse an Politik. Es gelingt es ihnen, ihre Gedanken ohne zu zögern in die Tat umzusetzen.

Das **Sextil**: sorgt für große geistige Energien, Konzentrationskraft und einen scharfen Verstand. Diese Horoskop-Eigner äußern ihre Meinung direkt und ohne Umschweife, sind entschlußfreudig, planen ihre Vorhaben, die sie gezielt durchführen. Das befähigt sie zu produktiver Arbeit. Unternehmungslust und Optimismus unterstützen sie bei der Bewältigung ihrer Probleme. Sie haben eine gute Beobachtungsgabe, taktisches Gespür, mechanisches und technisches Verständnis und sind wissenschaftlich begabt. Sie zeigen Interesse an Details und beherrschen Denkspiele wie Schach, denn sie möchten mit ihrem geistigen Ehrgeiz ihre Überlegenheit immer wieder unter Beweis stellen.

Horoskop-Eigner mit dem **Trigon** haben darüber hinaus eine lebendige bis dramatische Ausdrucksweise. Da sie die öffentliche Meinung beeinflussen möchten, könnten sie sich in der Politik, Justiz oder beim Militär stark engagieren. Auch als Reporter oder Kommentator wären sie gut geeignet, denn sie lieben Aktivität, Abwechslung und Einsatzbereitschaft, handeln gern spontan und praxisbezogen.

Das **Quadrat** führt zu Reizbarkeit und Aggressionen. Horoskop-Eigner mit dieser Konstellation neigen dazu, ihre Ansichten spontan und unüberlegt zu äußern, geraten leicht in Wut und können sehr frech werden, denn sie haben kein sehr stabiles Nervensystem. Deshalb besteht die Gefahr, daß sie unter Kopfschmerzen – im äußersten Fall sogar unter Nervenzusammenbrüchen – leiden. Es mangelt ihnen an Taktgefühl. Sie schätzen Situationen oftmals falsch ein und bilden sich eine voreilige Meinung, die nicht objektiv ist. Sie sollten geduldiger und diplomatischer werden und anderen auch einmal zuhören. Dann könnten sie ihre Mitmenschen mit ihrem angeborenen Scharfsinn, der impulsiv und kritisch zum Ausdruck kommt, konstruktiv unterstüzten.

Bei der **Opposition** sind Streit und Wortgefechte an der Tagesordnung. Diese Horoskop-Eigner verlieren schnell die Beherrschung und machen sich dadurch recht unbeliebt. Für sie scheint nur ihre eigene Meinung zu existieren, deshalb fällt es ihnen auch schwer, Dinge und Situationen aus verschiedenen Perspektiven zu betrachten. Wenn sie Wert auf harmonische, freundschaftliche und gesellschaftliche Beziehungen legen, sollten sie versuchen, ihre Impulsivität unter Kontrolle zu bringen, indem sie ihre Merkur-Eigenschaften fördern und ihre Energie dem Verstand unterstellen.

Merkur/Jupiter: Intellekt und Entfaltung

Thomas Ring: Zweck und Sinn
»Oberste Werte in kleine Münze umsetzen, dem organischen Ganzen mit bedingten Mitteln dienen, dies Problem wandelt sich mit Entwicklungshöhe und Reife, je nachdem Klugheit und Weisheit zusammenkommen.«*

Bei dieser Verbindung geht es laut Thomas Ring um die Kombination von logischen Argumenten mit grundsätzlichen Einsichten, um das Verhältnis von Erwiesenem zu Glaubensthesen und um die Verknüpfung des Einzelnen mit dem Ganzen auf verschiedenen Lebensebenen.

Jupiter symbolisiert Entfaltung und Erweiterung, Beobachtungsgabe und Wahrnehmungsvermögen, Gesetz und Gerechtigkeit, ethisches und moralisches Empfinden, aber auch eine Neigung zu Übertreibungen und Fülle. Jupiter wird als der Glücksplanet bezeichnet.

In der Verbindung von Merkur und Jupiter vereint sich der

---

* Thomas Ring: Astrologische Menschenkunde, Bd. 3, S. 304 f.

Geist, der Intellekt mit dem Bedürfnis nach Entfaltung und Expansion zu guter Urteilskraft, geistiger Horizonterweiterung, großzügigem Denken und Freude am Lernen und Lehren.

Merkur-Jupiter-Aspekte:

+ Gutes Urteilsvermögen, intuitive Auffassungsgabe
+ Toleranz, Weitblick und Aufrichtigkeit
+ optimistisch, tolerant und aufgeschlossen im Denken
+ Fähigkeit, aus Erfahrungen zu lernen, »Weisheit durch Erkenntnis«
+ günstig für alle höheren geistigen Tätigkeiten, Unterricht und Reisen
+ will dem Wohl der Allgemeinheit dienen
- Neigung zu Eigensinn, Mißtrauen und Übereilung sowie zu dogmatischen religiösen Ansichten
- Ansichten werden oft geändert
- Schwierigkeiten in der Erziehung und auf Reisen
- Schwanken zwischen Skeptizismus und blindem Glauben

Horoskop-Eigner mit der **Konjunktion** haben Interesse an höherer Bildung, Philosophie, Religion und Rechtswissenschaften. Sie legen Wert auf korrekten Sprachgebrauch, sind rhetorisch begabt und perfekt im sprachlichen Ausdruck. Das befähigt sie zu einem Beruf, in dem sie mit ihrer Redegewandtheit Einfluß auf andere ausüben, indem sie beispielsweise ihre Kollegen zur Mitarbeit anregen. Sie können als Pädagoge, Theologe, Politiker oder Jurist sehr erfolgreich sein, denn sie haben das innere Bedürfnis, sich für das Wohl der Allgemeinheit einzusetzen, sind großzügig, fair und ständig auf der Suche nach der Wahrheit und neuem Wissen.

Das **Sextil** fördert die Fähigkeit zu abstraktem Denken, Intuition und das Interesse an fremden Ländern und Kulturen. Horoskop-Eigner mit dieser Konstellation sind prädestiniert für geistige Studien auf den Gebieten der Rechtswissenschaften, Religion, Philosophie und der höheren Bildung. Mit ihrer optimistischen Einstellung und ihrer geistigen Aufgeschlossenheit unterstützen sie hilfsbedürftige und leidende Menschen. Sie reisen gern und haben den Wunsch nach neuen geistigen Eindrücken. Da sie ihr Wissen gern weitergeben, eignen sie sich für eine Tätigkeit als Lehrer oder Theologe an Schulen und Universitäten oder kirchlichen Einrichtungen, insbesondere dann, wenn das 3., 5. oder 9. Haus betroffen ist.

Das **Trigon** sorgt für eine optimistische Lebenseinstellung. Diese Horoskop-Eigner glauben an die Kraft des Positiven Denkens und können dadurch sehr erfolgreich sein. Beruflich können sie Erfüllung als Schriftsteller oder Auslandskorrespondent finden, insbesondere wenn sie sich mit Philosophie, Kultur oder Religion befassen. Sie sind großzügig und tolerant und verstehen es, anderen ihre Gedanken leicht verständlich zu vermitteln, denn sie sind ehrlich und gerecht. Deshalb kommen sie bei ihren Mitmenschen gut an. Sie lesen gern, weil sie ihre Wißbegier stillen möchten und an vielseitigen Informationen interessiert sind, die zu ihrer geistigen Horizonterweiterung beitragen.

Das **Quadrat** läßt auf Ungeduld und einen Mangel an Ausgeglichenheit schließen. Horoskop-Eignern mit dieser Konstellation fehlt Organisationstalent und Realitätssinn. Ihre Vorstellungen sind mitunter zu idealistisch und lassen sich kaum verwirklichen. Sie möchten zu schnell zu viel erreichen und neigen dazu, mehr zu versprechen als sie halten können, weil sie ihre geistigen Fähigkeiten oftmals überschätzen.

Sie sollten lernen, weniger über unwichtige Dinge zu reden und ihnen anvertraute Informationen diskret zu behandeln. Außerdem sollten sie bei der Verwirklichung ihrer Pläne gründlicher vorgehen, ohne dabei die Realität aus den Augen zu verlieren. Dieser Aspekt kann sich nur dann positiv auswirken, wenn man optimistisch und vertrauensvoll an eine Sache herangeht und diese mit Ausdauer und Zuverlässigkeit zu Ende führt. Dennoch besteht die Gefahr, daß die alltäglichen Pflichten zugunsten religiöser oder esoterischer Interessen vernachlässigt werden.

Die **Opposition** wirkt sich ähnlich aus wie das Quadrat. Diese Horoskop-Eigner neigen zu Zerstreutheit und schlechter Zeiteinteilung. Sie sollten lernen, ihre Vorhaben besser zu koordinieren und sich nicht von unwichtigen Dingen ablenken lassen. Erst wenn sie umsichtiger werden und die Feinheiten bei ihrer Planung nicht außer acht lassen, können sie erfolgreich sein und Anerkennung bekommen. Mit dieser Konstellation besteht eine Neigung zu geistigem Hochmut. Aber den Horoskop-Eignern fällt es schwer, ihre Meinung logisch darzulegen, deshalb lassen sie sich leicht verunsichern.

Merkur/Saturn: Verstand und Konzentration

Thomas Ring: Verstand und Erfahrung
»Zwei verwandte und leicht aufeinander abstimmbare Kräfte gehen eine Verbindung ein, ihr Gemeinsames verschmilzt im Erfahrungsbegriff. Das Merkurische verliert in diesem Aspekt seine Nervosität und Flüchtigkeit, wird gehaltvoller, das Saturnische verliert etwas von seiner Schwere, wird geistig durchlichteter.«[*]
Dabei geht es laut Thomas Ring um die sachlich-methodische Wahrnehmung der Realität und um konstruktive Formulierungen, die den Tatsachen entsprechen, wobei das eigene Urteil oftmals zurückgestellt und an Traditionelles und Bewährtes angelehnt wird.

Saturn symbolisiert unser Gewissen und unsere Schuldgefühle, aber auch Moral und Gesetz. Der Saturn läßt uns unsere Grenzen erkennen und zeigt uns durch seine Position in Zeichen und Haus, in welchem Bereich wir an uns arbeiten und uns weiterentwickeln müssen, wo wir eine Aufgabe zu erfüllen haben.
In Verbindung mit Merkur sorgt Saturn für Konzentrationskraft, Kombinationsgabe und ein gutes Gedächtnis. Er fördert präzises, logisches Denken und wissenschaftliches Verständnis.

---

[*] Thomas Ring: Astrologische Menschenkunde, Bd. 3, S. 307f.

Merkur-Saturn-Aspekte:

+ Sinn für Ordnung und Methodik
+ ernsthaft und nüchtern im Denken
+ systematisches, logisches und präzises Denken
+ wissenschaftliche Fähigkeiten
+ gutes Gedächtnis, realistisches Urteilsvermögen
+ Konzentrationskraft und Kombinationsgabe
+ Anerkennung der Leistungen
- Kritiksucht und Argwohn führen zu Streit
- Schwierigkeiten bei der Weiterbildung, auf Reisen
- Neigung zu einseitigem, festgefahrenem Denken
- oftmals Kritik der Öffentlichkeit ausgesetzt

Horoskop-Eigner mit der **Konjunktion** sind nicht sehr phantasievoll und redegewandt. Dafür denken und lernen sie systematisch, gründlich und ausdauernd. Mitunter fällt ihnen das Lernen schwerer, denn sie brauchen für alles länger als andere. Sie sind sogenannte »Spätzünder«, denn sie begreifen und lernen im fortgeschrittenen Alter besser als in der Jugend. Am liebsten sind sie für sich allein, ziehen sich von anderen zurück und neigen zu Grübeleien. Mitunter machen sich diese Horoskop-Eiger zu große Sorgen und können unter Depressionen leiden, denn sie sind sehr ernst, oftmals zu kritisch und allem Neuen gegenüber skeptisch. Oberflächlichkeiten lehnen sie ab, Verantwortung tragen sie gern, denn sie setzen ihre Leistungen immer für konkrete Ziele ein. Sie fühlen sich zu reifen, mitunter älteren Menschen hingezogen, von deren Erfahrungen sie profitieren können. Mißerfolge werfen sie seelisch zurück.

Das **Sextil** weist auf Organisationstalent und tiefgründige Gedanken hin, die vorwiegend auf praktische Dinge ausgerichtet sind. Diese Horoskop-Eigner besitzen einen disziplinierten Verstand und setzen ihre Pläne mit Ausdauer und Geduld in die Tat um. Ihre Gedanken sind zweckorientiert; sie sind stets gut informiert, handeln überlegt und überlassen nichts dem Zufall. Freude am Lernen zeichnet sie genauso aus wie eine hohe Auffassungsgabe und ein gutes Gedächtnis. In Gegenwart von reifen, aufrichtigen Personen fühlen sie sich geborgen. Sie legen Wert auf eine ernsthafte geistige Basis der Kommunikation.

Das **Trigon** verstärkt diese Eigenschaften: Besonders ausgeprägt sind der Blick fürs Detail, Geduld und Ausdauer. Deshalb eignen sich diese Horoskop-Eigner gut für mathematische, kaufmännische, (natur-) wissenschaftliche und andere präzise Tätigkeiten. Darüber hinaus besitzen sie Organisationstalent und Formensinn, der sie zum Konstrukteur, Architekten oder Produkt-Designer qualifiziert. Sie haben eine ernsthafte, ehrliche aber konservative Lebenseinstellung und lehnen Unzuverlässigkeit ab. Da sie viel Zeit in ihre Arbeit investieren, fällt es ihnen schwer, in den Ruhestand zu gehen.

Das **Quadrat** weist auf eine pessimistische Einstellung aufgrund mangelnden Selbstbewußtseins und Angst vor Veränderungen hin. Horoskop-Eigner mit dieser Konstellation wurden sicher mit Strenge erzogen, wodurch ihre geistige Entfaltung erheblich eingeschränkt wurde. Sie können sich schwer von der Vergangenheit lösen. Deshalb sind sie sehr konservativ und allem Neuen gegenüber mißtrauisch. Ihre Gedanken kreisen vorwiegend in einer festgelegen Richtung, denn es mangelt ihnen an Phantasie und Spontaneität. Sie besitzen zwar ein großes geistiges Potential, das aber nur durch eine optimistische Denkweise zur Entfaltung kommen kann. Sie sollten Neidgefühle und feindselige Gedanken anderer Menschen gegenüber unterbinden und versuchen, mehr geistige Aktivität zu entwickeln und zu handeln, statt in Gedanken zu schwelgen. Sie sollten lernen, Autoritäten zu akzeptieren und nicht alles von der negativen Seite zu betrachten, sondern unvoreingenommen und aufgeschlossen an Dinge und Situationen heranzugehen.

Bei der Opposition gilt ähnliches wie beim Quadrat: Diese Horoskop-Eigner legen Wert auf Disziplin, sind konservativ, neigen zu Ängsten, Depressionen und Vorurteilen, weil sie zu skeptisch oder zu mißtrauisch sind. Obwohl sie nach Anerkennung streben, bleibt ihnen diese oftmals versagt, weil sie schon mit einer negativen, pessimistischen Einstellung an Dinge herangehen und dadurch günstige Gelegenheiten verpassen oder diese gar nicht erst wahrnehmen. Sie müssen lernen, an den Erfolg ihrer Unternehmungen zu glauben und dürfen sich nicht zu wenig zutrauen. Mit ihrer Kritiksucht und ihrem Hang zur Nörgelei dürften sie kaum Freunde haben. Statt neiderfüllt auf die Leistungen und Anerkennung anderer zu blicken, sollten sich Horoskop-Eigner mit dieser Konstellation ernsthaft fragen, warum ihre Leistungen nicht anerkannt werden. Erst wenn sie ihre negativen Gedanken transformieren und mehr Vertrauen in sich selbst setzen, werden sie Erfolg haben.

Merkur/Uranus: Intellekt und Intuition

Thomas Ring: Schlußfolgerung und Eingebung.
»Im Verhältnis zwischen logischer Berechenbarkeit und erhellendem Geistesblitz liegt die Oktaven-Überstufung des Merkurischen und des Uranischen. Zu vereinigen ist die schrittweise Orientierung, ausgehend vom offenbar Zweckmäßigen und kausal Denkbaren, mit der einschießenden Erleuchtung und sprunghaften Umorientierung. Gemeinsam ist beiden Kräften die Tendenz zur Bewußtmachung, wobei man aber merkurisch sich in eine Sachlage hineindenken muß, um folgerecht aus gegebenen Prämissen das Richtige zu erschließen, während man uranisch eine spontane Gewißheit hat und zuweilen die Kette möglicher Schlußfolgerungen im entscheidenden Glied ergreift.«*

Laut Thomas Ring muß zur vollen Geistesverfügung beides, sowohl die merkurische Punkt-für-Punkt-Logik als auch das uranische Denken in Knotenpunkten zusammentreten, was »allerdings mehr mit grundsätzlicher Änderung und geistigem Umbruch zu tun hat, als mit ruhigem Aufbau auf gleichbleibendem Boden«.**

Uranus wurde am 13. März 1781 um 22.39 GMT von Friedrich Wilhelm Herschel in Bath/Großbritannien*** entdeckt.
Uranus zeigt plötzliche Ereignisse und Wandlungen an. Er sym-

---

* Thomas Ring: Astrologische Menschenkunde, Bd. 3, S. 311
** Thomas Ring: Astrologische Menschenkunde, Bd. 3, S. 311
*** Hans-Hinrich Taeger: Internationales Horoskope-Lexikon, S. 1505

bolisiert einerseits moderne Techniken, Forschung, Erfindungen und Originalität und sorgt andererseits für ein großes Bedürfnis nach Unabhängigkeit, die Neigung zu Eigenbrötlerei und Einblick in die kosmischen Zusammenhänge.

Bilden Merkur und Uranus einen Aspekt, vereint sich der Geist, der Verstand, mit Originalität und Spontaneität zu Einfallsreichtum, Geistesblitzen, zukunftsorientierten Ideen und fortschrittlichem Denken.

Merkur-Uranus-Aspekte:

+ intuitiver, origineller und aktiver Verstand
+ unabhängig und erfinderisch im Denken
+ Begabung für wissenschaftliche Forschungen, Entdeckungen, Elektronik und Elektrizität
+ Neigung zum Okkultismus, zur Metaphysik
- Neigung zu Eigenbrötlerei und Exzentrizität
- überkritisch, unordentlich
- sarkastisch, streitsüchtig
- geistige Zersplitterung, utopische Ideen

Die **Konjunktion** läßt auf einen scharfen Intellekt mit plötzlichen spontanen Einfällen schließen. Das Denken ist eigenwillig und fortschrittlich. Horoskop-Eigner mit dieser Konstellation brauchen ständig Abwechslung, denn sie sind für alles Neue aufgeschlossen und haben Interesse an Wissenschaft, Elektronik, Okkultismus und Astrologie. Sie sind fasziniert von allem Ungewöhnlichen und lassen sich gern von interessanten Menschen mitreißen. Obwohl sie ihre persönliche gedankliche Freiheit wahren, macht sich eine Tendenz zu Nervosität, Eigenwilligkeit und Launen bemerkbar, weil die Nerven durch zuviele Reize überfordert werden. Deshalb sollten sie lernen, alles kontinuierlich und nacheinander zu regeln, ohne sich gedanklich zu zersplittern.

Das **Sextil** läßt auf einen beweglichen Geist und fortschrittliches Denken schließen. Horoskop-Eigner mit dieser Konstellation besitzen eine schnelle Auffassungsgabe, ein gutes Gedächtnis und

Intuition. Aber sie beanspruchen auch ein großes Maß an geistiger Freiheit. Ihre Ziele und Ideen wechseln, denn sie interessieren sich weniger für alltägliche Dinge. Auf dem Gebiet der Geistes- und Naturwissenschaften (Physik, Atomenergie) können sie genauso erfolgreich sein wie in der Forschung und in der elektronischen Daten-Verarbeitung. Darüber hinaus sind sie für alle »okkulten« Themen, Astrologie und Esoterik aufgeschlossen. Ihre plötzlichen originellen Ideen kommen in ihrer rhetorischen Begabung spontan zum Ausdruck, denn ihr Geist ist ständig aktiv und verlangt nach neuem Wissen.

Das **Trigon** verstärkt die Bedeutung des Sextils: Gute intellektuelle Veranlagungen machen sich hier in Form von genialen Ideen bemerkbar. Diese Horoskop-Eigner haben einen ausgeprägten Forscherdrang, mit dem sie sich zu esoterischen oder naturwissenschaftlichen Gebieten hingezogen fühlen. Ihr Denken ist eigenständig, unabhängig und zukunftsorientiert, deshalb lassen sie sich kaum von traditionellen Ansichten beeinflussen. Sie eignen sich umfassendes Wissen auf Spezialgebieten an. Als Astrologe oder Esoteriker können sie sehr erfolgreich sein, denn sie besitzen neben ihrem hervorragenden Gedächtnis eine spontane, intuitive Kombinationsgabe, verbunden mit rhetorischen Fähigkeiten, die sie auch mit Hilfe von elektronischen Medien zum Ausdruck bringen können.

Das **Quadrat** bewirkt große geistige Aktivität, innere Unruhe und exzentrisches Verhalten. Diese Horoskop-Eigner haben zahlreichen neue Einfälle, die sich oftmals nicht verwirklichen lassen, da sie zu utopisch und kaum erprobt sind. Sie neigen dazu, voreilige Urteile zu fällen, die jeglicher Grundlage entbehren. Sie sollten lernen, ihren Eigensinn, ihren Egoismus und ihre Launenhaftigkeit in den Griff zu bekommen. Auch wenn sie sich nicht gern etwas sagen lassen und keinen gutgemeinten Rat annehmen wollen, sollten sie ihre Mitmenschen nicht durch geistige Arroganz und taktlose Bemerkungen verletzen.

Die **Opposition** zeugt von geistiger Zersplitterung. Diese Horoskop-Eigner haben zu viele Ideen gleichzeitig, setzen aber aus Konzentrationsmangel und Nervosität keine davon in die Tat um.

Sie sind sehr unbeständig und erwecken dadurch den Eindruck, unzuverlässig zu sein. Ihr Eigensinn verbietet es ihnen, die Meinung ihrer Mitmenschen zu akzeptieren. Ihr geistiger Hochmut führt mitunter zu Selbstüberschätzung. Da sie sich selbst für genial halten, sind sie nicht sehr beliebt. Gruppenaktivitäten gestalten sich schwierig für sie, weil sie anderen ihre Meinung aufdrängen wollen. Wahrscheinlich haben sie kaum Freunde.

Merkur/Neptun: Geist und Inspiration

Thomas Ring: Gewißheit und Ahnung.
»Das Wissen von wäg- und meßbaren Dingen kommt in Verhältnis zum Erträumten, Vermuteten, Visionären. Einerseits der gesunde Menschenverstand, der sich an gewohnte Maßstäbe und nachweislich Vorhandenes hält, andererseits die uns beflügelnde Phantasie mit ihren Gefahren illusionistischer Vernebelung, doch auch die inspirative Schau.«[*]
Bei dieser Planetenkombination geht es laut Thomas Ring darum, geistig auf unbekanntem Boden Fuß zu fassen und über alles Plausible hinauszudenken. In dieser Verbindung könne das Unmögliche möglich werden, der Übergang vom Endlichen ins Unendliche vollzogen werden. Obwohl das rein Merkurische leicht an Schärfe einbüße, gewänne es an Weite. Dennoch sei Selbstkontrolle nötig, um Täuschungen zu vermeiden. Ring sieht die Entfaltungsmöglichkeiten des Imaginativen, Atmosphärischen und Stimmungshaften in der Kunst und in der Musik, wobei Merkur für das Manuelle sorgt. Rein bildungsmäßig bestände die Tendenz, Gesamtzusammenhänge besser zu erfassen als Einzelheiten.

Neptun wurde erstmals am 28.12.1612 von Galilei gesichtet und für einen Jupitermond gehalten. Später, am 23.09.1846 um 23.20 GMT,[**] entdeckte Johann Gottfried Galle den Planeten Neptun von der Berliner Sternwarte aus.

---

[*] Thomas Ring: Astrologische Menschenkunde, Bd. 3, S. 314
[**] Hans-Hinrich Taeger: Internationales Horoskope-Lexikon, S. 1126

Neptun symbolisiert Empfänglichkeit und Einfühlungsvermögen, Manipulation und Illusionen, Idealismus und Enttäuschung. Er ist die Weiterentwicklung der Venus, steht für geistige Liebe und hat Sinn für Mystik. Bilden Merkur und Neptun einen Aspekt, vereinen sich Geist und Denken mit Idealismus und Einfühlungsvermögen zu Inspiration und Ideenreichtum.

Merkur-Neptun-Aspekte:

+ Intuition und Inspiration
+ Neigung zu okkulten Studien, psychische Erfahrungen
+ hochsensibles Unterbewußtsein bewirkt Wahrträume
+ poetische und fotografische Begabung
- unpraktisch und schwankend im Denken
- träumerisch und realitätsfremd veranlagt
- Unaufrichtigkeit oder zweideutiges Verhalten

Horoskop-Eigner mit harmonischer Aspektierung der **Konjunktion** sind einerseits sehr phantasievoll und medial veranlagt, neigen andererseits jedoch zu einem ausgeprägten Wunschdenken.

Ist die Konjunktion verletzt, besteht die Tendenz zu Selbsttäuschung und Unklarheiten, die aufgrund von Illusionen Enttäuschungen zur Folge haben, da alle Informationen nach den eigenen Wünschen ausgelegt werden und sich diese Horoskop-Eigner in eine Traumwelt flüchten, weil sie nicht mit der Wahrheit, der harten Realität, konfrontiert werden möchten.

Mit ihrer Sensibilität spüren sie die Stimmungen und Gedanken ihrer Mitmenschen. Sie sind leicht zu beeindrucken und zu manipulieren, deshalb sollten sie alle Arten von Drogen meiden, dazu zählen auch Zigaretten und Alkohol sowie Schlaftabletten und andere Betäubungsmittel. Die Bereiche Mystik, (Para-)Psychologie und alle Geheimnisse des Lebens üben eine große Faszination auf sie aus.

Beim **Sextil** herrscht Einklang zwischen geistigem Verständnis und Unterbewußtsein, das heißt, diese Horoskop-Eigner nehmen alle subtilen Einflüsse mit großer Sensibilität wahr, haben telepathische

Fähigkeiten, schöpferische Phantasie und ein fotografisches Auge. In allen Bereichen, die Inspiration, Feinfühligkeit und Kreativität erfordern, können sie erfolgreich sein. Um ihre Fähigkeiten optimal entfalten zu können, brauchen sie eine höhere Ausbildung. Sie sind zwar idealistisch eingestellt, können aber gut zwischen Schein und Sein differenzieren. Da sie vieles unbewußt wahrnehmen, lassen sie sich von ihrem sozialen und moralischen Empfinden leiten.

Das **Trigon** verstärkt die Eigenschaften des Sextils. Diese Horoskop-Eigner haben eine mediale Begabung, die sich durch Vorahnungen bemerkbar macht. Oftmals haben sie den »sechsten Sinn« für die Gedanken und Gefühle anderer. Sie sind sensibel und intelligent und können ihre reiche Phantasie anderen leicht vermitteln, denn mit großem Einfühlungsvermögen stellen sie sich auf ihre Mitmenschen ein und hegen keine zu hohen Erwartungen an sie. Mit ihrer stark ausgeprägten Vorstellungskraft können sie sich detailliert an Ereignisse und Gegenstände erinnern. Deshalb eignen sie sich für künstlerische Berufe wie Fotograf oder darstellender Künstler, Schriftsteller für mystische oder esoterische Schriften, mit denen sie andere aus Überzeugung auf subtile Weise beeinflussen können. Sie fühlen sich zu spirituell veranlagten, freundlichen Menschen hingezogen.

Das **Quadrat** dürfte für Zerstreutheit und verworrene Gedanken sorgen, die Konzentrationsmangel und Unzuverlässigkeit zur Folge haben, ohne daß es diesen Horoskop-Eignern bewußt ist. Sie neigen zu Vergeßlichkeit, machen Fehler und verdrängen die Realität, denn ihr Unterbewußtsein (Neptun) herrscht über ihren Geist (Merkur). Unaufrichtigkeit, Indiskretion und Mißverständnisse machen sich ungewollt bemerkbar. Sie möchten dem Alltag am liebsten entfliehen und in einer Welt nach ihren (illusionären) Vorstellungen leben. Sie sollten versuchen, anderen mehr Offenheit und Ehrlichkeit entgegenzubringen, Geheimnisse für sich zu behalten und nicht gegen andere zu intrigieren, dann brauchen sie sich kein falsches Bild von ihren Mitmenschen aufzubauen, sind nicht so einsam und können viel erfolgreicher sein.

Für die **Opposition** gilt das gleiche wie für das Quadrat. Dieser Aspekt läßt darüber hinaus auf ein ausgeprägtes Einfühlungsvermögen schließen, das für eigennützige Zwecke mißbraucht werden könnte. Außerdem sorgt die lebhafte Phantasie dieser Horoskop-Eigner dafür, daß sie sich falsche Vorstellungen von anderen Menschen machen. Da sie leicht zu beeinflussen sind, gelingt es ihnen nicht, Umwelteinflüsse von sich fern zu halten. Es kann zu Irritationen und zur Vernachlässigung ihrer Verpflichtungen kommen. Diese Horoskop-Eigner sollten lernen, zwischen Realität und Illusion zu differenzieren, sonst werden sie immer wieder Enttäuschungen erleben, zumal ihre Menschenkenntnis zu wünschen übrig läßt: Entweder idealisieren sie andere oder sie werten sie ab; es gelingt ihnen jedoch nicht, sich ein objektives Urteil zu bilden.

Merkur/Pluto: Geist und Macht

Für diese Planetenkombination finden wir bei Thomas Ring noch keine Interpretation.

Offiziell wurde die Entdeckung Plutos am 13. März 1930 bekanntgegeben, nachdem er aber schon einen Monat vorher, am 18.02.1930 um 23.00 GMT in Flagstaff / USA, gesichtet worden war.*

Pluto symbolisiert höhere Gewalt, Massenschicksal und unsichtbare Mächte. Er steht für Menschen mit Charisma, die das Volk beeinflussen wie Politiker, Schauspieler, Werbefachleute und Redner. Die Aspektverbindung von Merkur und Pluto läßt auf einen scharfen Verstand, rhetorische Begabung und große Überzeugungskraft schließen.

---

* Hans-Hinrich Taeger: Internationales Horoskope-Lexikon, S. 1216

Merkur-Pluto-Aspekte:

+ scharfer, realistischer Verstand
+ Forscherdrang, Wahrheitsfindung
+ Mäzen, kann Talente anderer fördern
+ Überzeugungskraft
- Manipulation durch Rede und Schrift
- Gleichgültigkeit gegenüber Verpflichtungen
- Intoleranz und Rücksichtslosigkeit
- eigene Krisen werden auf andere übertragen

Bei der **Konjunktion** vereint sich der Geist mit unsichtbaren Kräften. Es entsteht die Fähigkeit, andere mit scharfem Verstand durch Rede und Schrift zu manipulieren. Ein guter Aspekt für Schriftsteller und Politiker, aber auch für Kritiker, bei denen die Wahrheitsliebe im Vordergrund steht.

Horoskop-Eigner mit dieser Konstellation sind neugierig und beharrlich. Wenn sie sich einmal ein Urteil gebildet haben, lassen sie sich nur durch eindeutige Beweise vom Gegenteil überzeugen. Die Neigung, ihre Meinung unnachgiebig zu vertreten, läßt andere einerseits vor ihnen zurückschrecken. Andererseits setzen diese Menschen sie oftmals als Vermittler für sich ein, wenn sie keinen Mut haben, ihren eigenen Standpunkt zu vertreten. Diese Horoskop-Eigner fühlen sich zu Autorität und Macht hingezogen. Sie lehnen Schwäche ab, suchen aber gleichzeitig Menschen, die sich ihnen unterordnen, und strafen sie dafür mit Verachtung.

Das **Sextil** fördert einen starken Willen und eindringliche Ausdrucksmöglichkeiten. Horoskop-Eigner mit diesem Aspekt haben Interesse an Naturwissenschaft (Physik, Kernenergie) und Esoterik oder Okkultismus. Sie beschäftigen sich intensiv mit ihren Spezialgebieten. Mit Überzeugungskraft können sie ihre Mitmenschen durch Rede und Schrift (Schriftsteller von Kriminalromanen) beeinflussen.

Das **Trigon** sorgt darüber hinaus für einen scharfen Verstand, der gezielt eingesetzt wird. Diese Horoskop-Eigner verstehen es, sich wirkungsvoll zu artikulieren und den Dingen auf den Grund zu gehen. Da sie alles aus Überzeugung tun, wirken sie faszinierend und gewinnen an Autorität. Sie sind zu hartem Arbeitseinsatz bereit und scheuen keine Verantwortung. Sie erkennen die wahren inneren Werte und lassen sich nicht von Äußerlichkeiten beeindrucken. Deshalb können sie die Talente anderer fördern. Mitunter macht sich jedoch eine Tendenz zur Gleichgültigkeit in bezug auf gesellschaftliche Probleme bemerkbar, zumal sie sich lieber mit ihren eigenen Interessen beschäftigen, sich ihrer eigenen Leistungsfähigkeit mitunter aber nicht in vollem Umfang bewußt sind.

Das **Quadrat** weist auf Horoskop-Eigner hin, die einen starken Willen besitzen und mit ihrem gut entwickelten Verstand den Dingen auf den Grund gehen können. Sie beanspruchen große geistige Freiheit und hören selten auf andere. Sie selbst versuchen, die Gedanken anderer so eindringlich zu manipulieren, daß sie ihren eigenen Vorstellungen entsprechen. Sie können unaufhörlich reden und scheuen nicht davor zurück, jedem unverblümt das zu sagen, was sie denken. Dabei nehmen sie keine Rücksicht darauf, wie sich ihre Mitmenschen fühlen, wenn sie ihnen die »Wahrheit« sagen. Sie neigen zu Streitsucht und Unvorsichtigkeit, drücken sich gern vor der Verantwortung, weil sie anderen gegenüber keine Verpflichtungen eingehen wollen. Sie sollten geistige Disziplin und Konzentration üben.

Bei der **Opposition** stehen sich Merkur und Pluto gegenüber. Dadurch werden starke geistige Spannungen erzeugt, die gelöst werden müssen, indem diese Horoskop-Eigner ihre Zweifel fallen lassen und sich ihres geistigen Potentials bewußt werden. Sie neigen dazu, ihre eigenen Ängste und Krisen auf andere zu übertragen und vertragen keine Kritik. Deshalb können sie am besten allein arbeiten. Oftmals erhalten sie wichtige Informationen, die eine diskrete Behandlung erfordern und nicht an die Öffentlichkeit dringen dürfen. Sie könnten als Agent oder Detektiv arbeiten und werden möglicherweise als Forscher mit Geheimprojekten beauftragt. Als Schriftsteller wären sie der ideale Kriminalbuchautor. Sie sollten darauf achten, daß sie mit ihrer direkten Ausdrucksweise nicht zu beleidigend wirken, und ihre Neugier in bezug auf andere Menschen zügeln. Es ist wichtig, sich auf die eigenen Angelegenheiten zu konzentrieren und sich mehr an dem zu orientieren, was sie sind, als an dem, was sie haben.

Merkur im Aspekt zu den Schnittpunkten

Merkur / Aszendent (AC = 1. Haus)

Das Element, in dem sich der Aszendent befindet, färbt die Eigenschaften und wirkt sich stark auf die Erscheinung und die Persönlichkeit aus. Der Aszendent symbolisiert den Zeitpunkt der Geburt und gibt Aufschluß über unser Aussehen, unser Auftreten in der Öffentlichkeit, über die Wirkung auf unsere Mitmenschen und über unser Temperament, je nachdem, in welchem Zeichen und in welchem Element er sich befindet. Der am Aszendenten stehende Planet gibt weitere Hinweise auf diese Eigenschaften.

Bildet Merkur eine **Konjunktion** (maximal 6 Grad Orbis) mit dem Aszendenten, steht er gleichzeitig in Opposition zum Deszendenten. Diese Konstellation beeinflußt die Ausdrucksweise, die Selbstdarstellung und das Aussehen. Das Zeichen, in dem sich der Aszendent befindet, gibt auch Aufschluß über die Art der Geburt, über die Umgebung, in die wir hineingeboren wurden, und über die Erfahrungen, die wir zu Beginn des Lebens gemacht haben.

Horoskop-Eigner mit Merkur am Aszendenten dürften eine schlanke Figur haben, etwas unruhig und nervös wirken und viel reden.

Merkur direkt am Aszendenten oder im 1. Haus bescheinigt logisches Denken und eine hervorragende Artikulation. Diese Horoskop-Eigner können auf geistigem Gebiet sehr erfolgreich sein, denn sie sind von ihrem Wissen überzeugt und glauben, bessere Leistungen zu bringen als andere.

Diese Einstellung kann jedoch bei *spannungsreicher Aspektierung* in geistigen Hochmut ausarten, wenn sie versuchen, ihre Mitmenschen von ihrer Meinung zu überzeugen. Die Umgebung wird aus geistiger Sicht beurteilt; das Auftreten in der Öffentlichkeit ist verstandesbetont und vernünftig.

Befindet sich Merkur im 12. Haus, ist die Meinungsäußerung etwas zurückhaltender. Die Interessen sind nicht rein egoistischer Natur, sondern auf höhere Wissensbereiche ausgerichtet. Diese Horoskop-Eigner bleiben mit ihrem Wissen mehr im Hintergrund.

Merkur Sextil Aszendent, Trigon Deszendent:

Horoskop-Eigner mit diesem Aspekt können sich aufgrund ihrer ausgeprägten geistigen Anlagen in der Umwelt gut durchsetzen und anderen ihre Lebenseinstellung glaubhaft vermitteln. Da sie sich sprachlich gewandt ausdrücken können und bereit sind, über alles zu sprechen, kommt es erst gar nicht zu Mißverständnissen mit ihren Mitmenschen und ihrem Partner. Sie arbeiten gern auf geistiger Basis mit anderen zusammen.

Merkur Trigon Aszendent, Sextil Deszendent:

Diese Horoskop-Eigner können ihre Mitmenschen von ihren Ideen überzeugen und sich deren Mitarbeit und Unterstützung bei Projekten sichern. Sie legen großen Wert auf eine geistige Ebene und brauchen den Gedankenaustausch mit ihrem Partner oder Teilhaber, denn sie haben reges Interesse an intensiven Kontakten zur Umwelt.

Merkur Quadrat Aszendent / Deszendent:

Mit dieser Konstellation sind Mißverständisse aufgrund einer unpräzisen Ausdrucksweise verbunden. Diese Horoskop-Eigner dürften Kommunikationsschwierigkeiten mit der Öffentlichkeit, mit Vorgesetzten, Behörden, Partnern oder Teilhabern haben. Um Streit und gerichtliche Auseinandersetzungen zu vermeiden, sollten sie ihre Meinung mündlich und schriftlich klar und deutlich formulieren und dafür sorgen, daß keine Mißverständnisse aufkommen.

Merkur / Deszendent (DC = 7. Haus)

Der Deszendent bildet die Spitze des 7. Hauses analog dem Zeichen Waage mit Venus als Regenten. Es sagt etwas über den Ergänzungspartner aus. Horoskop-Eigner mit Merkur direkt am Deszendenten beweisen diplomatisches Geschick und knüpfen auf der kommunikativen Ebene schnell Kontakte zu anderen Menschen und zur Öffentlichkeit. Sie suchen das Gespräch, den Gedankenaustausch und können sich gut auf ihre Gesprächspartner einstellen, denn sie sind redegewandt und fühlen sich besonders zu intellektuellen, gebildeten Menschen hingezogen. Sie bevorzugen einen Beruf, der mit Werbung, Public Relations, Verkauf oder Recht zu tun hat, und legen Wert auf einen gebildeten (Ehe-)Partner, der ihnen geistige Anregungen gibt und ihre (beruflichen) Interessen unterstützt. Es besteht die Möglichkeit, mit dem (Ehe-)Partner zusammenzuarbeiten oder sich mit einem Teilhaber zusammen selbständig zu machen.

Merkur / Medium Coeli (MC = 10. Haus)

Das Medium Coeli ist die Spitze des 10. Hauses analog dem Zeichen Steinbock mit Saturn als Regenten. Es gibt Aufschluß über unsere beruflichen und gesellschaftlichen Ziele, über unsere innere Berufung und unsere wahren Lebensziele.

Horoskop-Eigner mit Merkur am MC brauchen einen Beruf, in dem sie geistig aktiv sein können, sich mit Kommunikation auseinandersetzen und eigenständige Entscheidungen fällen dürfen. Sie haben eine schnelle Auffassungsgabe und sind geschickt im Ausdruck. Deshalb eignen sie sich gut für Verhandlungen mit Vorgesetzten und Autoritätspersonen, denn sie können gut vermitteln und behalten immer den Überblick. Da sie gern reden, Vorträge halten und verhandeln, dürften sie auf dem kommunikativen Sektor und in der Öffentlichkeit, auch als Schriftsteller oder politischer Sprecher ihre berufliche Erfüllung finden.

Merkur Sextil MC, Trigon IC:
Diese Horoskop-Eigner verstehen es, berufliche und familiäre Pflichten miteinander zu vereinbaren, so daß es in diesen Bereichen keine Probleme gibt. Es dürfte ihnen gelingen, gute Beziehungen zu ihren Vorgesetzten und zu einflußreichen Personen in öffentlichen Ämtern aufzubauen, durch die sie unterstützt und gefördert werden. Da sie darüber hinaus in der Lage sind, alle Angelegenheiten sinnvoll zu planen und zu koordinieren, die beruflichen und privaten Angelegenheiten miteinander zu vereinbaren, dürften sie sowohl beruflich als auch privat ausgeglichen sein.

Merkur Trigon MC, Sextil IC:
Diese Horoskop-Eigner sind intelligent und ehrgeizig und verstehen es, ihre geistigen Qualitäten ins rechte Licht zu rücken. Durch

schriftstellerische Tätigkeit, Verfassen und Halten von Reden können sie sich beruflich profilieren. Es gelingt ihnen, Berufs- und
Familienleben miteinander zu kombinieren, denn sie versuchen,
ihre Familie in ihre geistig-intellektuellen Interessen einzubeziehen
und erhalten Unterstützung von ihren Angehörigen. Auch in häuslicher Umgebung sind sie aktiv und bilden sich durch Fachliteratur
– oftmals gemeinsam mit Familienmitgliedern – weiter.

Merkur Quadrat MC / IC:
Das Quadrat weist auf Kommunikationsschwierigkeiten mit Vorgesetzten und Familienangehörigen, insbesondere mit den Eltern,
hin. Dadurch wird eine erfolgreiche berufliche Karriere und ein
ausgeglichenes Familienleben verhindert.

Diese Horoskop-Eigner sollten versuchen, im Beruf und innerhalb der Familie kooperativer zu werden und sich um eine gute
Verständigung bemühen, denn durch Kompromißbereitschaft
werden sie mehr Zustimmung finden.

Merkur / Immum Coeli (IC = 4. Haus)

Das IC leitet das 4. Haus, entsprechend dem Zeichen Krebs mit
Mond als Regenten, ein. Es steht in Zusammenhang mit der Herkunft, der Familie, dem Zuhause, der Heimat und dem Lebensabend.

Horoskop-Eigner mit Merkur in **Konjunktion** mit dem IC dürften aus einer Familie stammen, in der auf geistige Tätigkeiten und
Bildung viel Wert gelegt wurde. Sie lesen und lernen gern zuhause
und unterhalten sich dort anregend mit ihren Familienmitgliedern.
Ihre häusliche Umgebung bildet den Mittelpunkt für alle geistigen
Aktivitäten; sie empfangen gern anregende Gesprächspartner und
leben möglicherweise mit gleichgesinnten, intellektuellen Menschen zusammen.

Merkur / Mondknoten

Die Mondknoten sind zwei Schnittpunkte, an denen der Mond auf seinem Umlauf um die Erde die Ekliptik – die scheinbare Umlaufbahn der Erde um die Sonne – kreuzt. Der obere Schnittpunkt dieser beiden gedachten Bahnen wird als aufsteigender Mondknoten, der untere Schnittpunkt der Ekliptik als absteigender Mondknoten bezeichnet (siehe Kapitel »Karma im Horoskop«, S. 203).

Die Mondknoten symbolisieren unsere Beziehungen, die Verbindungen zu anderen Menschen und unsere Einstellung zur Gemeinschaft.

Horoskop-Eigner mit Merkur in **Konjunktion** mit dem **aufsteigenden Mondknoten** besitzen die Gabe, ihre Ideen und Gedanken dann zum Ausdruck zu bringen, wenn sie dem Zeitgeist entsprechen. Sie können die öffentliche Meinung, das Gemeinschaftsleben geistig beeinflussen und Anerkennung dafür bekommen. Aber sie sollten es vermeiden, sich den öffentlichen Strömungen zu sehr anzupassen.

Steht der Merkur in **Konjunktion** mit dem **absteigenden Mondknoten**, sind diese Horoskop-Eigner mit ihren Gedanken noch zu sehr in der Vergangenheit, in ihrem Unterbewußtsein verhaftet. Sie bringen ihre Ideen entweder zu früh oder zu spät zum Ausdruck. Da sie sich trotzdem auf ihre innere Stimme verlassen und geistig unabhängig bleiben, dürfte es ihnen wenig ausmachen, wenn sie mit ihren Ansichten allein dastehen und keine Unterstützung für die Verwirklichung ihrer Ideen finden. Sie fühlen sich zu intelligenten Menschen hingezogen und haben eine enge Beziehung zu Geschwistern und Gleichgesinnten, die möglicherweise karmische Ursachen hat.

Merkur Sextil aufsteigender Mondknoten, Trigon absteigender Mondknoten:
Die geistige Einstellung dieser Horoskop-Eigner geht mit der gesellschaftlichen Meinung und mit den sozialen Strömungen konform, sie liegen mit ihren Gedanken im Trend des Zeitgeistes. Deshalb werden ihre Ideen von der Gesellschaft akzeptiert. Sie lernen immer wieder Menschen kennen, die sie gesellschaftlich im rechten Moment fördern.

Merkur Trigon aufsteigender Mondknoten, Sextil absteigender Mondknoten:

Horoskop-Eigner mit dieser Konstellation besitzen soziales Einfühlungsvermögen, guten Kontakt zur Öffentlichkeit und eine gute Antenne für die öffentliche Meinung sowie für gesellschaftliche Strömungen. Mit ihren Ideen können sie sich als Werbefachmann (Medien und Marketing), Politiker oder Soziologe einen Namen machen und Anerkennung bekommen.

Merkur Quadrat Mondknoten:

Diese Horoskop-Eigner haben Schwierigkeiten, die öffentliche Meinung zu akzeptieren, denn sie »schwimmen mit ihren Gedanken gegen den Strom«. Das führt zu Meinungsverschiedenheiten und problematischen Verbindungen. Oftmals werden sie mißverstanden oder haben kein Gespür dafür, ihre Meinung zum richtigen Zeitpunkt zu äußern. Deshalb empfinden sie gesellschaftliche Beziehungen als enttäuschend.

Unsere geistigen Anlagen und Interessen sowie unsere Kontaktfreudigkeit, die im individuellen Horoskop angezeigt sind, lassen sich auch beim Horoskop-Vergleich feststellen. Wenn sich zwei Menschen begegnen, die gegenseitig keine Merkur-Verbindungen haben, wird kaum ein intensiver Kontakt zustande kommen. Deshalb wollen wir im nächsten Kapitel kurz auf die Bedeutung von Merkur in Vergleichs-Horoskopen eingehen und erläutern, welche Rolle er in zwischenmenschlichen Beziehungen spielt.

Merkur in der Partnerschaft

Merkur ist nicht nur im Radix-Horoskop von Bedeutung; er spielt auch in persönlichen und beruflichen Partnerschaften eine wichtige Rolle. Als Planet der Kommunikation gibt Merkur beim Horoskop-Vergleich einen Hinweis auf die geistigen Anknüpfungspunkte und gemeinsamen Interessen. Er sagt etwas darüber aus, wie Menschen aufeinander zugehen, wie sie Kontakt zueinander aufnehmen und für welche Themen sie sich interessieren.

Als Kind haben wir den ersten Kontakt zu unseren Eltern und stellen im Laufe der Jahre oftmals fest, daß wir uns unbewußt zu einem Elternteil stärker hingezogen fühlen als zu dem anderen, wobei Zuneigung und Verständnis eine Rolle spielen.

Als Schüler werden wir mit verschiedenen Lehrern konfrontiert, zu denen wir unterschiedliche Beziehungen entwickeln. Wir finden einige Lehrer sympathisch und haben Freude an ihrem Unterricht. Deshalb lernen wir auch besser bei ihnen als bei anderen Lehrern, die wir nicht mögen, oder vor denen wir sogar Angst haben, weil unsere Aufnahmefähigkeit in dieser Beziehung blockiert ist.

Diese Erfahrungen setzen sich während der Ausbildung und im Berufsleben fort. Mit einigen Kollegen und engen Mitarbeitern kommen wir gut zurecht, mit anderen wiederum überhaupt nicht. Zu unseren Vorgesetzten haben wir entweder einen »guten Draht«, oder wir distanzieren uns von ihnen, weil wir ihre Firmenpolitik nicht nachvollziehen können oder keine geistige Ebene finden, auf der wir mit ihnen kommunizieren können.

Vergleichen wir nun die Horoskope von Ehepartnern, Geschäftspartnern, von Eltern und Kindern, Lehrern und Schülern, Vorgesetzten und Angestellten oder Kollegen miteinander, werden wir feststellen, daß in allen zwischenmenschlichen Beziehungen – im Privatleben sowie im Beruf – auch die Merkur-Konstellationen unsere Einstellung zu anderen Menschen beeinflussen. An ihnen läßt sich erkennen, in welcher Beziehung zwei Partner geistig zueinander stehen, auf welcher Ebene sie kommunizieren, über welche Themen sie sich unterhalten. Steht der Merkur des einen Partners im Quadrat oder in Opposition zum Merkur des anderen Partners, haben sich beide entweder wenig zu sagen, oder es kommt häufig zu Meinungsverschiedenheiten, bei denen sie sich gegenseitig ins Wort fallen, was beim Quadrat stärker zum Ausdruck kommt als bei der Opposition, weil beide Partner durch die Position von Merkur in verschiedenen Elementen völlig unterschiedliche Gedankengänge haben. Die Merkur-Opposition kann mitunter sogar anregend wirken, weil sich zwei Meinungen gegenüberstehen, die sich in Einklang bringen lassen, wenn jeder kompromißbereit ist. Tiefgreifende Gespräche werden jedoch kaum aufkommen.

Bei allen Horoskop-Vergleichen sollten immer die kardinalen Punkte, alle Gestirne und die Mondknoten miteinander in Beziehung gesetzt werden, um die Reaktion des einen Partners auf den anderen zu erkennen. Der Aszendent und der Deszendent spielen eine bedeutende Rolle, denn am Aszendenten erkennt man Sympathie und Zuneigung, während der Deszendent Aufschluß über die Einstellung zur Ehe bzw. geschäftlichen Partnerschaft und über das damit verbundene Verantwortungsbewußtsein gibt.

Beim Vergleich von zwei Horoskopen gilt es, bei der Deutung verschiedene Schwerpunkte entsprechend der Art der Beziehung zu setzen:

Eltern-Kind-Beziehungen

Die Eltern haben die Aufgabe, ihre Kinder zu erziehen, sie auf das Leben vorzubereiten, ihre Neigungen und Fähigkeiten zu fördern. In den ersten sieben Lebensjahren, die astrologisch der Mondphase entsprechen, entwickelt das Kind entscheidende Verhaltensweisen und Gewohnheiten oder Komplexe, die durch die Eltern gefördert wurden.

Mit dem 7. Lebensjahr beginnt die Merkurphase. Das Kind wird eingeschult, entwickelt eigene Interessen und Begabungen und kommt mit dem 14. Lebensjahr in die Pubertät, die Venusphase, die bis zum 21. Lebensjahr dauert. Damit sollte die Entwicklung des Kindes abgeschlossen und die erzieherische Aufgabe der Eltern erfüllt sein. Denn nun beginnt die Sonnenphase. Das Kind sollte jetzt erwachsen sein, es hat inzwischen einen Beruf erlernt und ist von nun an allein für sich verantwortlich.

Überwiegen die Spannungs-Aspekte beim Horoskop-Vergleich

zwischen Eltern und Kind, insbesondere zwischen Sonne oder Mond mit Mars, Saturn, Uranus oder Pluto, sind Verständnisprobleme seitens der Eltern und Anpassungsschwierigkeiten beim Kind zu erwarten. Das Kind reagiert aufsässig oder trotzig und wird sich dem Elternteil zuwenden, bei dem es mehr Verständnis findet, was auch an den Aspektverbindungen beider Horoskope zu erkennen sein dürfte, denn die harmonischen Aspektverbindungen zwischen diesem Elternteil und dem Kind müßten überwiegen.

Die Merkur-Konstellationen zwischen Eltern und Kind spielen in der Merkurphase des Kindes zwischen dem 7. und dem 14. Lebensjahr eine bedeutende Rolle. Sie geben Aufschluß darüber, wie Eltern und Kind in dieser Zeit verbal aufeinander reagieren. Harmonische Merkur-Aspekte lassen erkennen, daß sie gemeinsam über Probleme sprechen; Spannungsaspekte zeigen, daß sie diese verdrängen oder sich darüber streiten.

Berufliche Partnerschaften

Es gibt verschiedene Formen der Zusammenarbeit. Während der Schulzeit besteht diese zwischen Schülern und Lehrern, während der Ausbildung zwischen Auszubildenden und Ausbildern oder zwischen Studenten und Dozenten, im Berufsleben zwischen Angestellten und Vorgesetzten.

Um konstruktiv, fruchtbar und harmonisch mit anderen zusammenarbeiten zu können, ist neben der beruflichen Qualifikation auch die Verträglichkeit mit Mitarbeitern und Vorgesetzten ein wichtiger Faktor. Um herauszufinden, ob wir mit anderen Menschen gut und effektiv zusammenarbeiten können, ob wir eine gemeinsame geistige Ebene mit ihnen haben, ihre Gedankengänge nachvollziehen können, müssen wir insbesondere die gegenseitigen Merkur-Konstellationen untersuchen. Bei Spannungsaspekten des einen Partners von Sonne, Merkur und Saturn zu den kardinalen Punkten und Gestirnen des anderen Partners mangelt es an Verträglichkeit. Eine fruchtbare Zusammenarbeit ist jedoch gewährleistet, wenn der Merkur des einen harmonische Aspekte zu den persönlichen Achsen, insbesondere zum MC, und den Gestirnen des anderen Horoskops bildet.

Partnerschaft und Ehe

In der Partnerschaft oder Ehe ist der gefühlsmäßige Aspekt am wichtigsten. Deshalb sind die Verbindungen zwischen den Aszendenten (Liebe und Zuneigung) und Deszendenten (Einstellung zur Ehe und zum Partner) beider Partner sehr bedeutungsvoll. Wenn eine Partnerschaft als dauerhafte Verbindung funktionieren soll, muß neben der körperlichen Anziehung, der seelischen Verbundenheit und der Verträglichkeit auch eine geistige Ebene bei beiden Partnern vorhanden sein. Nur damit ist es möglich, gemeinsame Interessen zu vertreten, Verständnis füreinander aufzubringen und harmonisch zu kommunizieren.

Bei der Analyse von Liebesbeziehungen müssen die gegenseitigen Aszendentenverbindungen und die Konstellationen von Sonne, Mond, Venus und Mars berücksichtigt werden.

Sind die Achsen und Gestirne untereinander harmonisch aspektiert, sind Übereinstimmung, gegenseitige Anziehung, starke gefühlsmäßige Verbundenheit und echte Zuneigung zu erwarten. Fehlen jedoch die Merkur-Verbindungen oder ist Merkur spannungsreich aspektiert, treten trotz der Anziehung und Verbundenheit Schwierigkeiten in der ehelichen Kommunikation auf. Es dürfte kaum gemeinsame Gesprächsthemen oder Interessen geben. Meinungsverschiedenheiten sind an der Tagesordnung. Eine dauerhafte Beziehung dürfte nur unter Schwierigkeiten aufrechterhalten werden können, denn der Merkur-Partner braucht das Gespräch, die Unterhaltung und den geistigen Kontakt zum anderen.

Merkur in Beziehung zu den Gestirnen

Merkur – Sonne

+ intellektuelle Übereinstimmung
+ gemeinsamer Fortschritt
+ geistige Anregungen
+ Verständnis füreinander
+ harmonischer Gedankenaustausch
- Streit und Mißverständnisse
- häufige, aber fruchtlose Diskussionen
- die Meinung des Partners wird selten akzeptiert
- Mangel an Kompromißbereitschaft
- jeder fällt dem anderen ins Wort

Bei *harmonischer Aspektierung* aktiviert der Sonne-Partner die Gedanken des Merkur-Partners und stärkt sein Selbstbewußtsein. Der Merkur-Partner kann als Ratgeber für den Sonne-Partner fungieren, denn er kann dessen Denken in eine konstruktive Richtung lenken.

Bei *spannungsreicher Aspektierung* dürfte der Sonne-Partner den Merkur-Partner als oberflächlich und der Merkur-Partner den Sonne-Partner als sehr dominant empfinden.

Diese Aspektverbindung fördert oder hemmt die Zusammenarbeit zwischen Ehe- und Geschäftspartnern, Schülern und Lehrern sowie zwischen Arbeitgebern und Arbeitnehmern in bezug auf Studien, wissenschaftliche, kulturelle und erzieherische Angelegenheiten.

Merkur – Mond

+ geistig-seelische Verbundenheit
+ Verständnis füreinander auch ohne Worte,
+ aus Sympathie kann Liebe werden
+ jeder respektiert den anderen
- man redet aneinander vorbei
- jeder fühlt sich unverstanden und verunsichert

Bei *harmonischer Aspektierung* wirkt der Mond-Partner mit seinem Gespür positiv auf den Merkur-Partner ein, während dieser mit seinem Intellekt zur Verwirklichung gemeinsamer Projekte beiträgt. Gefühl und Verstand sind in dieser Verbindung harmonisch aufeinander abgestimmt, so daß die verschiedensten Ideen verwirklicht werden können.

Bei *spannungsreicher Aspektierung* hat der Mond-Partner Schwierigkeiten, die Gedanken des Merkur-Partners nachzuvollziehen, während der Mond-Partner überempfindlich auf die Meinung des Merkur-Partners reagiert, weil er sich ständig kritisiert fühlt. Unzufriedenheit und Unsicherheit sind die Folge.

Diese Aspektverbindung fördert oder blockiert alle häuslichen Angelegenheiten sowie geschäftliche und berufliche Aktivitäten, die in die Bereiche Reisen und Ernährung fallen.

Merkur – Merkur

+ gemeinsame Interessen,
+ ähnliche Bildung und Ansichten
+ starkes Kommunikationsbedürfnis
+ Probleme können besprochen und gelöst werden
- grundverschiedene Interessen und Meinungen
- keiner läßt den anderen ausreden
- Kritik und Meinungsverschiedenheiten

Bei *harmonischer Aspektierung* sind ähnliche Denkweisen und Interessen vorhanden; jeder Partner versteht den anderen. Bei *spannungsreicher Aspektierung* haben sich die Merkur-Partner jedoch wenig zu sagen oder sind immer wieder verschiedener Meinung und fallen sich gegenseitig ins Wort.

Diese Aspektverbindungen fördern oder hemmen dauerhafte geistige Verbindungen in allen Bereichen.

Merkur – Venus

+ große Sympathie füreinander
+ gegenseitige Liebe ohne Besitzanspruch
+ diplomatische Anpassung an den Gesprächspartner
+ harmonischer Gedankenaustausch
+ das Schöne wird mit dem Nützlichen verbunden
- Unverständnis und Unstimmigkeiten
- emotionsgeladene Kritik, man vergreift sich im Ton
- Meinungsverschiedenheiten über ästhetische, kulturelle und gesellschaftliche Themen
- die Beziehung wird zu stark analysiert

Bei *harmonischer Aspektierung* kann der Venus-Partner mit seinem Harmoniebedürfnis und seinem Sinn für Ästhetik den Intellekt des Merkur-Partners anregen, während der Merkur-Partner die sinnlichen Gefühle des Venus-Partners bewußt aufnimmt und mit seinem eigenen Geschmack vereinbaren kann.

Bei *spannungsreicher Aspektierung* kommt es bei beiden Partnern zu Reizbarkeit durch Unstimmigkeiten in bezug auf Liebesempfinden und Geschmacksfragen.

Diese Aspektverbindung fördert oder hemmt freundschaftliche und romantische Beziehungen sowie berufliche Tätigkeiten, die mit Werbung, Öffentlichkeitsarbeit, Innenarchitektur, Kunst, Literatur, Kultur und Veranstaltungen zu tun haben.

Merkur – Mars

+ gemeinsame Pläne werden realisiert
+ Projekte haben eine realistische Grundlage
+ Aufgaben werden spontan und sachlich bewältigt
+ geistige Aktivität bei beiden Partnern
- Neigung zu Diskussionen und Aggressionen
- aggressive Kritiksucht
- Widerspruch und Trotzreaktionen
- Neigung zur spontanen Trennung

Bei *harmonischer Aspektverbindung* fördert der Mars-Partner das Durchsetzungsvermögen und die Entschlußfähigkeit des Merkur-Partners, während dieser den Mars-Partner dabei unterstützt, sich eine sachliche Meinung zu bilden und seine beruflichen Ziele zu verwirklichen.

Bei *spannungsreicher Aspektierung*, dazu zählt auch die Konjunktion, fühlt sich der Merkur-Partner vom Mars-Partner durch seine spontanen Handlungen überrumpelt, während dieser sich durch die Planungen des Merkur-Partners provoziert und in seinem Temperament gebremst fühlt. Diese Aspektverbindung fördert oder hemmt Unternehmungsfreude, gemeinsame Aktivitäten, wissenschaftliche und technische Tätigkeiten.

Merkur – Jupiter

+ harmonischer Ideenaustausch
+ gegenseitiges Vertrauen und optimistische Einstellung
+ Verwirklichung gesellschaftlicher und geistiger Interessen
+ Wunsch nach Legalisierung einer Beziehung
- jeder will den anderen von seiner Meinung überzeugen
- kein einvernehmliches Handeln
- Auseinandersetzungen, Verluste bei Vertragsabschlüssen
- Unstimmigkeiten in Glaubensrichtung und Politik

Bei *harmonischen Aspekten* fördert der Jupiter-Partner Optimismus und Toleranz beim Merkur-Partner, während dieser den Jupiter-Partner dazu anregt, seine Vorhaben zu organisieren und effektiver zu handeln.

Bei *spannungsreicher Aspektierung* kann es zu rechtlichen Schwierigkeiten kommen, da der Jupiter-Partner den Merkur-Partner als zu kleinlich und der Merkur-Partner den Jupiter-Partner als zu großzügig oder verschwenderisch empfindet.

Diese Aspektverbindung begünstigt oder behindert freundschaftliche, eheliche und familiäre Beziehungen, Kontakte zwischen Schülern und Lehrern, Arzt und Patienten, geschäftliche Expansion und vertragliche Regelungen sowie die Beschäftigung mit philosophischen und religiösen Themen.

Merkur – Saturn

+ konstruktive Kritik wird akzeptiert
+ tiefgreifende, ernsthafte Gespäche werden geführt
+ gemeinsame Unternehmungen haben eine realistische
  Grundlage
+ logische und systematische Gedankengänge
+ ernsthaftes Verständis für die Probleme des
  anderen
- gegenseitige geistige Blockade
- wenig fruchtbarer Ideenaustausch
- gegenseitiges Mißtrauen, Zurückhalten von Informationen
- Minderwertigkeitsgefühle, Geiz und Distanz zueinander
- starke Trennungstendenz

Bei *harmonischer Aspektierung* fördert der Saturn-Partner die Konzentration und den geistigen Tiefgang des Merkur-Partners, während der Merkur-Partner bewirken kann, daß der Saturn-Partner geistig etwas aufgeschlossener wird und seinen Standpunkt von verschiedenen Seiten betrachtet.

Bei *spannungsreicher Aspektierung* treten große Verständnisschwierigkeiten auf. Der Merkur-Partner fühlt sich blockiert, und der Saturn-Partner fühlt sich hintergangen, da zwischen beiden Partnern keine Offenheit herrscht.

Diese Aspektverbindung fördert oder blockiert eine Zusammenarbeit im privaten sowie im beruflichen Bereich, wenn es um wissenschaftliche, erzieherische, methodische und sachliche Fragen geht.

> Merkur – Uranus
>
> + spontaner, origineller Gedankenaustausch
> + direktes gegenseitiges Verständnis
> + geistige Kreativität, moderne Arbeitsmethoden werden
>   gefördert
> - keiner versteht den anderen
> - plötzlich auftretende Meinungsänderung und
>   Mißverständnisse
> - gegenseitige Reizbarkeit kann zur Trennung führen

Bei *harmonischer Aspektierung* fördert der Uranus-Partner die geistige Intuition des Merkur-Partners, und der Merkur-Partner hilft dem Uranus-Partner bei der praktischen Verwirklichung seiner spontanen Einfälle.

Bei *spannungsreicher Aspektierung* fühlt sich der Uranus-Partner durch den Merkur-Partner in seiner Spontaneität gebremst. Der Merkur-Partner empfindet den Urnaus-Partner als exzentrisch und wird nervös.

Diese Aspektverbindung begünstigt oder behindert geistige Freundschaften, Kontakte in den Bereichen Wissenschaft, Forschung und Technik, Werbung, Astrologie und Literatur.

> Merkur – Neptun
>
> + **Inspiration durch wortloses Verständnis**
> + **Gedankenübertragung**
> + **romantische Beziehungen bekommen Realitätsbezug**
> - **starke Beeinflussung**
> - **man macht sich gegenseitig etwas vor**
> - **gegenseitige Enttäuschungen**
> - **Trennung wegen Untreue, gefühlsmäßig und finanziell**

Bei *harmonischer Aspektierung* gelingt es dem Neptun-Partner mit seinem Einfühlungsvermögen, den Merkur-Partner intuitiv zu verstehen, während der Merkur-Partner die Gedanken des Neptun-Partners konkretisieren und realistisch erfassen kann.

Bei *spannungsreicher Aspektierung* können Unehrlichkeit, Unklarheiten und Illusionen zu Enttäuschungen führen.

Diese Aspektverbindung fördert oder hemmt romantische, eheliche und geschäftliche Beziehungen sowie Kontakte mit Künstlern und Psychologen oder zu medial veranlagten Menschen.

Merkur – Pluto

+ gute gegenseitige Einflüsse und Einsichten
+ tiefgreifende geistige Verbindung
- geistige Abhängigkeit
- starke Manipulaltion und Machtausübung

Bei *harmonischer Aspektierung* stärkt der Pluto-Partner den geistigen Einfluß des Merkur-Partners, während der Merkur-Partner die Ausdrucksweise des Pluto-Partners fördert.

Bei *spannungsreicher Aspektierung* versucht der Pluto-Partner den Merkur-Partner zu dominieren. Der Merkur-Partner versucht, sich dem Einfluß des Pluto-Partners durch seine Art der Diplomatie, durch Unaufrichtigkeit, zu entziehen. Diese Aspektverbindung begünstigt oder behindert (grenz-) wissenschaftliches Denken, Forschungsarbeiten, Verhandlungstätigkeiten und Vorträge sowie politische, literarische und existentielle Themen.

Merkur in Beziehung zu den Schnittpunkten

Merkur – Aszendent (AC)

Bei *harmonischer Aspektierung* – dazu zählt auch die Opposition, die gleichzeitig eine Konjunktion mit dem Deszendenten bedeutet – regt der Merkur-Partner die geistigen Fähigkeiten des AC-Partners an, denn er fühlt sich stark zu ihm hingezogen und akzeptiert seine Persönlichkeit ganz bewußt. Aufgrund der gleichen Überzeugungen stellen sich geschäftliche Erfolge und eheliches Glück ein.

Bei *spannungsreicher Aspektierung*, die nur beim Quadrat zum Ausdruck kommt, besteht die Gefahr, daß privat und geschäftlich vieles zerredet, aber nicht richtig durchdacht wird. Der Merkur-Partner beunruhigt den AC-Partner und macht ihn nervös.

Merkur – Medium Coeli

Bei *harmonischer Aspektierung* fördert der Merkur-Partner den MC-Partner in seiner Karriere, indem er ihm mit guten Ratschlägen zur Seite steht, als Vermittler auftritt oder für berufliche und gesellschaftliche Kontakte sorgt.

Bei *spannungsreicher Aspektierung*, dem Quadrat, bringt der Merkur-Partner Unruhe in das Berufs- und Familienleben des MC-Partners. Er hat wenig Interesse an dessen Karriere und kann ihn bei seinem Aufstieg behindern.

Die Opposition ist nicht als Spannungsaspekt zu werten, da sie eine Konjunktion mit dem IC bildet. Der Merkur-Partner dürfte deshalb auch fördernd auf den MC-Partner einwirken, wobei die häuslichen Interessen jedoch im Vordergrund stehen.

Merkur – Mondknoten

Bei *harmonischer Aspektierung* fördert der Mondknoten-Partner den Teamgeist des Merkur-Partners. Der Merkur-Partner regt den Mondknoten-Partner zur gedanklichen Beschäftigung mit Themen an, die das Gemeinschaftsleben betreffen.

Bei *spannungsreicher Aspektierung*, die hier durch das Quadrat und die Opposition angezeigt ist, besteht die Tendenz zur Trennung, weil sich der Mondknoten-Partner vom Merkur-Partner bevormundet fühlt oder weil große Unterschiede im geistigen Niveau bestehen.

Diese Aspektierung sagt etwas über die Dauerhaftigkeit einer Beziehung und über die Einstellung der Partner zum Zusammenleben aus.

Die Transite des Merkur

Als Transite werden die Übergänge der laufenden Gestirne, die sich fortwährend durch den Tierkreis bewegen, über die Radix-Positionen der Lichter, Planeten, und kardinalen Punkte Aszendent, Deszendent, MC und IC, bzw. über deren Aspektpunkte bezeichnet. Die Transite der schnell laufenden Gestirne Sonne, Mond, Merkur und Venus haben keine starke Wirkung; sie sind oftmals kaum spürbar. Die Transite der langsam laufenden Planeten Mars, Jupiter, Saturn, Uranus, Neptun und Pluto haben eine intensivere Wirkung, die sich am stärksten bei dem direkten, gradgenauen Übergang – der Konjunktion – und bei dem spannungsauslösenden Quadrat bemerkbar machen dürfte. Die Wirkung von Sextilen und Oppositionen ist schwächer zu spüren. Beim Trigonalaspekt sind gutes Gelingen und Erleichterung angezeigt.

Bei der Deutung der Transite ist zu beachten, daß ein Transit nur das auslösen kann, was im Geburts-Horoskop vorhanden ist. Als Orbis gilt maximal 1 Grad. Merkur-Transite wirken sich relativ schwach aus und sind oftmals kaum spürbar. Bei einem stark gestellten Merkur im Horoskop und einem stationären oder direktläufigen Merkur-Transit dürfte eine intensivere Wirkung zu erwarten sein als bei einem schwach gestellen oder rückläufigen Merkur.

Die Position des Merkur kann in den Ephemeriden für jeden Tag abgelesen und sein genauer Stand berechnet werden.

Merkur als Transitor wirkt sich in folgenden Bereichen aus:
in geschäftlichen und beruflichen Angelegenheiten,
in allen Bereichen der Kommunikation,
bei Studien, Prüfungen,
bei allen intellektuellen und vermittelnden Tätigkeiten,
im zwischenmenschlichen Bereich (Geschwister, Verwandte,
    Nachbarn),
bei Besuchen, Reisen, Ortsveränderungen.

Durch ihn werden auch Veränderungen angezeigt, die in dem Bereich zu erwarten sind, der durch das Haus symbolisiert wird, in dem sich der Transitor befindet.

Bei einem rückläufigen Merkur-Transit sollten alle Informationen genauestens überprüft werden, bevor Verträge unterzeichnet oder spontane Entscheidungen getroffen werden.

Die Konjunktion wird beim Übergang über die Gestirne Sonne, Mond, Merkur, Venus, Jupiter, Uranus als harmonisch gedeutet. Der Übergang über die Planeten Mars, Saturn, Neptun und Pluto gilt als spannungsreich und kann Aufregung bringen.

Merkur – Sonne

+ Förderung der eigenen geistigen Leistungen
+ schöpferische Ideen, geistige Aktivitäten
+ Interessen verwirklichen, Einsatz des Wissens
+ Entschlußkraft, Entscheidungsfreude
- Neigung zu Fehlentscheidungen, Irrtümern
- Mißverständnisse
- Nervosität und Egoismus

Merkur – Mond

+ gefühlsmäßige Ausgeglichenheit
+ Wunsch nach Veränderungen im Alltag
+ neue Kontakte (zu Frauen), Bekanntschaften
+ Reisen, Wohnungs- oder Ortswechsel
+ gute Nachrichten, Briefe
- Lustlosigkeit (am Lernen, für intellektuelle Tätigkeiten)
- innere Unruhe, Gereiztheit aufgrund zu vieler Eindrücke
- Neigung zu Unaufrichtigkeit und Neugier

Merkur – Merkur

+ Freude an allen geistigen Tätigkeiten
+ ausdrucksstark in Wort und Schrift
+ Einfallsreichtum, schnelle Auffassungsgabe
+ Vorteile durch Reisen, Besuche, Briefe, Vermittlungstätigkeiten
- Neigung zu Fehlleistungen und Fehlurteilen
- Meinungsschwankungen
- Beeinträchtigung des logischen Denkens
- neue Kontakte, Vertragsabschlüsse, Reisen und Schriftwechsel können sich schwierig gestalten

Merkur- Venus
+ Bedürfnis nach Geselligkeit und Unterhaltung
+ Wunsch nach gefühlsmäßiger Zuwendung, Liebe
+ optimistische Lebenseinstellung, Fröhlichkeit
+ Interesse am anderen Geschlecht
+ harmonischer Gedankenaustausch, Liebesbriefe
- Neigung zu oberflächlichen Vergnügungen
- beim Antritt von Reisen können Verzögerungen auftreten

Merkur – Mars
+ Unternehmungsgeist und Handlungsfreude
+ geistige Interessen willensstark in die Tat umsetzen
+ konstruktive Kritik üben
+ direkte Ausdrucksweise, rationales Denken
+ wissen, was man will
- Neigung zu Voreiligkeit und schnellem Urteil
- Kritiksucht, Sarkasmus
- aggressive Ausdrucksweise, Provokationen
- Verhandlungen können schwierig verlaufen

Merkur – Jupiter
+ geistige und geschäftliche Expansion, Ideenreichtum
+ realistisches Denken mit Weitblick
+ Vorteile durch Gesetze und Behörden
+ Günstig für (Auslands-)Reisen, Vertragsabschlüsse, Prüfungen
  und Vermittlung
- Neigung zu Oberflächlichkeiten, undiszipliniertes Verhalten
- man verspricht mehr als man halten kann
- Neigung zur Selbstüberschätzung
- (Gerichts-)Verhandlungen können problematisch verlaufen

Merkur – Saturn

+ Konzentration, Sachlichkeit, Methodik im Denken
+ intensive Beschäftigung mit intellektuellen Tätigkeiten, Forschung, Studien
+ realistischer Umgang mit den Finanzen
+ dauerhafte Beziehungen, Kontakte zu älteren oder erfahrenen Personen
- Einschränkung der geistigen Tätigkeit
- Hemmungen, Mißtrauen, Egoismus
- Kontakte und Verhandlungen aller Art unterliegen Einschränkungen oder Hemmungen

Merkur – Uranus

+ originelle Einfälle, Geistesblitze, Intuition
+ Erfindergeist, Spontaneität
+ fortschrittliche bis revolutionäre Gedanken
+ plötzlicher Wunsch nach Veränderungen
+ Drang nach geistiger Unabhängigkeit
- Neigung zu gedanklicher Zersplitterung, Gereiztheit, Nervosität
- spontane Reaktionen, Überstürzung, Mißgeschicke
- Aufregung durch plötzliche Nachrichten
- Reisen, Verhandlungen und Veränderungen können durch Spontaneität beeinträchtigt werden

Merkur – Neptun

+ Inspiration, Vorahnungen auf zukünftige Ereignisse, Entwicklungen
+ Förderung von geistig-seelischen Kontakten
+ erfolgreiche Gespräche durch Einfühlungsvermögen
+ neue Impulse auf Reisen, durch Besuche
+ spirituelles Denken
- Neigung zu Illusionen, Selbsttäuschung
- unklare, phantasievolle Ausdrucksweise, in Gedanken abschweifen
- unrealistische Vorstellungen, sich seine eigene Welt schaffen
- Mangel an Ausdauer schränkt konzentriertes Arbeiten ein
- angegriffene Nerven, Genuß- und Beruhigungsmittel sollten vermieden werden.

Merkur – Pluto
+ Durchsetzung der eigenen Vorstellungen und Ziele
+ starke Beeinflussung durch Rede und Schrift
+ geschäftliche Interessen werden kompromißlos vertreten
- geistiger Machtkampf
- Manipulation aus Eigennutz
- Überschätzung der eigenen Kräfte

Merkur – Mondknoten
+ geistige Anregungen durch andere Personen
+ neue geistige Kontakte
+ Zusammenarbeit, gemeinsame Interessen vertreten
- Schwierigkeiten in der Zusammenarbeit
- Neigung zu Unaufrichtigkeit
- Kommunikationschwierigkeiten mit anderen

Merkur – Aszendent
+ günstig für Veränderungen der Umwelt: Umzug, Reisen
+ geistige Kontakte
+ sachliches, vernünftiges Verhalten anderer gegenüber
- Neigung zu geistigem Hochmut und Besserwisserei
- wenig Geschick im Umgang mit anderen Menschen

Merkur – Deszendent
Obwohl bei dieser Konstellation Merkur eine Opposition zum
Aszendenten bildet, werden das öffentliche Auftreten und die gei-
stige Basis in der Partnerschaft gefördert.

Merkur – MC
+ berufliche Vorteile durch Sachlichkeit und Vernunft
+ Förderung durch Intellektuelle
+ zielstrebig, Freude am Beruf
- Nachteile durch Fehleinschätzung der eigenen Leistungen
- Mangel an Selbstkritik, unklare Haltung

Daten bekannter Persönlichkeiten
Alle Zeitangaben in Greenwich Meantime (GMT)

Alle Daten ohne Sternchen:
Hans-Hinrich Taeger: Internationales Horoskope-Lexikon
*   Heinz Specht: Astro-Digest und Archiv Specht, Bietigheim-Bissingen
**   Michael Roscher: Das Buch der Horoskope. Die Sekundenangaben wurden auf- bzw. abgerundet.
***   MERIDIAN 5/1992, Fachzeitschrift des DAV
+   eigene Recherche, Taeger gibt 13.03 GMT, aber den falschen Tag (6.6.1935) an.

Karl Abraham	3.05.1877	0.55	Bremen
Konrad Adenauer*	5.01.1876	10.02	Köln
Alfred Adler*	7.02.1870	23.09	Wien
Hans Albers	22.09.1891	9.35	Hamburg
Ernst Albrecht**	29.06.1930	9.00	Heidelberg
Woody Allen**	1.12.1935	3.55	New York
Alois Alzheimer	14.06.1864	3.19	Marktbreit
Claus von Amsberg	6.09.1926	15.00	Dötzingen
Hans Christian Andersen*	2.04.1805	0.19	Odense
Giulio Andreotti	14.01.1919	6.00	Rom
Ursula Andress	19.03.1936	12.00	Bern
Andrew von England**	19.02.1960	15.38	London
Julie Andrews	1.10.1935	5.00	Walton-on-Thames
Giorgio Armani	11.07.1934	6.20	Piacenza
Fred Astaire**	10.05.1899	3.16	Omaha
Shri Aurobindo	14.08.1872	23.07	Kalkutta
Andreas Baader	6.05.1943	22.05	München
Johann Sebastian Bach	31.03.1685	5.04	Eisenach
Ingeborg Bachmann*	25.06.1926	19.23	Klagenfurt
Alice Bailey	16.06.1880	7.32	Manchester
Ewald Balser	5.10.1898	0.30	Wuppertal
Honoré de Balzac	20.05.1799	10.57	Tours
André Barbault	1.10.1921	16.00	Champignelles
Brigitte Bardot**	28.09.1934	12.15	Paris
Christiaan Barnard	8.11.1922	18.00	Beaufort West
Uwe Barschel	13.05.1944	9.55	Berlin
Béla Bartók	25.03.1881	7.37	Nagyszentimiklos
Rainer Barzel	20.06.1924	21.40	Braunsberg
Hermann Bauer	12.02.1906	12.30	Freiburg
Hans Baumgartner	7.06.1906	16.00	Reichenberg
Beatrix von Holland	31.01.1938	9.27	Amsterdam
Simone De Beauvoir**	9.01.1908	3.51	Paris
August Bebel**	22.02.1840	20.02	Köln
Gilbert Bécaud	24.10.1927	23.00	Toulon
Franz Beckenbauer**	11.09.1945	21.45	München
Max Beckmann	12.02.1884	9.40	Leipzig
Boris Becker	22.11.1968	7.45	Leimen
Erich von Beckerath	15.12.1891	22.33	Düsseldorf

Ludwig van Beethoven	16.12.1770	13.01	Bonn
Harry Belafonte**	1.03.1927	15.30	New York
Alexander Graham Bell	3.03.1847	7.33	Edinburgh
Jean Paul Belmondo**	9.04.1933	8.00	Neuilly
Hans Bender	5.02.1907	21.15	Freiburg
Gottfried Benn	2.05.1886	17.14	Mansfeld
Carl Friedrich Benz	25.11.1844	22.56	Karlsruhe
Ingrid Bergman**	29.08.1915	14.00	Stockholm
Leonard Bernstein**	25.08.1918	10.06	Lawrence
Alfred Biolek**	10.07.1934	3.00	Mährisch Ostrau
Otto von Bismarck**	1.04.1815	12.42	Schönhausen
Norbert Blüm	21.07.1935	12.30	Rüsselsheim
Karlheinz Böhm	16.03.1928	17.45	Darmstadt
Wolfgang Borchert	20.05.1921	2.00	Hamburg
Carl Borgward	10.11.1890	18.50	Hamburg
David Bowie**	8.01.1947	23.50	Brixton
Johannes Brahms	7.05.1833	2.50	Hamburg
Marlon Brando**	3.04.1924	5 .00	Omaha
Willy Brandt**	18.12.1913	11.45	Lübeck
Georges Braque	13.05.1882	20.51	Argenteuil
Wernher von Braun	23.03.1912	8.15	Wirsitz
Bertolt Brecht	10.02.1898	3.30	Augsburg
Leonid Breschnew**	1.01.1907	10.18	Dnepods
Charles Bronson**	3.11.1922	1.45	Ehrenfeld
Anton Bruckner	4.09.1824	3.20	Ansfelden
Pearls S. Buck	26.06.1892	5.30	Hillsboro
Richard Burton	10.11.1925	23.00	Pontrhydyfen
Wilhelm Busch	15.04.1832	5.23	Wiedesahl
George Bush**	12.06.1924	15.38	Milton
Maria Callas	4.12.1923	10.42	New York
Albert Camus**	7.11.1913	2.00	Mondovi
Truman Capote	30.09.1924	21.00	New Orleans
Pierre Cardin	2.07.1922	13.00	San Baggio di Callata
Caroline von Monaco	23.01.1957	8.27	Monaco
Rudi Carrell	19.12.1934	3.11	Alkmaar
Charles Carter	31.01.1887	22.58	London
Jimmy Carter**	1.10.1924	12.42	Plains
Enrico Caruso**	25.02.1873	12.03	Neapel
Giacomo Casanova	2.04.1725	3.21	Venedig
Johnny Cash	26.02.1932	13.30	Pine Bluff
David Cassidy**	12.04.1950	14.55	New York
Fidel Castro**	13.03.1926	18.00	Mayari
Edgar Cayce	8.03.1877	21.20	Hopkinsville
Adriano Celentano**	6.10.1938	6.00	Mailand
Marc Chagall	7.07.1887	12.59	Witebsk
Richard Chamberlain	31.03.1934	18.00	Los Angeles
Charlie Chaplin**	16.04.1889	20.00	London
Charles von England	14.11.1948	21.14	London
Coco Chanel	19.08.1883	16.00	Samur
Charubel (John Thomas)	9.11.1826	7.13	Montgomery
Cheiro (Louis Hamon)	1.11.1866	11.20	Dublin

Frédéric Chopin	22.02.1810	16.36	Warschau
Agatha Christie	15.09.1890	4.00	Torquay
Winston Churchill	30.11.1874	1.35	Woodstock
Bill Clinton**	19.08.1947	14.51	Hope
Sean Connery**	25.08.1930	17.05	Edinburgh
David Copperfield	16.09.1956	11.30	Metuchen
Lovis Corinth	21.07.1858	13.06	Tapiau
Hedwig Courths-Mahler	18.02.1867	15.59	Nebra
Aleister Crowley**	12.10.1875	23.43	Leamington
Marie Curie**	7.11.1867	12.06	Warschau
Tony Curtis**	3.06.1925	13.00	New York
Dalai Lama	6.07.1935	?????	Takster
Erich von Däniken**	14.04.1935	10.30	Zofingen
Salvador Dali**	11.05.1904	8.45	Figueras
James Dean**	8.02.1931	3.09	Marion
Claude Debussy**	22.08.1862	4.22	St.Germain
Daniel Defoe	10.10.1660	12.05	London
Edgar Degas**	19.07.1834	20.25	Paris
Alain Delon**	8.11.1935	3.25	Sceaux
Cathérine Deneuve**	22.10.1943	12.35	Paris
Thorwald Detlefsen**	11.12.1875	8.45	Herrsching
Neil Diamond	24.01.1946	4.04	Brooklyn
Diana von England	1.07.1961	18.45	Sandringham
Marlene Dietrich**	27.12.1901	21.08	Berlin
Christian Dior	21.01.1931	1.21	Granville
Walt Disney**	5.12.1901	6.30	Chicago
Arthur Conan Doyle**	22.05.1859	5.08	Edinburgh
Alexander Dubczek**	27.11.1921	17.00	Uhroveo
Alexandre Dumas d.Ä.	24.07.1802	5.18	Neuilly
Henri Dunant	8.05.1829	21.35	Genf
Albrecht Dürer	21.05.1471	9.46	Nürnberg
Friedrich Dürrenmatt	5.01.1911	5.15	Konolfingen
Umberto Eco	5.01.1932	17.30	Alessandris
Thomas Alva Edison**	11.02.1847	8.30	Milan/Ohio
Joseph von Eichendorff	10.03.1788	22.57	Lubowitz/Ratibor
Albert Einstein**	14.03.1879	10.50	Ulm
Michael Ende**	12.11.1929	16.15	Garmisch-Partenk.
Elisabeth II. von England	21.04.1926	1.40	London
Friedrich Engels	28.11.1820	22.01	Barmen
Ludwig Erhard	4.02.1897	1.45	Fürth
Max Ernst**	2.04.1891	19.17	Brühl
Lyonel Feininger	17.07.1871	11.04	New York
Federico Fellini	20.01.1920	20.00	Rimini
Rainhard Fendrich	27.02.1955	23.05	Wien
Bobby Fisher**	9.03.1943	19.39	Chicago
Ian Fleming	28.05.1908	0.10	London
Friedrich Flick	19.07.1883	21.53	Ernsdorff
Jane Fonda	21.12.1937	0.57	Manhattan
Henry Ford	30.07.1863	19.55	Dearborn
Françisco Franco**	4.12.1892	1.03	El Ferrol
Anne Frank**	12.06.1929	6.30	Frankfurt/Main

Sigmund Freud**	6.05.1856	17.17	Freiberg
Caspar David Friedrich	5.09.1774	2.36	Greifswald
Erich Fromm	23.03.1900	18.30	Frankfurt/Main
Louis de Funès	31.07.1914	1.00	Courbevoie
Indira Gandhi	19.11.1917	17.41	Allahabad
Mahatma Gandhi	2.10.1869	3.06	Porbandar
Paul Gauguin	7.06.1848	8.32	Paris
Charles de Gaulle	22.11.1890	3.48	Lille
Uri Geller	20.12.1946	0.00	Tel Aviv
Hans Dietrich Genscher	21.03.1927	11.30	Halle/Saale
Johann Wolfgang von Goethe	28.08.1749	11.25	Frankfurt/Main
Vincent van Gogh**	30.03.1853	10.41	Groot-Zundert
Michail Gorbatschow	2.03.1931	21.00	Priwolnoje
Thomas Gottschalk	18.05.1950	16.00	Bamberg
Steffi Graf**	14.06.1969	3.40	Mannheim
Günter Grass**	16.10.1927	6.00	Danzig
Graham Greene	2.10.1904	10.20	Berkhamstead
Gustaf Gründgens	22.12.1899	9.00	Düsseldorf
Gregor Gysi	15.01.1948	23.30	Berlin
Heinz Haber	15.05.1913	6.00	Mannheim
Julius Hackethal	6.11.1921	5.00	Reinholtero
Otto Hahn	8.03.1879	23.10	Frankfurt/Main
Eric Hanussen	2.06.1889	5.00	Zagreb
Gerhart Hauptmann	15.11.1862	8.21	Salzbrunn
Franz Joseph Haydn	31.03.1736	14.53	Rohrau
Sven Hedin	19.02.1865	2.48	Stockholm
Heinrich Heine	13.12.1797	14.53	Düsseldorf
Gustav Heinemann	23.07.1899	19.30	Schwelm
Ernest Hemingway**	21.07.1899	14.00	Oak Park
Hermann Hesse**	2.07.1877	17.55	Calw
Theodor Heuss	31.01.1884	12.40	Brackenheim
Dieter Hildebrandt	23.05.1927	5.00	Bunzlau
Alfred Hitchcock**	13.08.1899	3.15	London
Adolf Hitler**	20.04.1889	17.00	Braunau
E.T.A. Hoffmann	24.01.1776	10.38	Königsberg
Hugo von Hofmannsthal**	1.02.1874	2.24	Wien
Erich Honecker	25.08.1912	17.00	Neunkirchen
Paul Hubschmid	20.07.1917	21.00	Aarau
Victor Hugo**	26.02.1802	22.06	Besançon
Saddam Hussein	28.04.1937	23.00	Tikrit
Aldous Huxley	26.07.1894	1.19	Brighton
Michael Jackson	28.08.1958	17.09	Gary
Mick Jagger**	26.07.1943	4.30	Dartford
Johannes XXII**	25.11.1881	9.36	Bergamo
Johannes Paul II	18.05.1920	10.54	Wadowice
Elton John**	25.03.1947	14.00	Pinner
Curd Jürgens	13.12.1915	4.00	München
Udo Jürgens	30.09.1934	18.35	Klagenfurt
Carl Gustav Jung**	26.07.1875	18.53	Romanshorn
Franz Kafka**	3.07.1883	6.02	Prag
Immanuel Kant	22.04.1724	1.30	Königsberg

Herbert von Karajan	5.04.1908	21.30	Salzburg
Grace Kelly	12.11.1929	10.31	Philadelphia
Edward Kennedy	22.02.1932	8.58	Brookline
John F. Kennedy	29.05.1917	20.00	Brookline
Joseph Patrick Kennedy	6.09.1888	7.15	Boston
Robert Kennedy	20.11.1925	19.48	Brookline
Johannes Kepler**	27.12.1571	13.54	Weil der Stadt
Henry Kissinger**	27.05.1923	4.30	Fürth
Christian Klar	20.05.1952	18.03	Freiburg
Heinrich von Kleist**	18.10.1777	0.02	Frankfurt/Oder
Herbert von Klöckler	22.04.1870	8.43	Dresden
Walter Koch**	18.09.1895	5.25	Esslingen
Helmut Kohl	3.04.1930	5.30	Ludwigshafen
Käthe Kollwitz**	8.07.1867	8.09	Königsberg
Alfried Krupp sen.	26.04.1812	17.32	Essen
Alfried von Krupp	13.08.1907	12.45	Essen
Alfred Kubin**	10.04.1877	15.33	Leitmeritz
Oskar Lafontaine	16.09.1943	3.45	Dillingen
Otto Graf Lambsdorff**	20.12.1926	7.00	Aachen
Mario Lanza	31.01.1921	14.45	Philadelphia
Wladimir Iljitsch Lenin**	22.04.1870	18.28	Simbirsk
John Lennon**	9.10.1943	17.30	Liverpool
Alan Leo	7.08.1869	5.49	London
Otto Lilienthal	23.05.1848	10.35	Anklam
Franz Liszt**	22.10.1811	0.10	Raiding
Martin Luther	10.11.1483	22.14	Eisleben
Martin Luther King	15.01.1929	18.35	Atlanta
Madonna**	16.08.1958	12.05	Bay City
Norman Mailer**	31.01.1923	14.05	Long Branch
Heinrich Mann	27.03.1871	20.17	Lübeck
Thomas Mann**	6.06.1875	11.32	Lübeck
Dean Martin	17.06.1917	5.55	Steubenville
Karl Marx	5.05.1818	1.33	Trier
Henri Matisse**	31.12.1869	19.46	Le Cateau
Gustav Meyrink**	19.01.1896	12.24	Wien
François Mitterand	26.10.1926	4.00	Jarnac
Eduard Mörike	8.09.1804	10.30	Ludwigsburg
Marilyn Monroe**	1.06.1926	17.30	Los Angeles
Roger Moore	14.10.1927	1.00	London
Wolfgang Amadeus Mozart**	27.01.1756	19.08	Salzburg
Benito Mussolini**	29.07.1883	13.12	Dovia il Pred
Henri Nannen**	25.12.1913	12.45	Emden
Isaac Newton**	14.01.1543	1.03	Woolsthorpe
Friedrich Nietzsche**	15.10.1844	9.11	Röcken
Richard Nixon**	9.01.1913	5.44	Yorba Linda
Alfred Nobel	21.10.1833	5.28	Stockholm
Jacqueline Onassis	28.07.1929	18.30	Southampton
Boris Pasternak	10.02.1890	13.30	Moskau
Heinrich Pestalozzi	12.01.1746	15.26	Zürich
Edith Piaf	19.12.1915	15.00	Paris
Pablo Picasso**	25.10.1881	23.33	Malaga

Edgar Allan Poe**	19.01.1809	5.44	Boston
Elvis Presley**	8.01.1935	10.35	Tupelo
Marcel Proust**	10.07.1871	23.21	Paris
Giacomo Puccini**	22.12.1858	1.18	Lucca
Johannes Rau	16.01.1931	4.00	Wuppertal
Maurice Ravel**	7.03.1875	22.06	Cibourne
Ronald Reagan	6.02.1911	9.46	Tampico
Erich Maria Remarque	22.06.1898	19.15	Osnabrück
Auguste Renoir	25.02.1841	5.55	Limoges
Thomas Ring	28.11.1892	18.02	Nürnberg
Joachim Ringelnatz	7.08.1833	22.54	Wurzen
Luise Rinser**	30.04.1911	0.30	Landsberg
Franklin D. Roosevelt**	30.01.1882	1.41	Hyde Park
Artur Rubinstein	29.01.1886	13.17	Lodz
George Sand	1.07.1804	22.08	Paris
Antoine de Saint-Exupéry**	29.06.1900	8.41	Lyon
Jean-Paul Sartre**	21.06.1905	18.36	Paris
Ferdinand Sauerbruch	7.07.1875	9,00	Wuppertal
Rudolf Scharping	2.12.1947	6.45	Niederelbert
Walter Scheel**	8.07.1919	10.30	Solingen
Friedrich von Schiller	10.11.1759	7.23	Marbach
Helmut Schmidt	23.12.1918	21.15	Hamburg
Romy Schneider	23.09.1938	20.45	Wien
Sophie Scholl	9.05.1921	22.00	Forchtenberg
Robert Schumann**	8.06.1810	20.30	Zwickau
Albert Schweitzer**	14.01.1875	23.21	Kaysersberg
Georges Simenon**	12.02.1903	23.08	Lüttich
Steven Spielberg	18.12.1946	23.16	Cincinnati
Ringo Starr**	6.07.1940	23.05	Liverpool
Rudolf Steiner	27.02.1861	22.18	Kraljevica
Cat Stevens**	1.07.1948	11.00	London
Richard Strauss**	11.06.1864	5.14	München
Horst Tappert**	26.05.1923	16.45	Wuppertal
Margaret Thatcher	13.10.1925	9.00	Grantham
Elizabeth Taylor	27.02.1932	1.30	London
Lew N. Tolstoi**	9.09.1826	20.04	Jasnaja Poljana
Henri Toulouse-Lautrec**	24.11.1864	5.51	Albi
Donald Trump	14.06.1946	14.51	Brookline
Karl Valentin	4.06.1882	20.08	München
Giuseppe Verdi**	10.10.1813	19.20	Roncale
Jules Verne	8.02.1828	12.06	Nantes
Richard Wagner**	22.05.1813	3.10	Leipzig
Lech Walesa**	29.09.1943	20.15	Popowa
Günther Wallraff	1.10.1942	12.15	Burschei
Carl Friedrich von Weizsäcker	28.06.1912	20.30	Kiel
Richard von Weizsäcker	15.04.1920	17.30	Stuttgart
Orson Welles**	6.05.1915	13.00	Kenosha
Oscar Wilde**	16.10.1854	3.25	Dublin
Emile Zola**	2.04.1840	22.51	Paris

Beatrix Braukmüller, geboren 1948, studierte Graphik-Design und ist hauptberuflich in der Werbung tätig. Seit ihrem 14. Lebensjahr beschäftigt sie sich mit der Astrologie. Sie ist geprüfte Astrologin des Deutschen Astrologen-Verbandes, in dem sie seit 1985 Mitglied ist. Seit 1990 publiziert sie in der Fachzeitschrift MERIDIAN. Sie lebt in Bremen und ist als ausbildende und beratende Astrologin tätig.

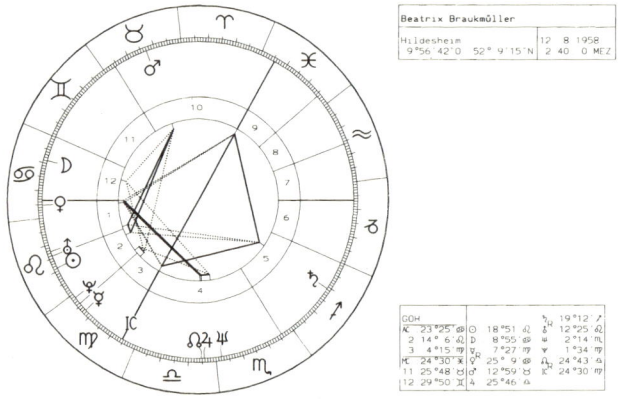

Astrologische Beratungen und Informationen zu Seminaren und Vorträgen:

Beatrix Braukmüller
Brixener Straße 11, 28215 Bremen
Telefon 04 21/37 55 58 · Fax 04 21/35 60 44